ベースボール・マガジン社

目次

まえがき

大相撲の最大の魅力は、年6回の本場所での取組にある。その取組で力を発揮するために、力士は稽古場で日々鍛錬している。本書は、本場所を見ているだけではわからない、その稽古場に焦点を当てた。

相撲部屋の生活は特殊だ。プロスポーツではあるが、野球やサッカーとは違い、一切の実績がなくとも新弟子検査をクリアできれば土俵に立てる。相撲部屋で集団生活をして、競技力向上に努めることはもちろん、修行の一環として掃除、洗濯、炊事もこなす。そのため、各部屋の師匠は相撲を強くすること以上に、人間教育に力を入れている。かつては鉄拳制裁も当たり前だったが、今は違う。稽古場から竹刀はなくなり、日本相撲協会は「暴力排除宣言」をした。手を上げることなく、いかに力士を育てていくか。かつてとは違うやり方に親方衆は直面し、試行錯誤している。

生活だけでなく、相撲部屋は建物も特別だ。稽古場、ちゃんこ場、若い衆が集団で生活するための大部屋、関取のための個室がある。師匠が人生をかけて建てた部屋には、こだわりが詰まっている。大鵬が造った部屋、千代の富士が鍛錬した稽古場、白鵬が育った場所、稀勢の里が汗を流した土俵――。そのすべては建造物としても価値があり、記録に残しておくべきではないか。そんな思いを抱きつつ、月刊誌『相撲』(ベースボール・マガジン社)で1部屋ずつ、4年間にわたって紹介してきた。その連載を大幅に加筆修正してまとめたのが本書になる。

イラストはすべて手描きで、描き方は妹尾河童氏の著書に学んだ。学生時代、河童氏の本を読みあさり、一点透視法による精密なイラストにあこがれた。河童氏には到底及ばないが、本書はそのオマージュでもある。

また、多くの部屋が朝稽古を一般に公開しており、相撲ファンが見学するきっかけにしてほしいとの思いもある。訪れた際には、稽古中の私語厳禁など、最低限のマナーを守った上で、稽古場の空気を感じていただきたい。部屋の方針はその時々で変更する可能性があり、本書に載せた資料はあくまで取材当時の情報になっている。お目当ての力士が出稽古や治療で不在の場合もあり、稽古が休みになる日もある。時間と心に余裕を持って訪ねることをお勧めしたい。

稽古を見れば、いろいろなことがわかる。稽古熱心な者、周囲に目が届いて気が利く力士、指導がうまい兄弟子など、人間関係も透けて見える。親方の指導に耳を傾けるだけでも、相撲の勉強になる。関取衆の動きには無駄がなく、限られた者だけがたどり着ける地位であることも実感できる。

本場所とは違う味わいのある、稽古場での物語。大相撲をより楽しむための一助になってほしいとの思いを込めている。

装丁・本文レイアウト／OTHERTWOSTUDIO
題字・本文相撲字／下家義久

稽古場物語

全44部屋に移転前の旧部屋4つを加えた稽古場を
イラストで読み解いた稽古場の図解。
稽古場の歴史や隠れた秘話を文章で綴った稽古場物語。
部屋の顔である「看板のはなし」も紹介。
楽しい相撲部屋の世界へようこそ。

東京都・墨田区

浅香山部屋

師匠＝元大関魁皇

平成23年の7月場所で引退し、浅香山親方として友綱部屋の部屋付き親方となった大関魁皇が、26年2月1日付で内弟子2人を連れて独立。27年2月1日に部屋開きを行った。主な関取は魁勝。

名大関魁皇が独立して開いた部屋。現代気質を受け入れつつ、よく稽古する力士がいる部屋を目指す

1階は稽古場、風呂場など。
2階は親方の自宅、3階は大部屋。
4階は関取用の個室。

稽古場は、鏡山部屋と同じ設計士によるもの。師匠の意向で、窓は大きく風通しをよくして明るい稽古場にした。

ちゃんこ場の入口付近にぶら下げてあるホワイトボード。若い衆の各担当係などが一目でわかるようにマグネットで貼ってある。4F管理、米管理、戸締まり係、食材管理、ゴミ管理、榊（さかき）係に分かれている。
↓
神棚に供える植物

このイラストでは見えない位置に魁皇の銅像がある。師匠の地元、福岡県のJR直方駅に設置されている銅像のミニチュア。

玄関

玄関を入って右の壁に師匠が4度目の優勝を果たした平成15年7月場所の優勝額が飾ってある。

神棚

賜杯のレプリカ5個と総理大臣顕彰の盾などが飾ってある。

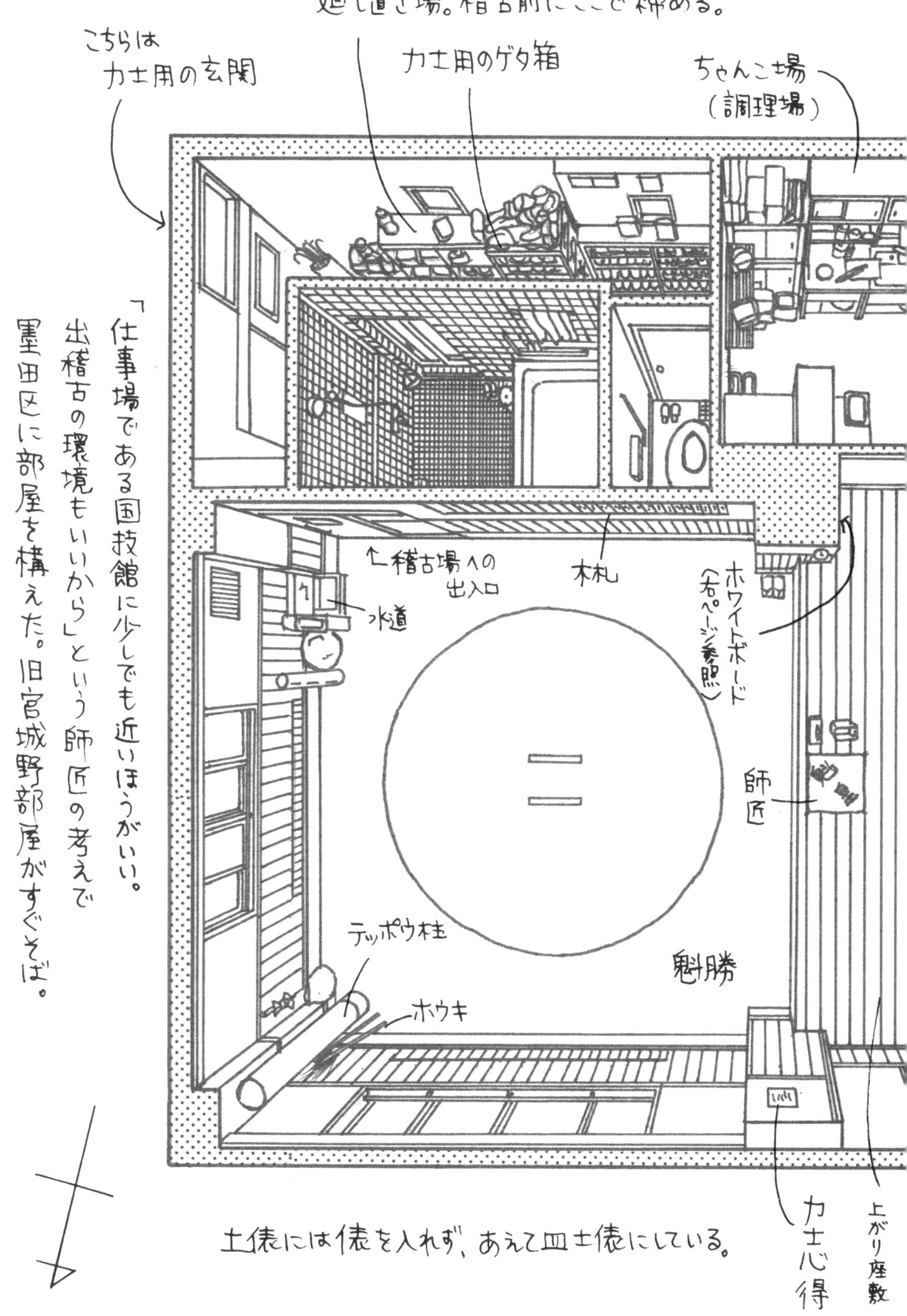

 浅香山部屋◎〒130-0021東京都墨田区緑4丁目21番1号　▷地図 P195

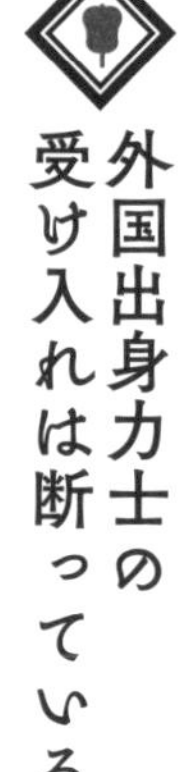

外国出身力士の受け入れは断っている

元大関魁皇の浅香山親方が独立したのは、平成26年2月1日。名門校出身の逸材はいない。モンゴルなどからの外国出身力士もいない。浅香山親方は、自分を信じてついいてくる無名の弟子たちとじっくり向き合っている。

日本相撲協会の規定により、外国出身力士は1部屋1人（合併などであらかじめ在籍していた場合などは除く）。外国出身者が不在の部屋は少数のため、外国出身者の入門希望はひっきりなしにある。狭き門ゆえに将来有望な実力者も売り込んでくる。それでも、受け入れは断っている。なぜか？

「今、海外から受け入れると、みんなが戸惑ってしまう。強いヤツが来て、あっという間に番付を抜かれては、心が折れる子も多いと思う。やっと今、負けて悔しいとか、休みなのに稽古しようという気持ちになっている子が出てきた。焦る必要はないし、そういう一生懸命やる子を指導していきたい。ある程度、時間がかかってもいいんです」

名大関と言われた魁皇は、歴代2位の通算1047勝、幕内優勝5回、三賞15回を誇るが、エリートではない。中卒たたき上げ。相撲未経験のまま15歳で福岡県直方市から上京し、38歳まで現役を務めた。高校や大学の強豪校とはもともと縁がない。入門してくる子は、知人の紹介など口コミがほとんどだ。

「自分がアマチュアで相撲をやっていたわけじゃないから、つてがない。本人にやる気があって、ウチでよければ入ってもらう。いいことを言って誘ったりはしない。エリート集団が来るわけではないから、まずはここで相撲に興味を持ってもらう。俺は最初、相撲が嫌いだった。だから、時間をかけて強くなるように、ここで育てていく。それでいいと思っています」

格闘家の気持ちがわかる元プロレスラーのおかみさん

稽古場で重視しているのは基本の動作。

「今の子は、昔に比べて体力がない。それに合わせてやらないといけない。我慢する、という感じでもない」

現代気質を受け入れつつ、強くなるための道を探る。

「まずは基礎運動を徹底してやる。強い体を作らないと。四股（しこ）、テッポウ、すり足。昔の人が考えた相撲の動きはすごいと改めて思います。四股やぶつかり稽古で、体の芯ができる。体幹を鍛えるには、相撲の稽古が一番いい」

焦らず、地道に弟子を育ててきた。独立した時に内弟子2人だけだった力士数は10人を超えた。内弟子だった2人、魁勝と魁渡（かいと）は番付でも稽古場でも部屋を引っ張ってきた。特に魁勝は、令和元年9月場所で浅香山部屋初の関取に昇進した。日ごろは辛口の師匠も、魁勝には一目置く。

「体が硬いし、動きはぎこちない。センスもない。不器用で、もともと相撲がわからないヤツだった。でも、稽古を真面目にやってきた。一生懸命やることがいかに大事かを（十両に）上がることで証明できた。真面目にやっているヤツが報われないといけない。そこって大事じゃないですか」

部屋の風通しがよく、部屋ができてから不祥事とは無縁。元プロレスラーであるおかみさんの充子さんは、格闘家の気持ちがわかるからこそ、絶妙な距離感で師匠を支え、力士たちの母親役を務めている。部屋ができたころ、おかみさんは、「この部屋ができるまで、稽古を見たことがなかったんですが、見たら変わりました。私はプロレスの世界にいて、性格はクールかと思っていたけど、母性が芽生えました。こんなに母性が強いとは思いませんでした」と笑っていた。今ではおかみさん業が、すっかり板に付いた。

「若い衆の大部屋にもちょくちょく行きます。いろいろ相談されることもあるんですよ、人間関係のことかも……。師匠と若い衆との〝中和剤〟でしょうか。おかみさんがいてくれてよかったと思われるようなスタンスでいたいですね」

若貴や曙と同期の魁皇は、超スピード出世の彼らを見ながら、自分のペースで階段を上がってきた。そんな相撲人生だからだろうか、待望の関取が生まれても考えはぶれない。

「強い力士を育てるのはもちろんだけど、一生懸命努力する力士を育てたい。『よく稽古するな』という力士がいる部屋にしたいんです」

年を追うごとに、浅香山親方らしい理想の部屋に近づいている。

看板のはなし

浅香山部屋

知人に依頼してきっちりした看板に掛け替え

部屋ができた当初は業者が用意したものを簡易的に使用していたが、「きっちりしたものがほしかったので」、知人に依頼して書いてもらったという。師匠は、「力士が強くなれば、看板ももっとよく見えるようになりますから」と話す。

千葉県・鎌ケ谷市

朝日山部屋

師匠＝元関脇琴錦

江戸時代から続く大阪相撲の名門。元大関大受が継承したが、平成27年2月に伊勢ケ濱部屋に吸収され、先代の停年後は空き名跡となっていた。28年1月に元関脇琴錦が襲名、同年6月1日付で尾車部屋から独立し、部屋を再興した。

現役引退から16年後、一念発起して相撲部屋を創設。指導する上での心の支えは先代佐渡ケ嶽親方

玄関を入って目の前のショーケースには、師匠が優勝した時の写真や三賞トロフィーなどが数多く飾られている。なぜか、朝日錦の教習所皆勤賞の賞状もある。

ある会社の社員寮をリフォームして相撲部屋にした。そのため、かなり広い。1階は稽古場のほか、倉庫、応接室、客人用の宿泊部屋まで備えている。2階は約30畳の大部屋と関取用の個室が4つ。3階は師匠の自宅。

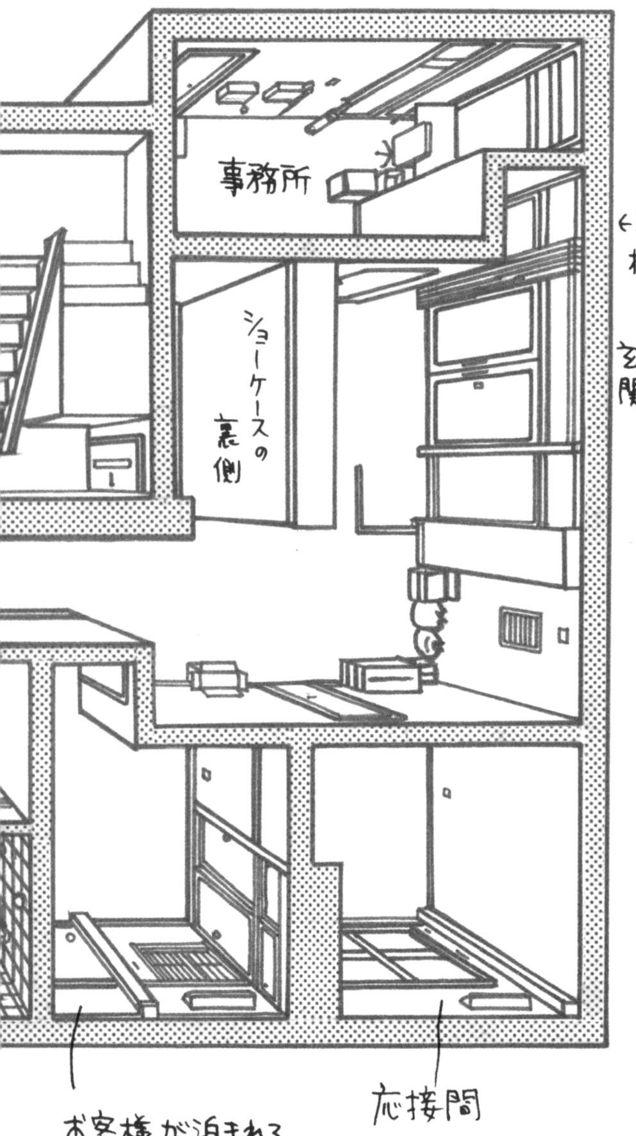

井戸水が使えるため、風呂や洗濯は経済的。門限は午後10時半、消灯は午後11時。

師匠がMC解説を務める番組「感動！大相撲がっぷり総見」（BSフジ）の収録は、この稽古場で行われている。

上がり座敷はあえて造らず、石の床にテーブルを置き、師匠はイスに座るスタイルにした。あぐらをかくと膝に負担がかかるため。見学者もイスに座って見ることができる。

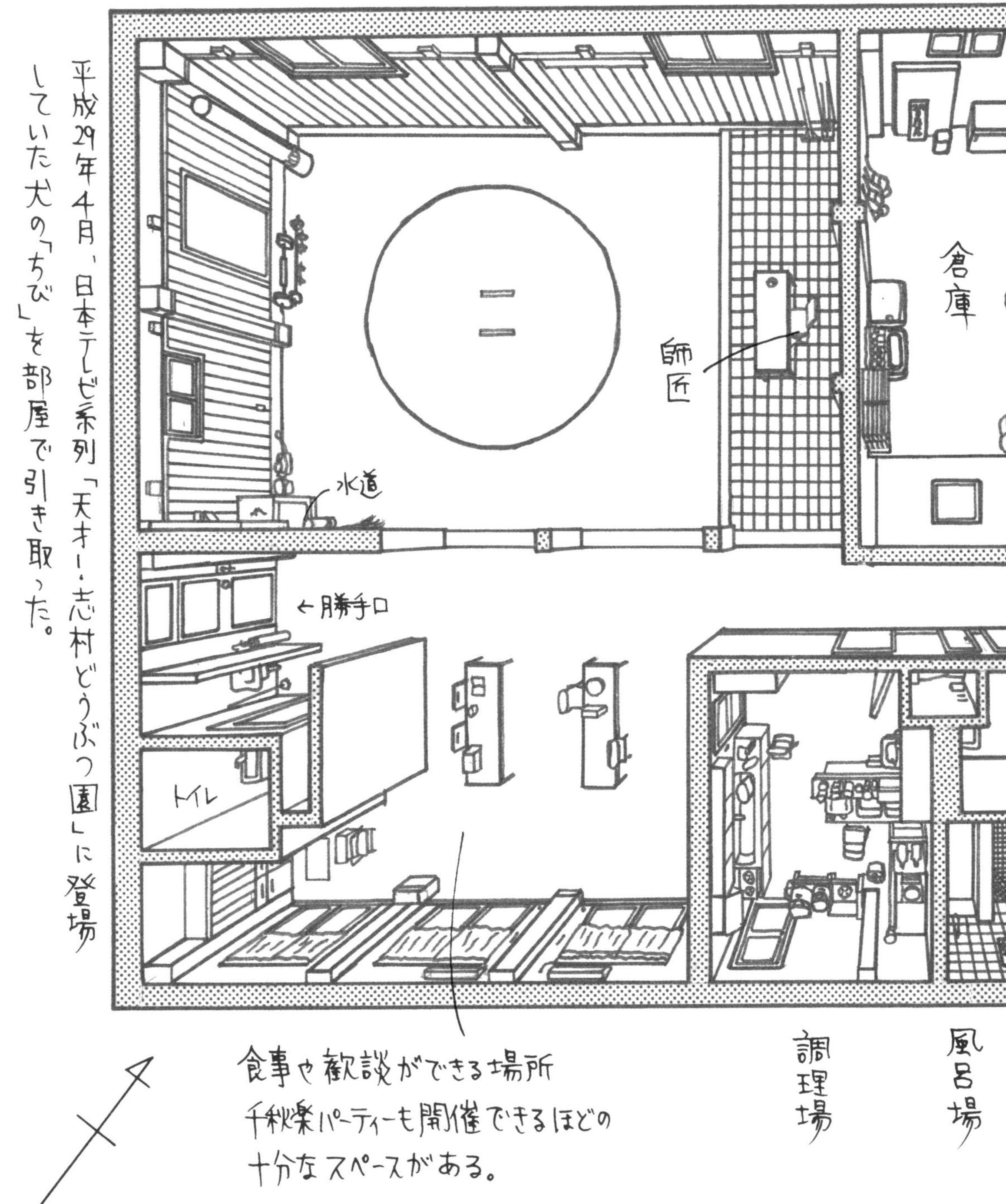

平成29年4月、日本テレビ系列「天才！志村どうぶつ園」に登場していた犬の「ちび」を部屋で引き取った。
倉庫
師匠
水道
勝手口
トイレ
食事や歓談ができる場所
千秋楽パーティーも開催できるほどの十分なスペースがある。
調理場
風呂場

 朝日山部屋◎〒273-0128千葉県鎌ケ谷市くぬぎ山2丁目1番5号 ▷地図 P202

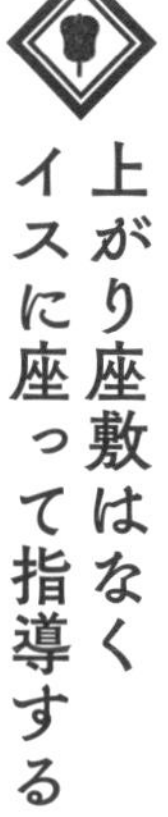

上がり座敷はなく イスに座って指導する

千葉県鎌ケ谷市、新京成線くぬぎ山駅から徒歩5分。落ち着いた住宅街の中に、朝日山親方は居を構えた。これまで相撲部屋とは縁がなかった土地柄だが、少しずつ地域にも溶け込んできている。

「珍しいのかもしれませんね。通り掛かりの人が、部屋の看板の前で記念撮影をしていくんですよ」

朝日山親方は、うれしそうに話した。隣の松戸市にある佐渡ケ嶽部屋で育ち、現役時代から鎌ケ谷市に知り合いも多く、親しみがあったという。1年半かけて土地や建物を探し、ここにたどり着いた。ある会社の社員寮だったところをリフォームし、相撲部屋にした。

現役引退から16年。なぜ、これだけ時間をかけて独立したのか？

「(名跡を）取得したら、やっぱり1度はやってみたかった。もちろん、大変な面はいっぱいありますよ」

借り名跡が続いたが、平成26年8月に朝日山取得のめどが立った。内弟子集めに取り掛かり、尾車部屋移籍をへて、28年6月に独立した。

稽古場は2階までの吹き抜けで、上がり座敷はなし。その代わりにテーブルを置き、イスに座って指導する。これまでの相撲部屋にはない光景だ。

「私の膝が悪く、長い間はあぐらをかけない。建物の構造上のこともあります。冬場、見学に来た女性がブーツを脱ぐのが大変だという声も聞きました。その代わり、イスは30～40脚用意しました」

2度優勝の技術論で独自の稽古 失敗論を生かしてメンタルを磨く

稽古内容にも、工夫をこらす。

「独自にいろいろ考えたトレーニング方法があるんです。きちんとやれば、仮に実戦をやらなくても、強くなれる」というのが師匠の考えだ。

例えば、「コンパスすり足」(朝日山親方が命名)。一般的なすり足と違い、一方の足をコンパスの軸のように固定し、もう一方の足で円を描くように回転しながらすり足をする。

「これは貴乃花部屋がやっているのを見て、取り入れました。例えば、左足を軸にして右足を踏み込む。これをやっていけば、相手に引かれた時に対応できる。落ちないで残せるようになります。この稽古の時は『息を吐け』と言います。吐くと重心が下がるんです。尾車部屋にいた時、天風(あまかぜ)には徹底的にやらせました」

元横綱3代目若乃花の花田虎上(まさる)氏とテレビ番組で共

演した時には、トレーニング法を教わったという。

「相撲は四股、テッポウ、すり足、この3つで強くなります。人数が多い部屋にいて、仮に1日5～10番しかできないよりも、ここでみっちりやったほうがいい」

大所帯でないことをむしろプラスととらえている。

力士のメンタル面にも気を配っている。特に本場所中は、誰しも勝ち負けに一喜一憂しやすいものだ。

「例えば、3連敗した子なら、稽古のスタイルを変えることもある。テッポウは2割にして、スクワットで足腰を強化してみよう、とか。私が見極めて、連敗した子のモチベーションを上げる。連敗すると、メシを食わなくなる子もいる。『もう来場所に向けた稽古なんだよ』と言うこともある。体の小さい子には『炎鵬(えんほう)をよく見てみなさい』と言うこともあります」

角界で唯一、平幕で2度の優勝を果たした師匠の技術論には、誰もが一目置く。しかし、その実績にあぐらをかくことなく、謙虚に弟子と向き合っている。

「私は大関にも上がれなかったわけですから、失敗論はいっぱいある。4回も大関昇進のチャンスを逃したし、メンタルが弱いんです。引退したあと、あれだけプレッシャーがある中、どういう気持ちで土俵に上がっていたのかを若貴に聞きました。すると『簡単には負けないぞと。勝とうと思ってやったことは1回もありません』と言っていました。気持ちの持ち方を教えてもらいました」

平成29年3月場所からはラグビー経験者の長男が入門するなど、徐々に力士数が増えている。指導する上で、心の支えとしているのは入門時の師匠、先代佐渡ケ嶽親方（元横綱琴櫻）だ。

「アメとムチの使い分けがうまかったし、個々の性格を見極めて教えてくれた。元横綱なのに、あれだけ熱くなって、弟子のことを心配してくれた。素晴らしい方。尊敬してますよ」

独自理論の根底には、先代譲りの熱い気持ちがあふれている。

看板のはなし

朝日山部屋

40代式守伊之助による相撲字が地元の名物に

部屋開き当初のものから掛け替え、現在のものは40代式守伊之助による相撲字で書かれている。千葉県鎌ケ谷市という相撲部屋とはこれまでなじみの薄い地域にできた部屋のため、看板の前で記念撮影する地元住民の姿も見られるという。

1階は稽古場、ちゃんこ場、
大部屋など。
2階は個室が2つと中部屋、
親方の自宅。
最寄り駅は柴又。
稽古見学後は柴又帝釈天へのお参りが
おすすめ。国技館までは、バスでJR小岩まで
出てから両国に向かうとスムーズに行ける。
葛飾区の相撲部屋は鏡山部屋に次いで2つ目。

東京都・葛飾区

東関部屋

師匠＝元幕内潮丸

元関脇高見山が昭和61年2月に高砂部屋から独立。平成21年6月に停年を迎え、5月場所限りで引退していた元幕内潮丸が部屋を継承。24年12月19日付で中村部屋を吸収。30年1月場所後に移転した。主な関取は、幕内高見盛（元小結）、十両華王錦。

平成30年に柴又へ移転して新たな出発。
地域とのつながりを大切にしながら、
1日も早く関取を出そうと尽力していた

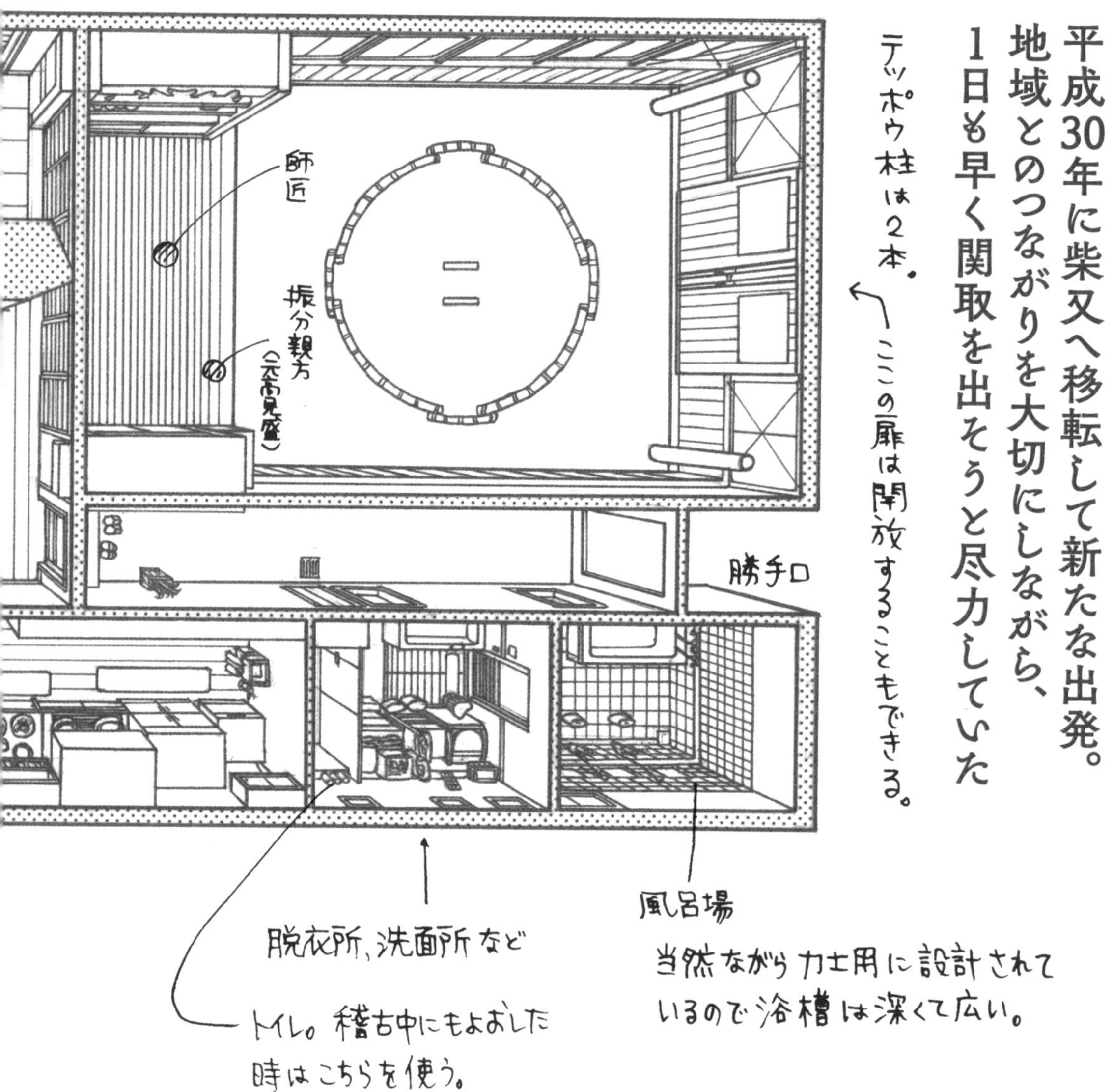

テッポウ柱は2本。
ここの扉は開放することもできる。
師匠
振分親方（元高見盛）
二
勝手口
脱衣所、洗面所など
トイレ。稽古中にもよおした時はこちらを使う。
風呂場
当然ながら力士用に設計されているので浴槽は深くて広い。

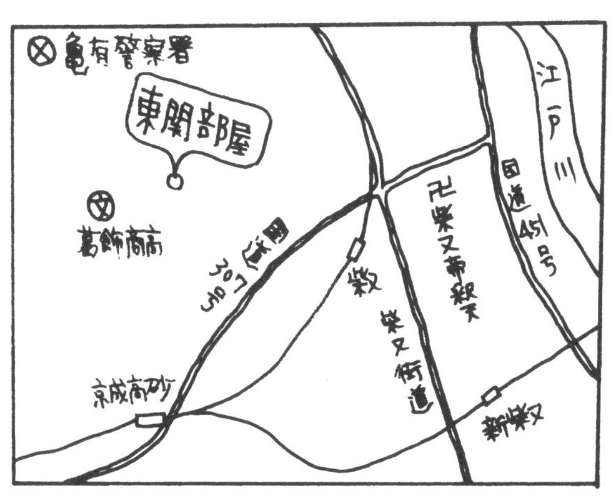

東関親方と振分親方は名コンビだった。
東関親方は「振分は知名度がある。
それを生かしてスカウトも頑張ってほしい」
と期待していた。
一方の振分親方は、年下ながら兄弟子の
師匠を立てて、サポートしていた。

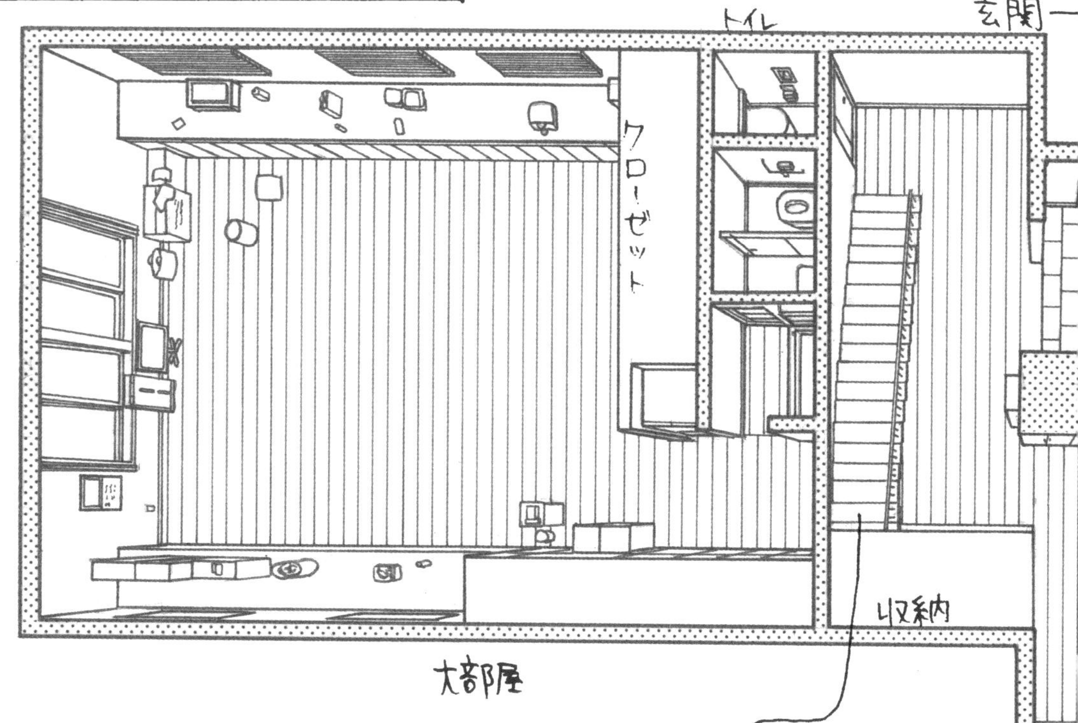

調理場は、元幕下心勇の松本権二マネージャーが取り仕切っており、ちゃんこ番の力士とともに、日々のちゃんこを作っている。

東関部屋は内観も外観もモダンな造りで、特に2階へ続く階段は白を基調としていておしゃれ。

相撲部屋には珍しく、大部屋に大きなクローゼットが設置されている。浴衣や着物などが吊られていてとても機能的。

個人用ロッカーは、扉2つ分が見開きそのスペースが1人分になっている。新築だからこそ、若い衆のニーズに応える造りになっている。

 東関部屋◎〒125-0052東京都葛飾区柴又2丁目10番13号 ▷地図 P196

旧
東関部屋

外国出身初の関取となった元関脇高見山が昭和61年2月に高砂部屋から独立して創設した部屋。平成21年6月に停年を迎え、元幕内潮丸が継承し、平成30年2月に移転するまで約33年間、この部屋が使われた。横綱曙，小結高見盛ら個性派が育っていった。今も建物は残り、先代東関親方が住んでいる。

1階は稽古場、2階は大部屋と関取用の個室。個室は6畳間が2部屋あったが、曙がぶち抜いて使用し、今もそのままになっている。

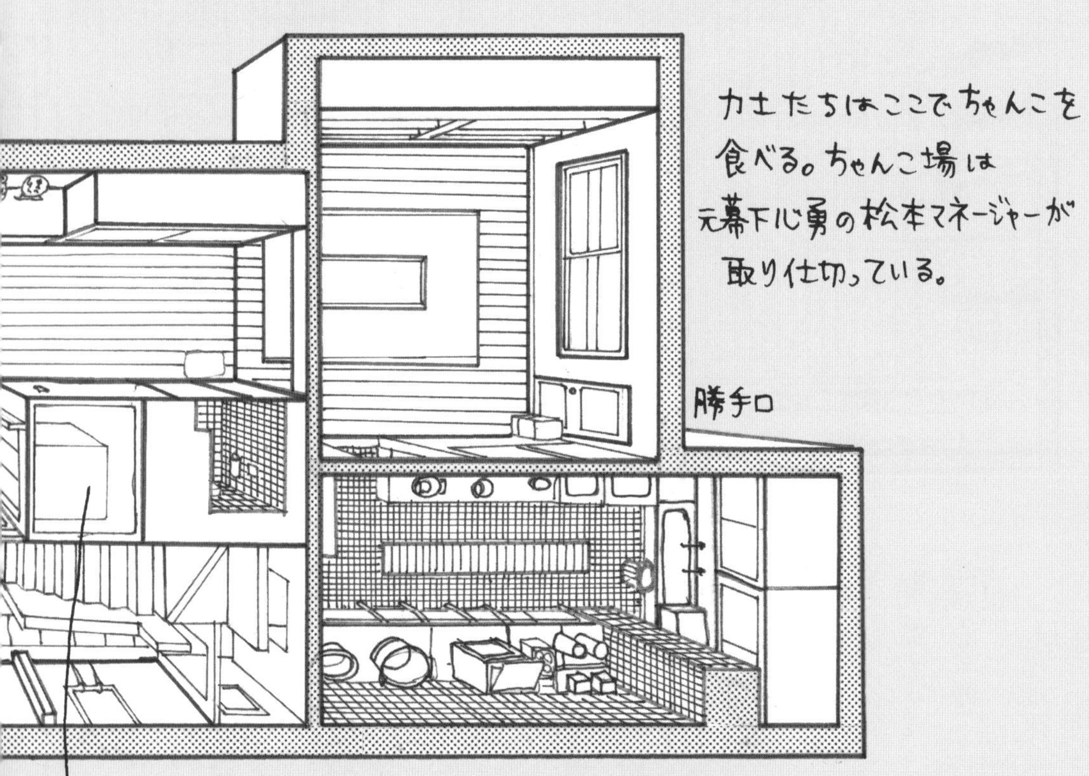

エレベーター。上階には先代が住んでいる。エレベーターは先代や親方しか使ってはいけない。

玄関は午後10時半に施錠されていたが、万が一遅れても、羽目板の下の一角を取り外すことができ、こっそり入ることができた。（今はできません）

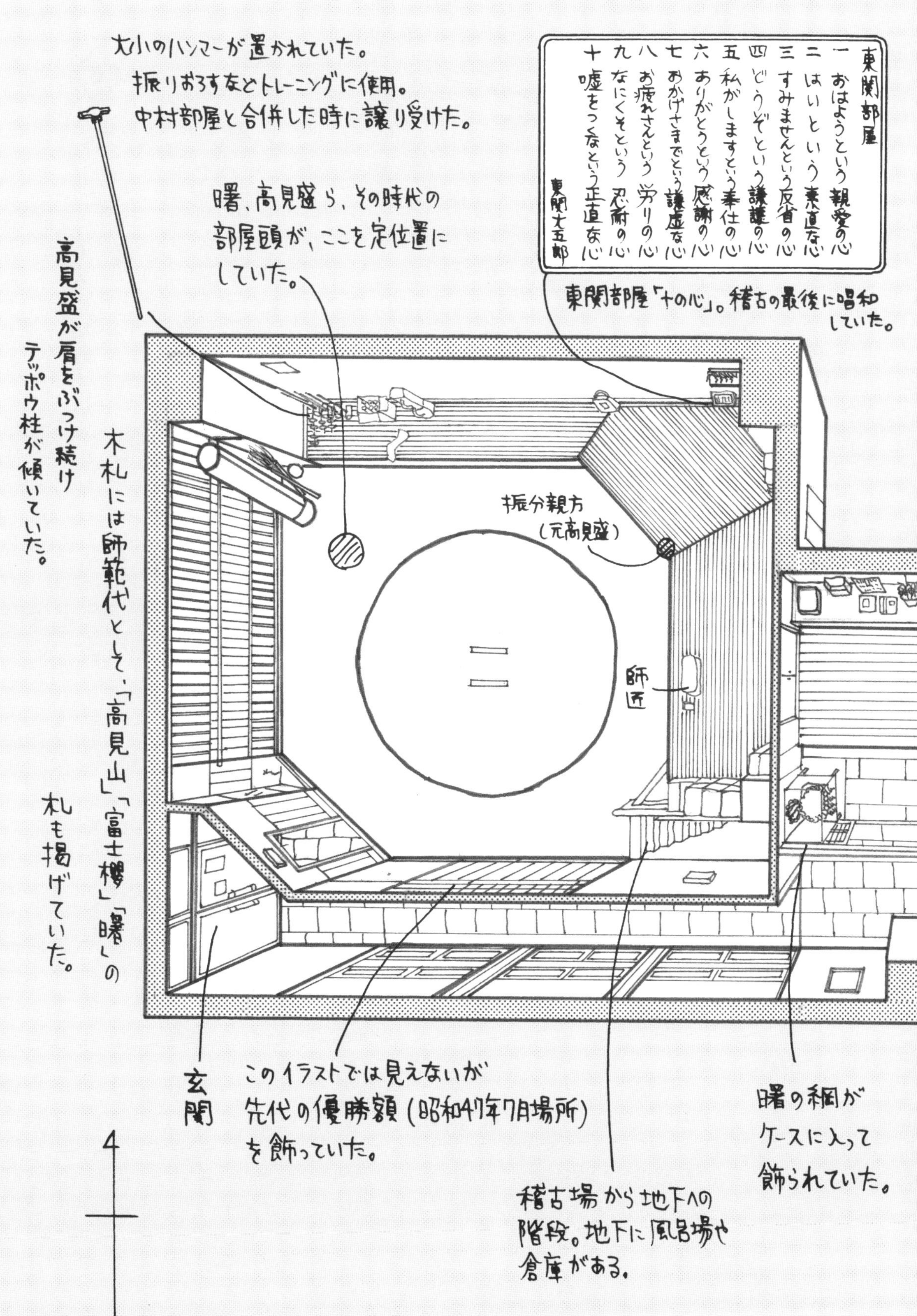
大小のハンマーが置かれていた。
振りおろすなどトレーニングに使用。
中村部屋と合併した時に譲り受けた。
東関部屋
一 おはようという親愛の心
二 はいという素直な心
三 すみませんという反省の心
四 どうぞという謙譲の心
五 私がしますという奉仕の心
六 ありがとうという感謝の心
七 おかげさまでという謙虚な心
八 お疲れさんという労りの心
九 なにくそという忍耐の心
十 嘘をつくなという正直な心
東関大五郎
曙、高見盛ら、その時代の部屋頭が、ここを定位置にしていた。
東関部屋「十の心」。稽古の最後に唱和していた。
高見盛が肩をぶつけ続けテッポウ柱が傾いていた。
木札には師範代として、「高見山」「富士櫻」「曙」の札も掲げていた。
振分親方（元高見盛）
師匠
玄関
このイラストでは見えないが先代の優勝額（昭和47年7月場所）を飾っていた。
稽古場から地下への階段。地下に風呂場や倉庫がある。
曙の綱がケースに入って飾られていた。

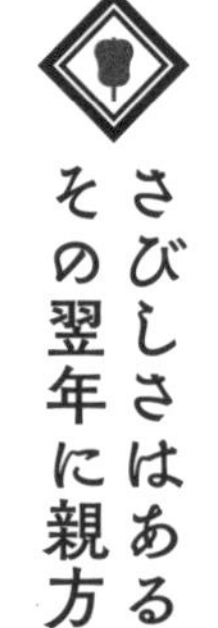

さびしさはあるが移転 その翌年に親方が死去

令和元年12月13日、元潮丸の東関親方が血管肉腫で死去した。ご冥福をお祈りするとともに、生前の東関親方の思いを伝えたい。

東関部屋は、平成30年1月場所後に墨田区東駒形から葛飾区柴又へ移転した。その直後、新築したばかりで木の香りがする部屋の2階で東関親方に話を聞いた。

移転は、親方の夢だった。それまでの東関部屋は先代師匠（元関脇高見山）が建てたもので、部屋を継承してからは、稽古場を借りるかたちで運営してきた。しかし、築30年以上で老朽化が進行。東関親方は39歳（移転時）と若いこともあって、移転を決めた。

上階に住んでいた先代に相談したのは移転する数年前のこと。

「いつになるかわかりませんが、自分で建てることを視野に入れてもいいですか」

そう切り出し、了解を得た。横綱曙が誕生した稽古場だが、先代の子息が米国から帰国したことも移転のきっかけの1つとなった。

「私も20数年いたところですから、さびしさはあります。でも、東関部屋が消え去るわけではありませんから。先代もさびしいと言っていたけど、それ以上に独り立ちするうれしさがあったと思います」

「少し離れてもいいから、広いところにする」という方針で土地探しから始めた。柴又は、力士がもちつき大会に参加するなどの縁が以前からあった地。部屋を建てた場所は、10年以上も更地だった葛飾区の土地で150坪もある。区も観光戦略として相撲部屋の誘致に前向きで、借地での移転が決まった。

平成28年5月に青木克徳区長が定例会見で東関部屋誘致を発表し、東関親方と振分親方（元小結高見盛）が同席するなど、当初から歓迎ムードに包まれていた。全国から観光客が集まる柴又帝釈天までは、徒歩約10分の位置。下町には伝統文化との親和性があり、自然なかたちで柴又になじんだ。

「玉ノ井部屋も借地で、地域に貢献しています。ここも環境がすごくいい。町内でちゃんこ会をやりますし、公益性につながる面もある。こういう時期ですので、地元の皆さんと触れ合っていきたい。今までの部屋に比べると国技館からは少し離れたけど、20～30分早く出ればいいだけですから」

敷地が広いこともあり、2階建てですべてをおさめた。相撲部屋には珍しく、稽古場と同じ1階に若い衆の大部屋がある。風呂場もちゃんこ場（調理場）も1

階のため、すべてが1フロアで事足りる。ケガ人が階段を上がる必要もなく、よく考えられた機能的な造りになっている。

皆さんが望んでいること「1日も早く関取を出したい」

移転前から稽古の見学を常に受け入れており、ウェブサイトには連絡先も明記してある。「見られることで成長してこそプロ」という考えもあり、連日の朝稽古には外国人観光客らが次々と訪れている。

地域とのつながりは引っ越しから間もなく生まれた。地元住民に向けたちゃんこ会を開催。また、東関親方が亀有署の一日警察署長を務め、柴又帝釈天での交通安全パレードにも参加した。

「1人でも多くの人に、東関部屋が柴又に来たことを知ってもらう機会があってよかった」と東関親方。「力士たちには、常に見られている意識を持ちなさいと言っている。いいことも悪いことも、お相撲さんは何倍も目立つから。電車に乗る時だってそうだし、コンビニに行く時もそうなんです。あとは何より、1日も早く関取を出したい。それこそが、皆さんへの恩返しだし、この町の皆さんが望んでいることだと思います」

こう話していたが、移転から1年もたたないうちに肺に異常が見つかり、平成30年11月場所から休場。通院しながらも調子のいい日は稽古場に下りて指導し、本格復帰を目指していた。

亡くなる前日、力士たちに会いたいという本人の意思を尊重し、病院から部屋に戻った。意識はほとんどなかったが、力士が声をかけると目を開けてうなずいた。苦しいのに力士1人ずつの手を握り、名前を呼んで声を掛けた。全員とのやりとりを終えると、みんなに見守られながら逝ったという。

部屋付きの振分親方は「(東関部屋の)いいところを大事にしたい。力士たちが相撲を取れるいい環境で、力士たちが望む方向で……」と言って、今後に目を向けた。

屋久杉の板に木村要之助の相撲字

部屋の移転にともなって、看板も一新した。「相撲字でどっしりしたものがいい」という親方の考えのもと、部屋所属の行司・木村要之助が力強く書いた。屋久杉の板を用いた高級品でもある。

東京都・中央区

荒汐部屋

師匠＝元小結大豊

昭和62年初場所限りで引退し、時津風部屋付きだった荒汐親方が、平成14年6月に時津風部屋から独立して創設した。主な関取は、幕内蒼国来、若隆景、十両若元春。蒼国来は2年半のブランク後、25年7月に復帰した。部屋の飼い猫「モル」が有名。

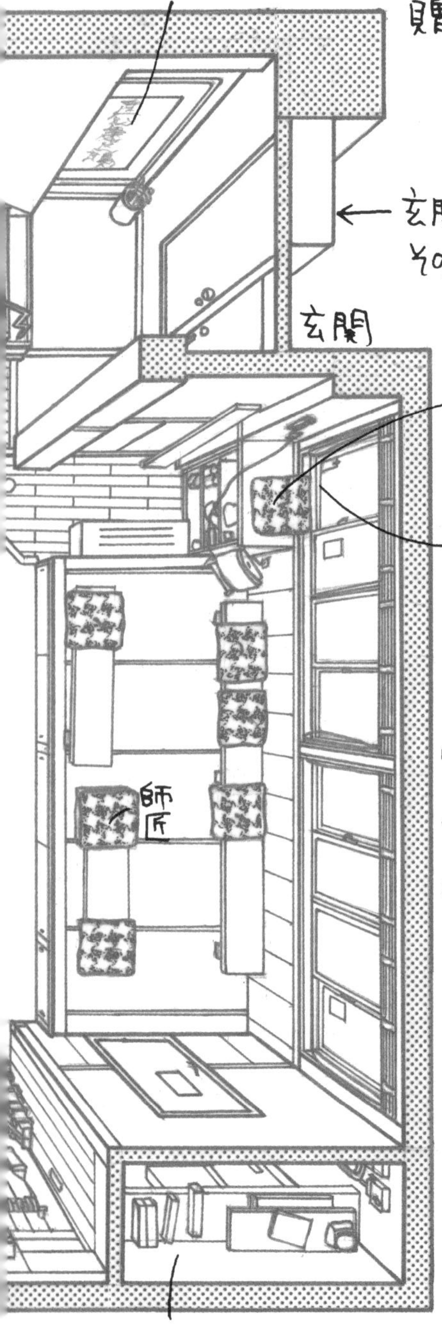

モルの存在で角界の枠を超えて有名に。ベテランの蒼国来は充実期を迎え、大波三兄弟は同時関取までもう少し

荒汐部屋は、もともと染物店だった建物をリフォームして相撲部屋にした。かつて1階はガレージだった。今は1階が稽古場、2階がちゃんこ場、3階が大部屋と関取用の個室、4、5階は親方の自宅。

最寄り駅は、都営新宿線の浜町駅。隅田川をわたって徒歩で国技館に行くこともできる。

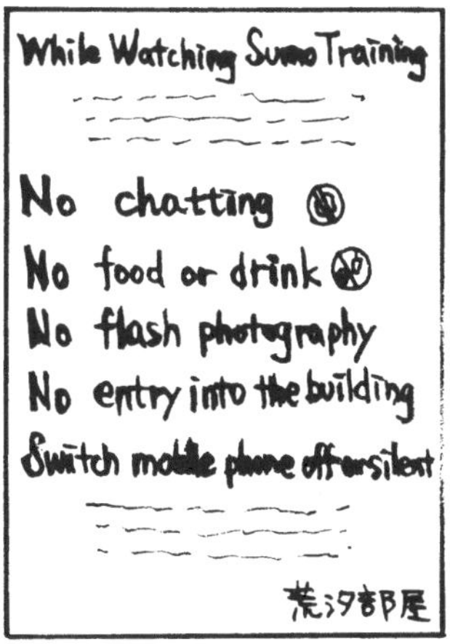
While Watching Sumo Training

No chatting
No food or drink
No flash photography
No entry into the building
Switch mobile phone off or silent

荒汐部屋

上がり座敷のうしろの窓に貼ってある注意書き。外国人が多いため英語表記してある。

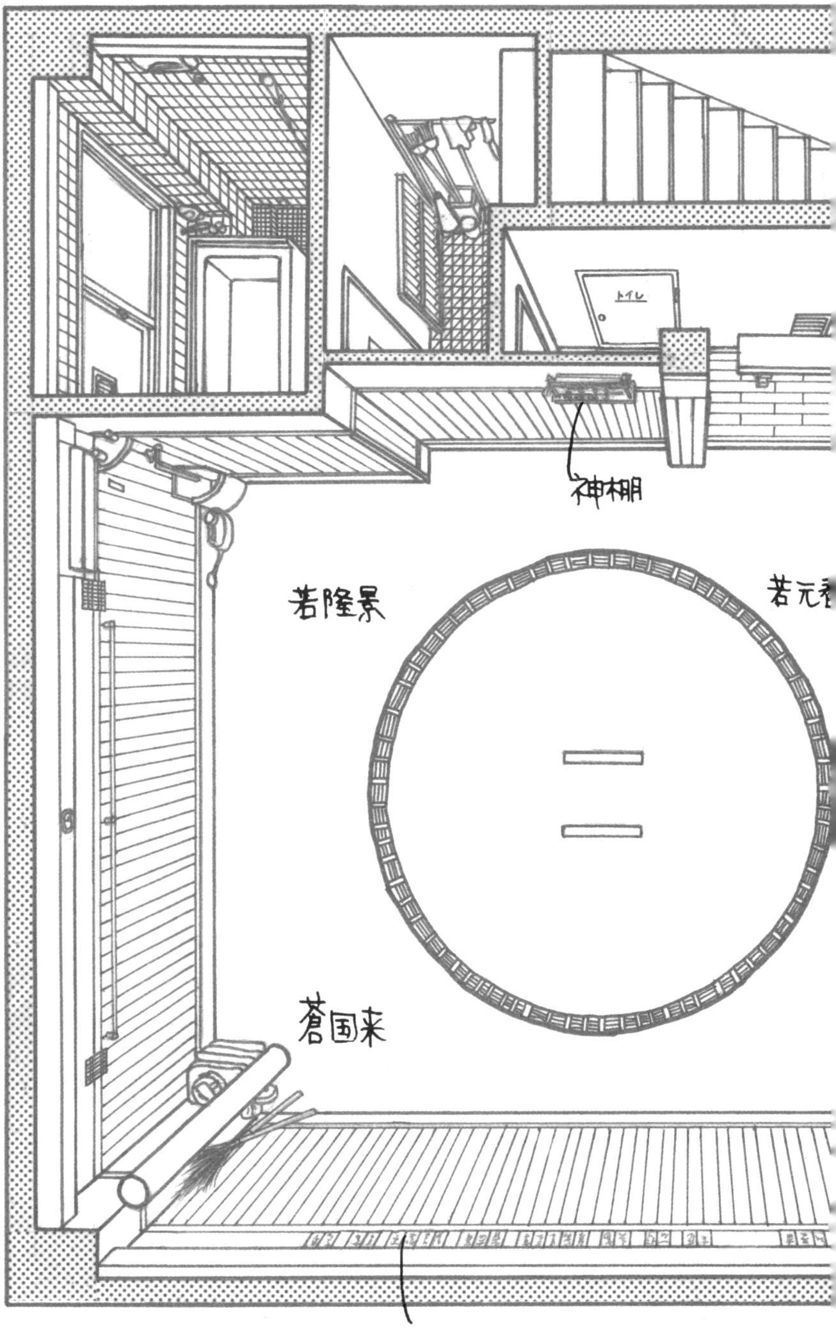

トイレ
神棚
若隆景
若元
蒼国来
木札

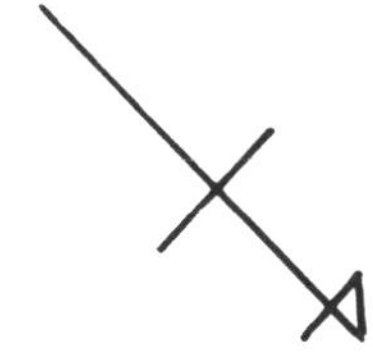

多くの人に見られることで緊張感が生まれ、稽古が引き締まる

上がり座敷の一番端に棚がある。この棚の上がモルの定位置。今や角界の枠を超えて有名になったこの愛猫のために、座布団まで敷いてある。「猫親方」ことモルはそこでじっと、力士たちの稽古を見つめている。

「稽古場に来るのは私より早いんですよ」

稽古は朝6時半から。その直後に荒汐親方が稽古場に向かうが、すでにモルは待っているという。もう10年以上、モルは部屋の隆盛を見守ってきた。部屋の内外を自由に動き回るが、土俵にだけは絶対に入らないというマナーも身に付いている。

平成16年の11月（九州）場所中に部屋で借りていたアパートに猫が現れた。堂々と入ってくる日が続き、引き払う日にもやってきた。縁を感じた親方が、東京に連れて帰った。名付け親は、中国内モンゴル自治区出身の蒼国来。当時は「猫」という日本語を知らず、モンゴル語で猫を意味する「モル」と呼んだところ、おかみさんが気に入って定着した。

以来、新弟子が増えた。蒼国来が八百長問題による裁判で日本相撲協会と闘った辛い2年半も乗り越えた。そんな中、モルは力士にとって癒しの存在であり続けた。今や「相撲部屋の猫」として有名になり、平成28年には力士とコラボした写真集が4冊も発売された。モルの人気も相まって、部屋の前には連日、朝稽古を見ようと人だかりができている。

もともと、荒汐部屋の建物は染物店だった。車庫だった1階を稽古場にリフォームし、土俵を造った。

「窓がなかったので、風通しをよくしたかったんです。通りに面したところを大きな窓にしたのは、近所の人に外から見ていただければと思いまして。まさか、こんなことになるとは思ってもみませんでした。外国人の方が多いのは、どうやら観光パンフレットに載ったからのようです。朝稽古を見て、国技館に行って、浅草に行ってという流れ。ウチのホームページは英語版もありますからね。昔は、稽古を見ようと夜に来た人もいました（笑）」

実際、荒汐部屋の窓は大きく、外から稽古がよく見える。多くの人に見られることによって、力士に緊張感が生まれ、稽古が自然と引き締まる。

時津風部屋の伝統を引き継ぎ稽古場では多くを言わない

師匠は稽古場で多くを言わない。時々、若い衆にヒントを与えるように声を掛ける程度。自分で考えるこ

とを促している。

「これは（荒汐親方が育った）時津風部屋の伝統みたいなもの。あんまり言わない。双葉山さんの時からそうだったようです。蒼国来にはもう言わない。入ったころは、レスリングのクセを直すために付きっきりで立ち合いの稽古をしましたけどね」

申し合いのあと、ぶつかり稽古を始める際には師匠の「ぶつかれ」と言う一声がどの部屋でもお決まり。だが、蒼国来はぶつかるタイミングを自分で判断して決める。

「最近は全然言われませんね。言われる前に自分でやる。親方が信頼してくれているから。『もうちょっとやれ』と言われたこともないですね」

平成29年1月場所で初の三賞となる技能賞を受賞、翌場所は初金星を獲得するなど、30歳を超えて充実期を迎えた。令和元年9月に日本国籍を取得し、親方として協会に残る準備も進んできた。

蒼国来に引っ張られるように、次世代も芽を出し始めている。若隆元、若元春、若隆景の大波三兄弟は、同時関取までもう少し。最も入門の遅かった三男の若隆景が、平成30年5月場所で最初に新十両に昇進し、令和元年11月場所で新入幕を果たした。兄2人はこれに刺激されるように、最高位を更新し、二男の若元春は31年3月場所で関取になった。長男の若隆元は最高位が東幕下7枚目。関取まで、あと1歩のところまで来ている。

「兄にとっては刺激になったと思う。巡業では、三男の付け人に二男を付けたり、長男を付けたりした。自分が明け荷をかつぐ仕事は本来はやりたくないはず。お父さんも力士だったから、お父さんやお母さんのためにも頑張りたいと思うでしょう」

荒汐親方は指摘する。

さらに活性化してきた荒汐部屋の稽古場。見学に行く人は、モルだけを見ていたらもったいない。土俵に目を向けておかないと、のちにきっと後悔するだろう。

看板のはなし

荒汐部屋

長男・力山の書道の師でもあった近藤江南氏の書

日本書芸院理事長や全日本書道連盟理事長などを歴任してきた近藤江南氏の書。荒汐親方の長男・力山（現在は引退）の書道の先生でもあった。部屋創設時に書いた看板が古くなり、平成22年5月、30年1月にそれぞれ新調した。

東京都・江東区

伊勢ヶ濱部屋

師匠＝元横綱旭富士

平成5年4月に現師匠が部屋を継承。19年11月に安治川から伊勢ケ濱に名跡変更した。25年3月に間垣部屋、27年2月に朝日山部屋を吸収した。主な関取は、横綱日馬富士、大関照ノ富士、関脇安美錦、宝富士、幕内誉富士。

部屋の2枚看板だった日馬富士と安美錦。稽古量は裏切らないことを身をもって証明。新しい力も芽生え、部屋は転換期に

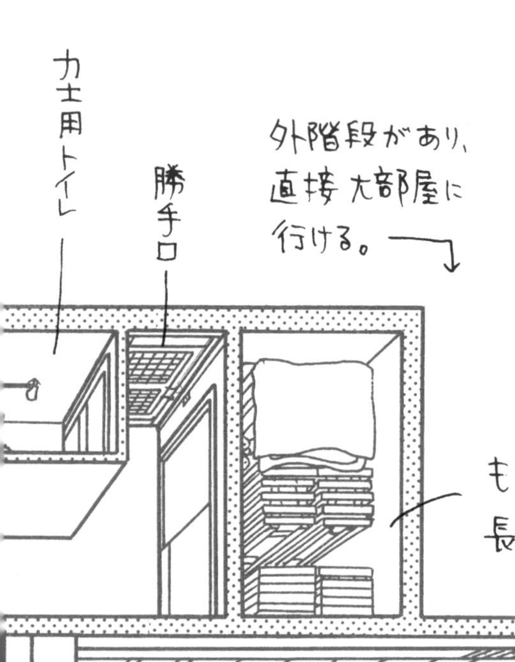

もちつきなどの時に使う長机などを入れてある倉庫。

稽古場入口

宝富士

安治川親方（元安美錦）

楯山親方（元誉富士）

照強

照ノ富士

1階は稽古場、2階は大部屋、3階は師匠の自宅、4階は関取用の個室。門限はないが、午後11時までには消灯する。

令和2年，伊勢ケ濱部屋はビッグイベントを2つ予定している。

①5月30日、伊勢ケ濱親方の還暦土俵入り。

②10月4日、安治川親方（元安美錦）の引退相撲。どちらも国技館にて。

上がり座敷に、師匠が締めていた綱をケースに入れて飾っている。明治神宮での手数(でず)入りの写真も掲げている。

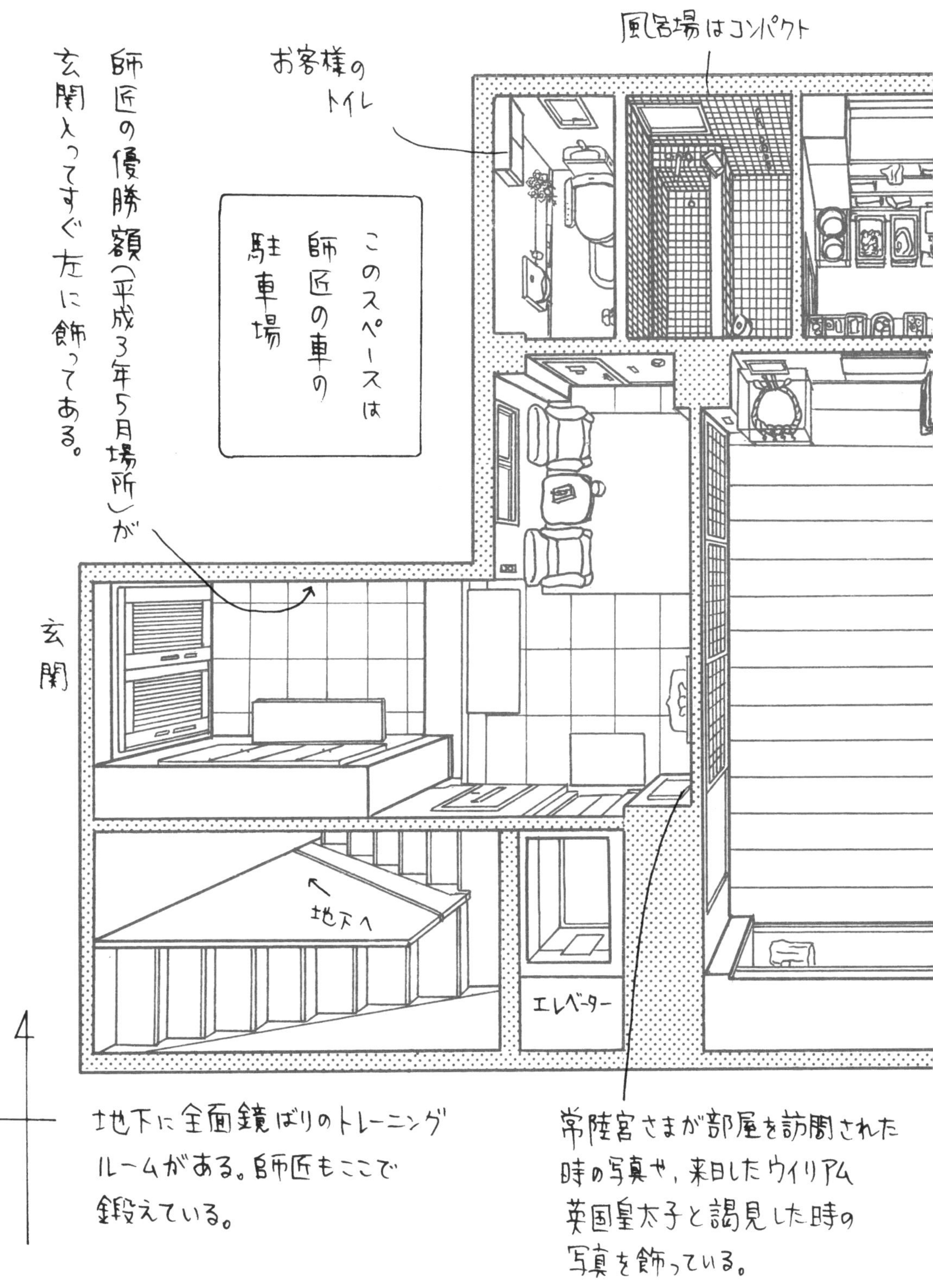

地下に全面鏡ばりのトレーニングルームがある。師匠もここで鍛えている。

常陸宮さまが部屋を訪問された時の写真や、来日したウイリアム英国皇太子と謁見した時の写真を飾っている。

 伊勢ヶ濱部屋◎〒135-0001東京都江東区毛利1丁目7番4号 ▷地図 P195

稽古をすれば強くなる だから稽古は休ませない

伊勢ケ濱部屋の稽古は厳しい。その理由について、伊勢ケ濱親方はさらりと答える。

「稽古をすれば強くなる。相撲界で強くなるにはどうすればいいか、わかっていることですから」

部屋で最初の関取になった安美錦、横綱になった日馬富士、ともに稽古で強くなった。重篤なケガだったら治療に専念させるが、師匠が見極めてやれると判断したら、稽古を休ませなかった。

「体が小さい力士は特に、精神面が強くないとダメ。若い衆の時も、ケガをしても休ませなかった。我慢してやれば、精神的に強くなる。日馬富士も絶対に休ませなかった。ここまでして頑張っているのだから勝つのは当たり前、周りも頑張らなきゃ、という風になる。安美錦にもそういう言い方をしてきた。例えば、左肘が痛くなったら『よかったね。これで思い切り、右なり下半身なりを鍛えられるな』と。上半身をケガしたら、下半身をやる。もちろん、ケガの度合いもあるから見極めは難しいけど、稽古をすれば強くなるから」

こうして長らく、安美錦と日馬富士は、部屋の2枚看板として活躍してきた。精神面の強さが下地にあり、師匠の教えを吸収しようと必死だった。「2人は特に、教えたことをやろうとして身に付ける能力が抜きん出ていた」と成長できた理由を師匠は明かした。

日馬富士は、四股名が安馬だった三段目のころ、1日で最高107番取った。

「1時間半くらいかかったかな。あのころは、稽古して、寝て、次の日になるとまた強くなっている気がした」

そうふり返り、「自分は稽古で強くなったお相撲さんだから」と自認する。

安美錦は、「場所中でも50番くらい取っていた。場所中でも強くなることを意識していた。本場所は1年で90日間もあるからね」と回想する。稽古量は裏切らないことを身をもって証明した。

師匠は、2人の性格をわかった上で指導してきた。若き日の日馬富士には、厳しく言って心に火を付けた。燃えれば燃えるほど意欲的に稽古をする。理解力が高い安美錦には、簡潔に指摘して自主性を促した。個性を見極め、強くなるためにどうすればいいか、師匠は常に考えている。

「人それぞれだから。人によって違う。褒めて伸びるのもいるし、叱咤されて伸びるのもいる。そこは見極めないといけない。人間は同じではないですから」

元安美錦が廻しを締めて厳しい兄弟子として稽古場に立つ

部屋を引っ張ってきた2人はすでに現役を退いている。日馬富士は暴力問題がきっかけで、平成29年11月に引退。協会には残れなかったが、稽古場の木札には「コーチ」として「日馬富士」の名前が残っている。師匠はその理由をこう語る。

「部屋のことは気にしなくていいんです。今まで相撲界で培ったことがあって、ここまで来た。相撲界への感謝の気持ちを持ち続けながら、社会で頑張っていってくれればいい。こうして（肩書を残して）おけば、本人の看板にもなるから」

安美錦は安治川（あじがわ）親方となり、廻しを締めて稽古場に立っている。若い衆に胸を出し、厳しい兄弟子としてハッパを掛ける。

「本人をよく見て、性格も考えながら指導していきたい。1人の人間であることを尊重して、向き合って、その人に合った指導をしたい。厳しくするほうが向いているのか、いいところを伸ばすほうがいいのか。そういうことを頭に入れて、押し付けるのではなく、考えるポイントを与えてやりたい」

伊勢ケ濱部屋は転換期にある。新しい力も芽生えている。誉富士（ほまれふじ）も引退し、楯山親方として指導に当たるなど、

安美錦が引退した令和元年7月場所では、幕内3場所目の照強が12勝を挙げて敢闘賞を獲得。膝のケガで大関から陥落した照ノ富士は4場所全休明けから、完全復活への道を着実に歩んでいる。新たな関取候補も複数いる。

「今預かっている子には、明日がある。今いる力士を強くしなきゃいけない。少しでも強くできるようにサポートしてあげないと」

伊勢ケ濱親方は、令和2年5月30日に還暦土俵入りを控える。毎日変わらずに地下のトレーニング室で鍛え、少しも老け込んでいない。

看板のはなし

伊勢ヶ濱部屋

「安治川部屋」を揮毫した書家の弟子による書

書道研究「斯華会」の坂上洋成氏が、平成19年11月に揮毫した。看板の側面に署名が入っている。伊勢ケ濱親方によると、安治川部屋の時に書いてもらった著名な書家が亡くなり、そのお弟子さんにお願いしたという。

東京都・文京区

伊勢ノ海部屋

師匠＝幕内北勝鬨

先代（元関脇藤ノ川）が平成23年9月に停年。これにともない、部屋付きだった当時の勝ノ浦親方が名跡を変更して部屋を継承した。東京都文京区に移転し、24年4月22日に部屋開きを行った。主な関取は、関脇勢、幕内錦木。

約260年の歴史を誇る名門。力士の四股名、稽古の中身など、江戸時代からの伝統を引き継ぐ

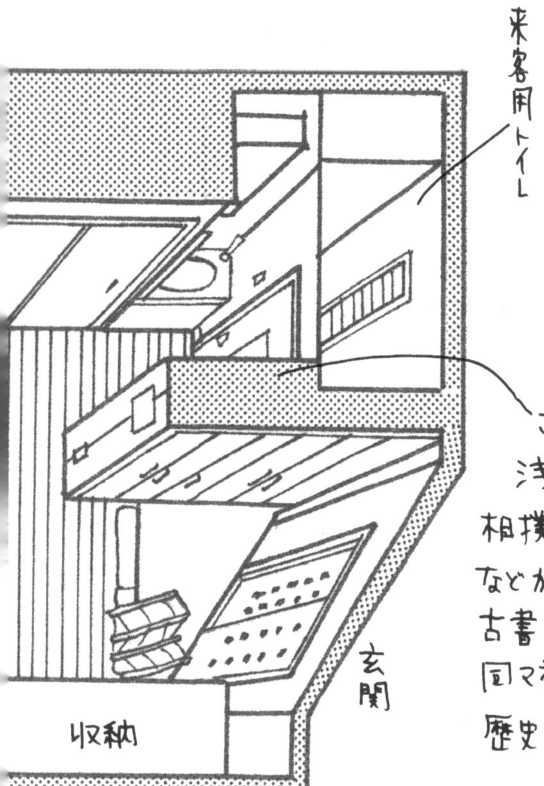

来客用トイレ

ここの本棚に、「相撲博士」こと浅坂マネージャーが所有する相撲関連の書籍、マンガ、資料などがズラリと並んでいる。古書などお宝も多い。同マネージャーは博識で相撲の歴史なども詳しい。

玄関

収納

伊勢ノ海部屋の建物はもともと「長寿庵」という**そば屋**だった。その後、親方の自宅になり、部屋の継承にともない、相撲部屋にリフォームした。
土俵の辺りは、**そば屋**の客席や親方のリビングだった。
2～4階に大部屋、個室、師匠の自宅がある。

260年以上続く角界一の名門であるため、部屋に伝わる四股名を付けることが多い。伊勢ノ海部屋の伝統の四股名は、谷風、柏戸、藤ノ川など。特に柏戸は11人に受け継がれ、1人が横綱、2人が大関まで昇進した。今後、継承者は出てくるか?!

力士たちも四股名の重みを理解し、稽古に励んでいる。

「伊勢ノ海」の木札は掲げていない。34代木村庄之助の伊藤勝治氏は、こう説明する。「ここは伊勢ノ海部屋だから師匠の札はなくてもわかる。昔の相撲部屋はそういうところが多かったんですよ」。こういうところにも伊勢ノ海部屋らしい伝統が残っている。

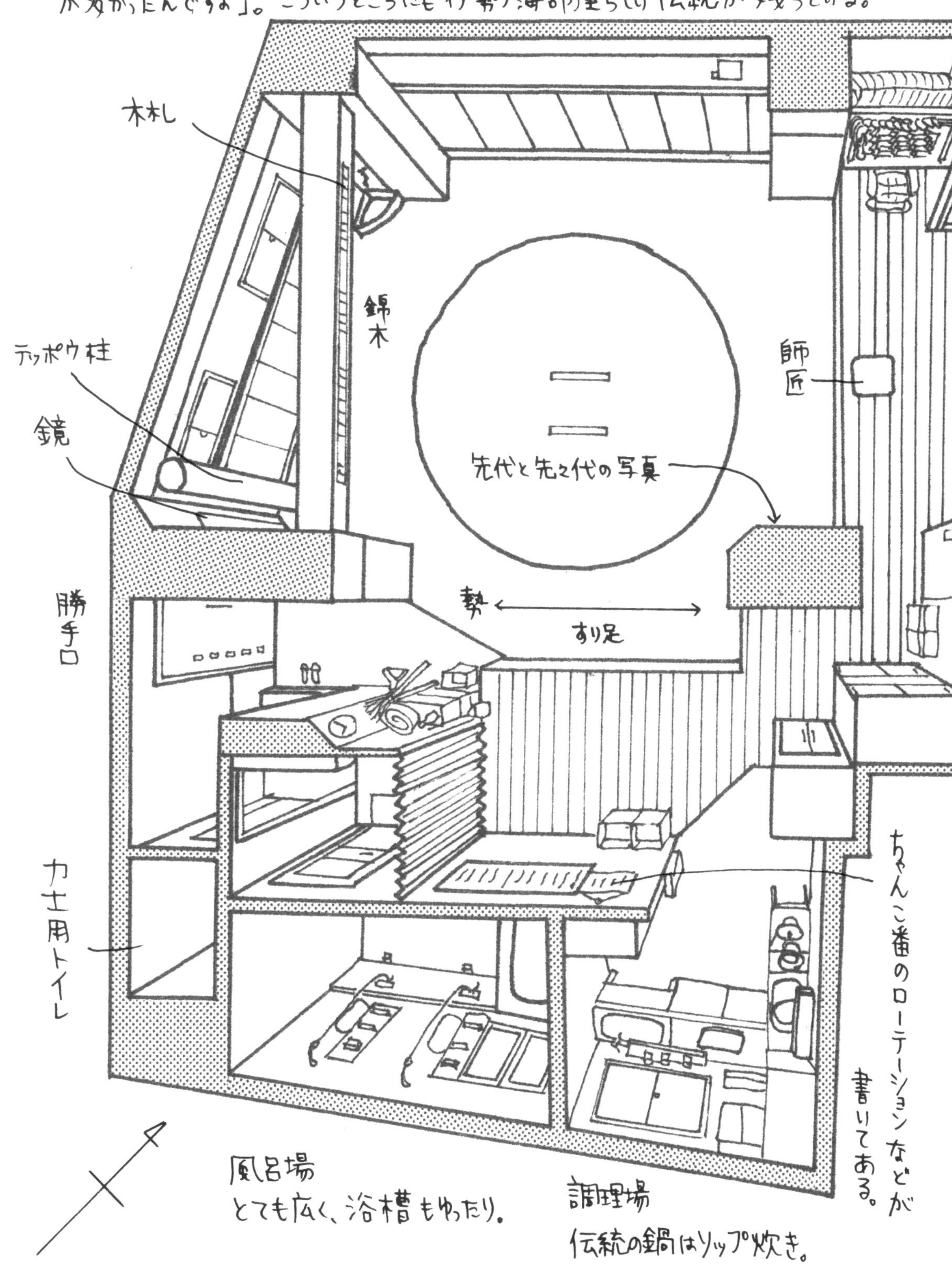

 伊勢ノ海部屋◎〒112-0011東京都文京区千石1丁目22番2号 ▷地図 P196

伝統の四股名をすぐ与えるのではなく個性を見極めながら決めていく

大相撲の歴史と伝統を守り、継承していくことは各部屋の使命でもある。伊勢ノ海部屋は、江戸時代から約260年の歴史を誇る角界屈指の名門だ。

当代の師匠は、元北勝鬨（きたかちどき）の12代伊勢ノ海。先代の停年にともない、東京都江戸川区から文京区に部屋を移転させた。平成24年4月に部屋開きをした時から、伝統を引き継いでいくことを意識している。

部屋の敷地はもともとはおかみさんの実家で、そば屋「長寿庵」だった。結婚後、自宅にリフォームし、部屋継承後に稽古場に改装した。すべてを新装したわけではなく、先代の部屋から看板、テッポウ柱、神棚などを譲り受けた。

「伊勢ノ海部屋というのは、昔からの伝統がある。先代も言っていた歴史を大事に継いでいきたい。後援者の方からも、そこは大事にしてほしいと言われています」（伊勢ノ海親方）

両国ではない都心にありながら歴史を感じさせるのは、関係者の思いが込められているからだろうか。

四股名も同様に、部屋の先人からのものを受け継いでいる。平成24年7月場所から、熊谷は錦木、菊池は頂（いただき）、玉木は有明に改名。伊勢ノ海親方は説明する。

「昔の浮世絵も残っていて、当時の四股名がわかる。伊勢ノ海部屋はこういうところなんだと、力士にも教えていかないといけない。ただし四股名は、その力士に合ったものを考えました。『錦木』はもともと岩手出身者の名前。『頂』は江戸時代に二枚目で人気があったそうです」

錦木は岩手出身で、頂は端整な顔立ち。新弟子には伝統の四股名をすぐに与えるのではなく、個性を見極めながら決めていく方針だという。

文京区唯一という立地にはリフレッシュ効果も

稽古の中身も伝統的だ。

「昔からのことをやっていくことが大事。四股は、足腰を鍛えるには最高のかたち。近代的なトレーニングのほうがいいと言う人もいるけど、そればかりでもない。壁に当たった時は特に、基本に戻ることが大事でしょう」（伊勢ノ海親方）

地道な稽古のもと、勢は三役経験者となり、錦木は幕内の常連になった。

勢は入門から約1年で幕下まで上がったが、そこから十両まで5年半を要した。本人は当時をふり返る。

「考えすぎていた部分があった。（関取に）上がってからはもやもやが吹っ切れて、気持ち的にも成長したかなと思っています」

やや繊細な一面があり、本場所中に対戦相手を知るのは当日の朝と決めている。稽古場に下り、ホワイトボードに貼ってある取組表で初めて確認、そこで気持ちを切り替えるという。

取組を終えて部屋に戻ると、夜に約1時間は近所を散歩しながら心身をクールダウン。東京ドームまで歩くこともあれば、巣鴨でリラックスすることもある。

「恵まれた場所ですよね。巣鴨地蔵通りは店が閉まるのが早いですから、人が少なくて歩きやすい。お地蔵さまの前を通る時は、軽くおじぎします。無視はできませんよね」

文京区唯一の部屋という立地は、リフレッシュ効果もあるようだ。

錦木は中卒たたき上げ。巡業での稽古を決して休まない真面目さが有名で、努力を重ねてここまできた。

「この部屋はアットホーム。部屋の歴史については、マネージャーの浅坂さん（直人、元三段目雪光山）があちこちでしゃべっているのを聞いて、わかるようになりました。錦木という四股名は、初代が大関。この名前を付けてもらって十両に上がれた。ゆっくりでも、上がれてよかったです」

名物マネージャーの浅坂氏は相撲博士としても知られ、伝統ある部屋を盛り立ててきた1人。上がり座敷にある本棚には、浅坂氏の相撲関連の蔵書が数多くある。力士たちはこれを読みながら、大相撲や部屋の歴史を自然に学んでいくという。

決して大所帯ではないが、浮つくことなく、大相撲に真摯に向き合う伊勢ノ海部屋。柏戸、藤ノ川、荒熊など、ほかにも伝統の四股名はいくつもある。伊勢ノ海親方は、「いずれ、誰かが付けるようになってもいいんじゃないかと思っているんですよ」と言う。

伝統への尊敬は、時空を超えた夢にもつながっている。

看板のはなし

伊勢ノ海部屋

34代木村庄之助による純然たる相撲字

伊勢ノ海部屋に所属していた34代木村庄之助が、幕内格の時に書いた。純然たる相撲字で、太くどっしりと書かれている。先代師匠の時に書かれた看板だが、表面をきれいに掃除して、移転後の部屋でも掲げられている。

東京都・墨田区

旧 井筒部屋

師匠＝元関脇逆鉾

平成6年4月に実父である元関脇鶴ケ嶺の先代が停年となり、部屋付きだった元関脇逆鉾の春日山親方が継承、名跡を変更した。主な関取は、横綱鶴竜、小結寺尾（元関脇）、幕内霧島（元大関）。

親方となった関脇逆鉾が令和元年に急逝、井筒部屋は幕を閉じた。最高傑作、鶴竜を育てた親方の思いが詰まる

井筒部屋ができたのは、昭和48年。現存する相撲部屋の建物としては、出羽海部屋に次いで歴史がある。室内には古きよき日本家屋の雰囲気が残っている。

先代師匠（元関脇鶴ケ嶺）
- 長男 元十両 鶴嶺山
- 二男 元関脇逆鉾（井筒親方）
- 三男 元関脇寺尾（錣山親方）

1階は稽古場、ちゃんこ場など。
2階は師匠の自宅と関取用の個室。
3階は大部屋。

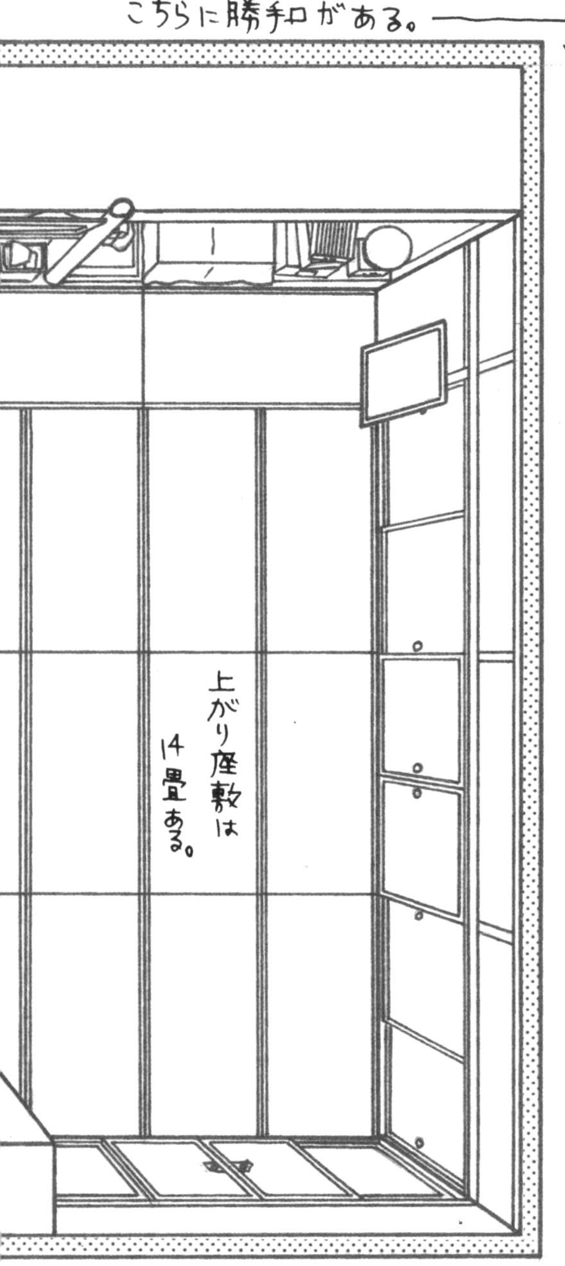

こちらに勝手口がある。
上がり座敷は14畳ある。

門限は午後11時（未成年は同10時）。

綱領

一、常ニ人格ノ陶冶ニ務メ國技相撲道ノ神髄ヲ發揮スベシ

一、己ノ本分ニ從ヒ質実剛健ノ気風ヲ養ヒ公明正大ノ気節ヲ尚ブベシ

一、心身ノ鍛錬ニ留意シ規律節制ヲ重ジ禮節ヲ正シクスベシ

← 床の間に掲げている井筒部屋綱領。

← 稽古後、鶴竜は建物外のこの辺りで取材を受ける。

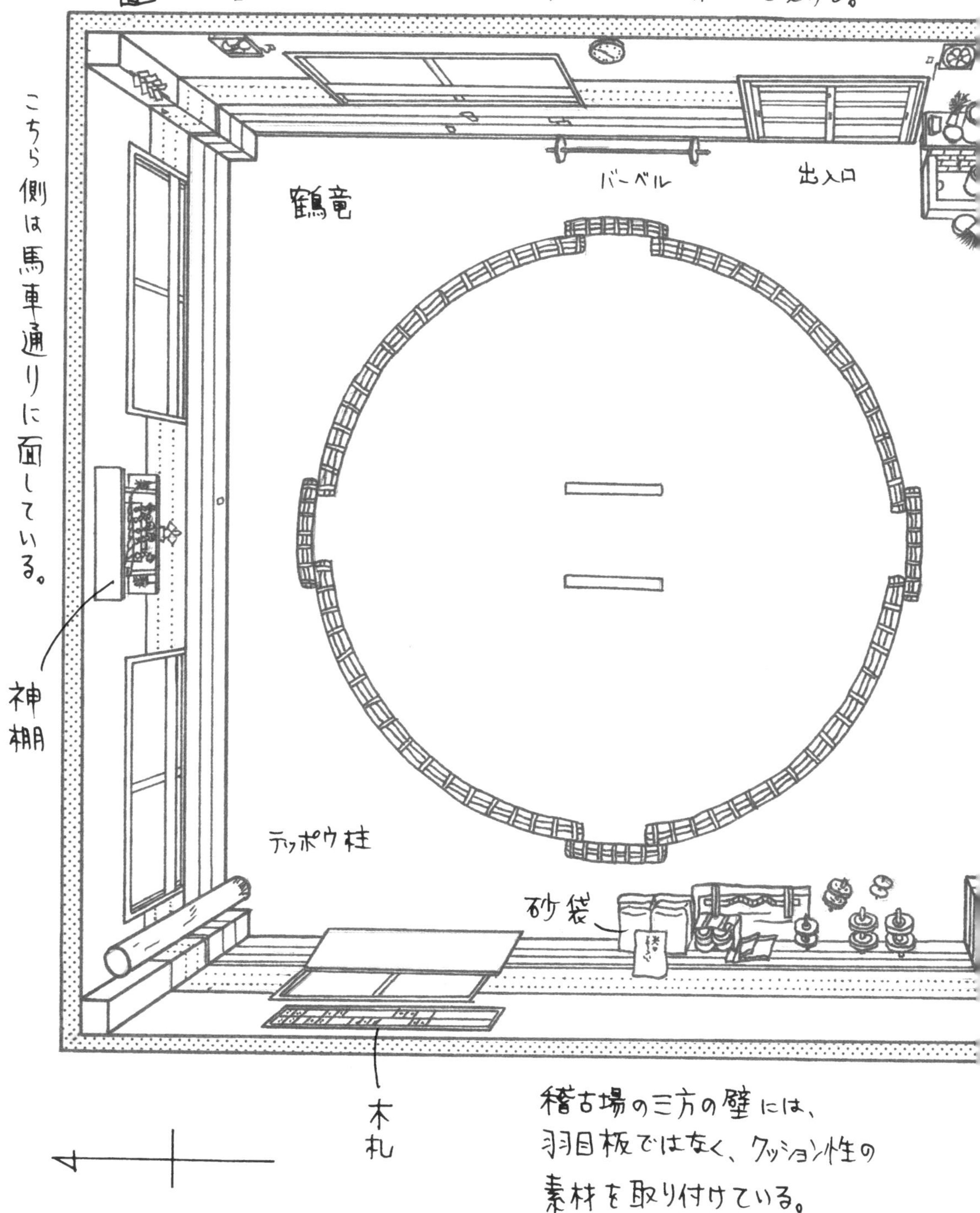

バーベル
出入口
鶴竜
こちら側は馬車通りに面している。
神棚
テッポウ柱
砂袋
木札
稽古場の三方の壁には、羽目板ではなく、クッション性の素材を取り付けている。

言葉も通じないところから親身になって鶴竜を育てた

元関脇逆鉾の井筒親方が、令和元年9月16日に亡くなった。横綱鶴竜らは陸奥部屋に転籍し、井筒部屋はなくなってしまったが、ご冥福をお祈りするとともに、井筒親方の生前の思いを紹介したい。

この稽古場は、井筒親方の実父である先代師匠（元関脇鶴ケ嶺）が昭和48年に造った。以来、関脇逆鉾、寺尾、大関霧島ら個性あふれる力士が育ってきた。なかでも鶴竜は最高傑作だ。

「辛い思い出もあるし、いい思い出もある。もう45年以上か……。今思うと早いですね」（井筒親方）

親方は3兄弟の二男として、昭和53年1月場所で初土俵を踏み、関脇まで昇進。平成4年9月場所での引退後、年寄春日山を名乗っていたが、先代の停年にともなって井筒を継承した。鶴竜が入門してきたのは平成13年。線が細く、親方が力士ではなく呼出しにしようかと思ったというのは有名な話だ。

「もともとバネは強く、運動神経もよかった。でも、幕下くらいに上がればいいかなと思っていた。運もあったし、本人の努力もあった。事細かに言ってきたけど、もともと真っ白な状態で入ってきているので、吸収も速かったんです」

当初は、言葉が通じないところから始まった。鶴竜はこの稽古場での思い出について、こう語る。

「一番の思い出は、初めて廻しを付けて稽古場に下りた時ですね。何もかも新鮮だなと。言われるがままに全部やっていました。親方がモンゴル語の本を見てくれて、モンゴル語で『ダイレハ！』とよく言われました。『前に出ろ』って意味なんです。思い出しますね」

井筒親方は、親身になって鶴竜を育てた。

「羊肉のことを『ホニーニ』って言うんですよ。肉屋で買って、食べさせていました。『今日もホニーニ食べるか？』って聞きながら。そのうち、『日本の肉はうまい』って言い出した。俺は羊肉食えないけど（笑）」

期待を込めて、稽古場では口酸っぱく言い、鍛え上げてきた。

「鶴竜が関脇のころは楽しくてね。勝った負けたで一喜一憂して。負けたら一杯飲んで『チクショー』なんて。大関時代も俺は楽しんでました。でもね、横綱になってからは違う。よく『横綱になってみないとわからない』と言われますが、師匠にとっても近い部分がある。横綱は勝てなければ引退。精神的にすごく重圧がかかる。この重圧はなってみないとわからないですね」

平成30年3月、5月と連続優勝を果たす

横綱になってからも苦労は絶えなかった。平成29年、鶴竜が皆勤した場所は3月の大阪だけ。7月場所4日目から休場すると、井筒親方は腹をくくり、メディアの前で言い切った。

「ケガをするということは力が落ちている証拠。次に土俵に上がっても勝てなければ、潔く（引退を）決断しなければならない」

だが4場所連続休場後に復活し、平成30年3月、5月と連続優勝を果たした。井筒親方は当時の発言について、こうふり返っていた。

「ケガは徹底的に治さないといけなかった。まずは休ませてもらう意味でも、ああやって言いました。あの年は辛い1年でした。あのまま引退していたら悔しいし、未練も残った。今度そうなった時は、やり切ったと言えるんじゃないかな」

鶴竜と苦しさを共有したが、相撲については多くを言わなかった。「横綱になってからは見守るような感じ」だったという。鶴竜もわかっていた。近年の井筒部屋は小所帯で、申し合いや三番稽古の相手になるような力士が部屋にいなかった。

「それが僕にとって当たり前。親方には『俺がいてもいなくても、強くなりたいなら、自分でやるしかない』と言われてきました。『場所中は相手がいないんだから、場所前に（出稽古などで）びっしりやらないといけない』とも言われてきました。今もそれは変わっていない。縁があって井筒部屋に入ったんですから、工夫して努力すればいいんです」

井筒親方は鶴竜の将来について「それは自分で決めること」と前置きしながら、こう続けた。

「技術もあるし、性格的に穏やかだから、指導者として適任ではないかと思っているんですよ」

今は、その後の物語を天国で見守っている。

看板のはなし

先代岳父の書が老朽化し、木村元基の書に新調

以前は時津風一門だった湊部屋の行司・木村元基の書。美しい相撲字で書かれている。もともと先代師匠の岳父・寺尾政喜氏（元幕下加賀錦）の書だったが、40年以上たって老朽化し、平成26年に新調された。

埼玉県・さいたま市

入間川部屋

師匠＝元関脇栃司

平成4年5月場所を最後に引退し、春日野部屋の部屋付き親方だった現師匠が、内弟子3人を連れて5年1月に独立。同年9月に与野市（現さいたま市）に部屋を開いた。主な関取は、幕内皇司、磋牙司。

総建面積約200坪（約660m²）の敷地に2階建て。
1階は稽古場、風呂場など。
2階は大部屋と関取用の個室、師匠の自宅など。
整理整頓がきっちりされていて、掃除が行き届き、とても清潔な部屋。

埼玉に4つある部屋の1つ。5人の関取を育てた師匠の夢は、その埼玉に初の優勝旗を持ち帰ること

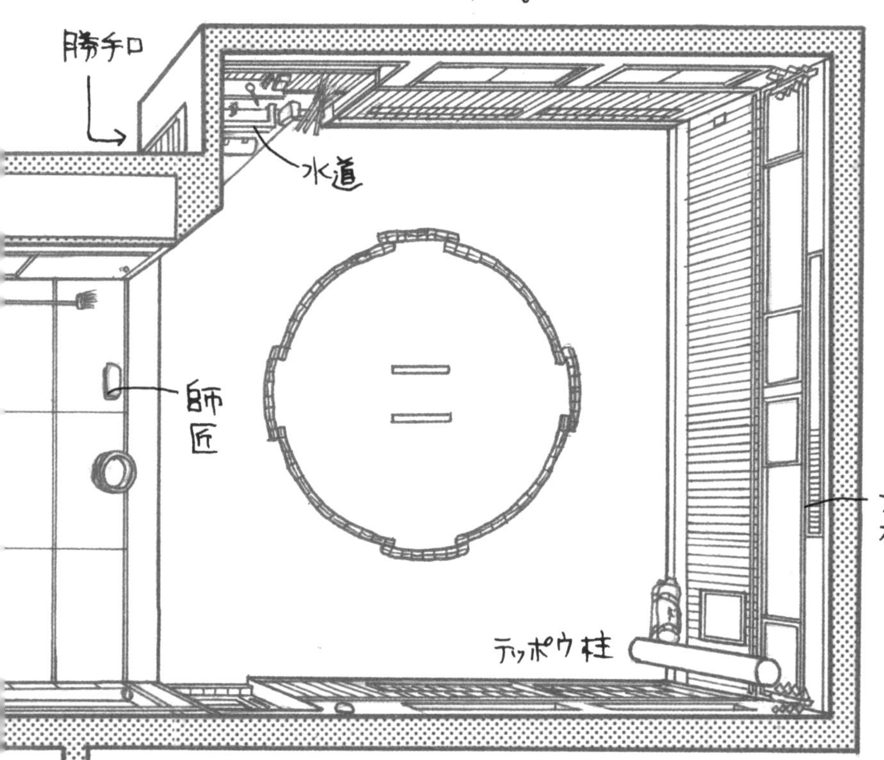

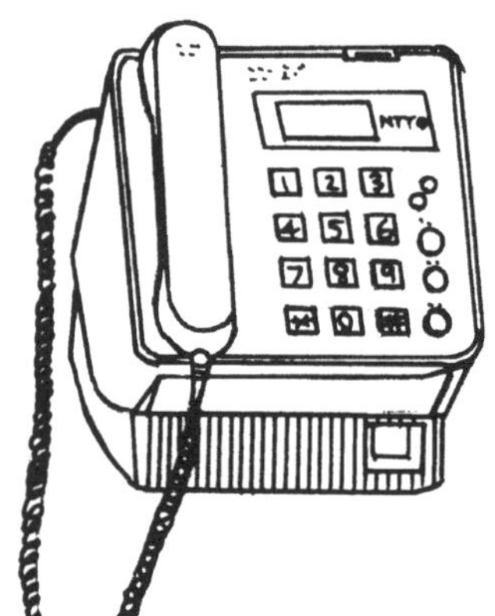

上がり座敷の奥に置かれている公衆電話。
携帯電話の所持を禁止されている者はこの電話に小銭を入れて電話をかける。
部屋の電話はここにかかってくる。

師匠の四股名が「栃司」だったため、入間川部屋の力士は四股名に「司」の字が付くことが多い。それぞれ、師匠の考えが込められている。

① 出身地にちなんだ四股名 → 西大司(さいだいじ)（岡山市出身。裸祭りで有名な西大寺がある）
水戸司(みとつかさ)（茨城県水戸市出身）
宮乃富司(みやのふじ)（静岡県富士宮市出身）

② 出身校にちなんだ四股名 → 龍司(りゅうつかさ)（静岡・飛龍高出身）

③ 師匠の願いを込めた四股名 → 磋牙司(さがつかさ)（「牙を研ぐ」の意味がある）

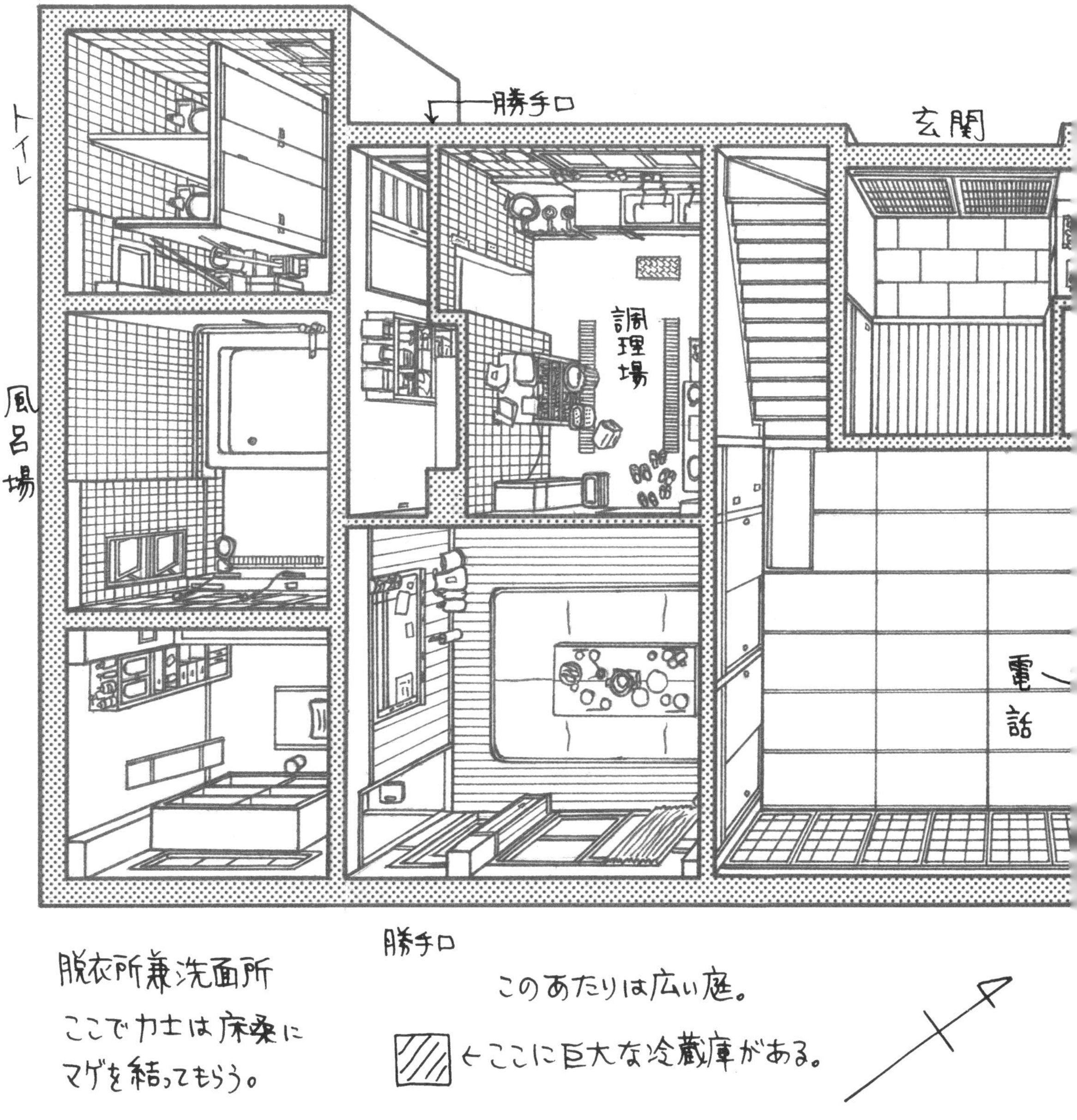

トイレ

勝手口

玄関

風呂場

調理場

電話

勝手口

脱衣所兼洗面所
ここで力士は床桑に
マゲを結ってもらう。

このあたりは広い庭。

← ここに巨大な冷蔵庫がある。

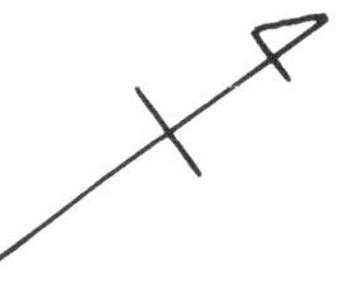

浦和レッズの本拠地 埼玉スタジアムが近くにある

現在、45ある相撲部屋のうち、4部屋が埼玉県にある。そのうちの1つが入間川部屋だ。さいたま市中央区に位置し、JR埼京線の与野本町駅から徒歩約20分。入間川部屋への道の街灯には、Jリーグ浦和レッズのタペストリーが飾られている。レッズの本拠地・埼玉スタジアムが近く、ここはサッカーの街でもある。

入間川親方が春日野部屋から独立して、埼玉に居を構えたのは平成5年。おかみさんの実家が部屋のすぐ隣にある。穏やかな住宅地の中にあり、どこかホッとするような環境だ。

「ここに来たばかりのころは、周りに何もなかった。道路の向こうにも家が2軒しかなかった。この時期(初夏)は、うぐいすが鳴いてたなぁ。今はものすごい勢いで家が建っているけどね。私の考えでは、東京は仕事をするところ。住むのは郊外がいいと思っていた。当時から、緑がすごく多かったからね」

土地が限られている両国とは違い、こちらは部屋も敷地も広々。住宅専用地域のため、3階建て以上のビルやマンションが周囲になく、見晴らしもいい。入間川部屋は、この土地の特色を稽古に生かしている。稽古場から外に出ると、広々とした庭が広がっている。そこにウエイトトレーニングの器具を置き、体作りをしている。土俵周りでダンベルなどを使うような窮屈さは、この部屋にはない。師匠は上がり座敷で指導しながら、庭にも目を届かせている。

こうした恵まれた環境の中、稽古内容は実に真面目。もともと入間川親方は、現役時代から「稽古熱心」「実直」と形容されてきた。

「素質のない者は、自分でどんどん努力しないとダメだと言い聞かせて稽古場に入っていった。プロに入ってからは特にそうだった」と当時をふり返る。指導者になった今は、稽古場に分厚いノートを持ち込み、力士が何番取ったかを自ら付けている。

「いつどういうケガをしたとかも書き込みます。日誌みたいなものですね。自分で注意したことを見返す時もある。ノートはだいぶ、たまってますよ。やはり、準備運動と基礎体力の向上が大事。これは、ケガを減らす意味で口うるさく言っています。ケガをせず、稽古を休まないことが、強くなる近道だと思います」

親からの金銭的な仕送りを禁じ 携帯の支払いも力士に課す

門限は午後10時半。親からの金銭的な仕送りを禁じており、携帯電話の支払いも力士自らに課している。「プロですから。若い衆も最低限の生活費はいただいている。自分で計画を立てて、お金を使っていく。親に頼るようではダメ」というのが師匠の方針。親が電話料金を支払っていることが判明すると、携帯電話の使用を禁止する。実際、禁じられたことがある者が数名いる。

また、ある力士は「僕らはみんな、おかみさんに対して、『LIKE』ではなくて『LOVE』に近い思いでいる」とも打ち明ける。規律ある生活の中、ホッと一息つけるのが、おかみさんの存在でもある。力士と師匠、力士とおかみさんの関係が、いいバランスで部屋の中で成り立っている。

このように部屋のモラルが保たれているのには、最古参となった元幕内磋牙司(さがつかさ)の存在も大きい。関取復帰を目指して黙々と稽古する姿は、後輩たちの手本になっている。師匠の期待も大きい。

「なんとかもう1回上げたい。(磋牙司は)嘉風(よしかぜ)(現在は中村親方)と同い年なんですよ。どちらも体が大きくないですから、刺激を受けていますよ。気持ちは全然衰えていない。どうしたら上がれるかわかっている。ケガがあるけど、調子がいいと出稽古にもよく行ってますからね」

磋牙司に続く関取誕生も、部屋にとっての目標だ。これまで5人の関取を育ててきた入間川親方は期待を口にする。

「磋牙司の次が時間がかかっているからね。どの部屋もそうだけど、1人が上がれば、だだっと次が来る。そうなると稽古量が増えて、内容も濃くなる」

その先の夢もある。

「埼玉に相撲の優勝旗が来てないんですよね。これは夢で、まだあきらめたわけじゃない。埼玉にはJリーグが2チームあって、野球は西武がある。相撲部屋は4つあるけど、幕内の優勝はまだないから……。最後の最後まで、指導していきますよ」

看板のはなし

入間川部屋

師匠の現役時代に後援者だった書家による、格調高い書

看板の文字は、師匠の現役時代に名古屋後援会に入っていた書家・久保田啓(ひろし)氏の書。部屋の中はどこも整理整頓がなされ、掃除が行き届いている。玄関前も整然としている。この看板が部屋の格調をより高めている。

埼玉県・草加市

追手風部屋

師匠＝元幕内大翔山

平成7年九州場所後に引退し、移籍先の友綱部屋で部屋付きだった現師匠が、義父の中川親方（元幕内追風山）とともに日大出身の2人の弟子を引き連れて10年9月場所後に独立した。主な関取は、関脇追風海、小結黒海、遠藤、大栄翔。

昔から応援してくれる人を大事にし、部屋を再興してから20年超。今後もさらなる成長、出世が見込まれる

1階は稽古場、調理場など。2階は大部屋、関取用の個室。3階は師匠の自宅。4階も大部屋、5階は倉庫。

追手風部屋訓
一、礼儀を重んじ品行方正を旨とす。
一、自己を戒め光明正大を旨とす。
一、力士は潔に相撲道守を旨とす。
一、初志を貫き百折不撓を旨とす。
一、和魂を尊び忍之一字を旨とす。

神棚の右側に掲げている追手風部屋訓。師匠が幼いころ通っていた書道の先生が書いたもの。

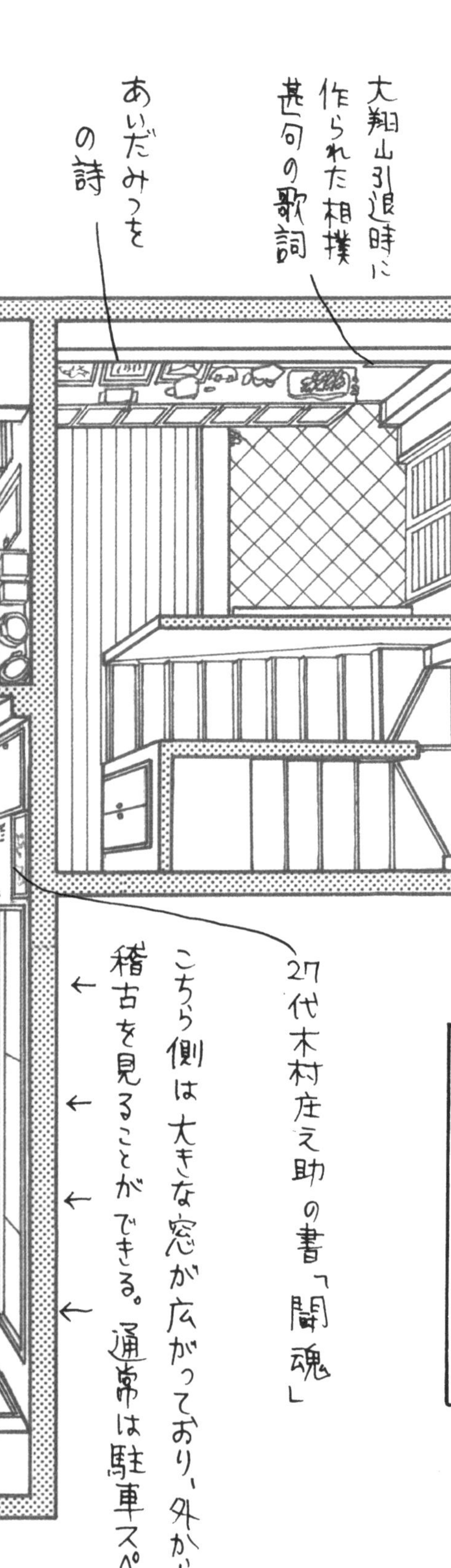

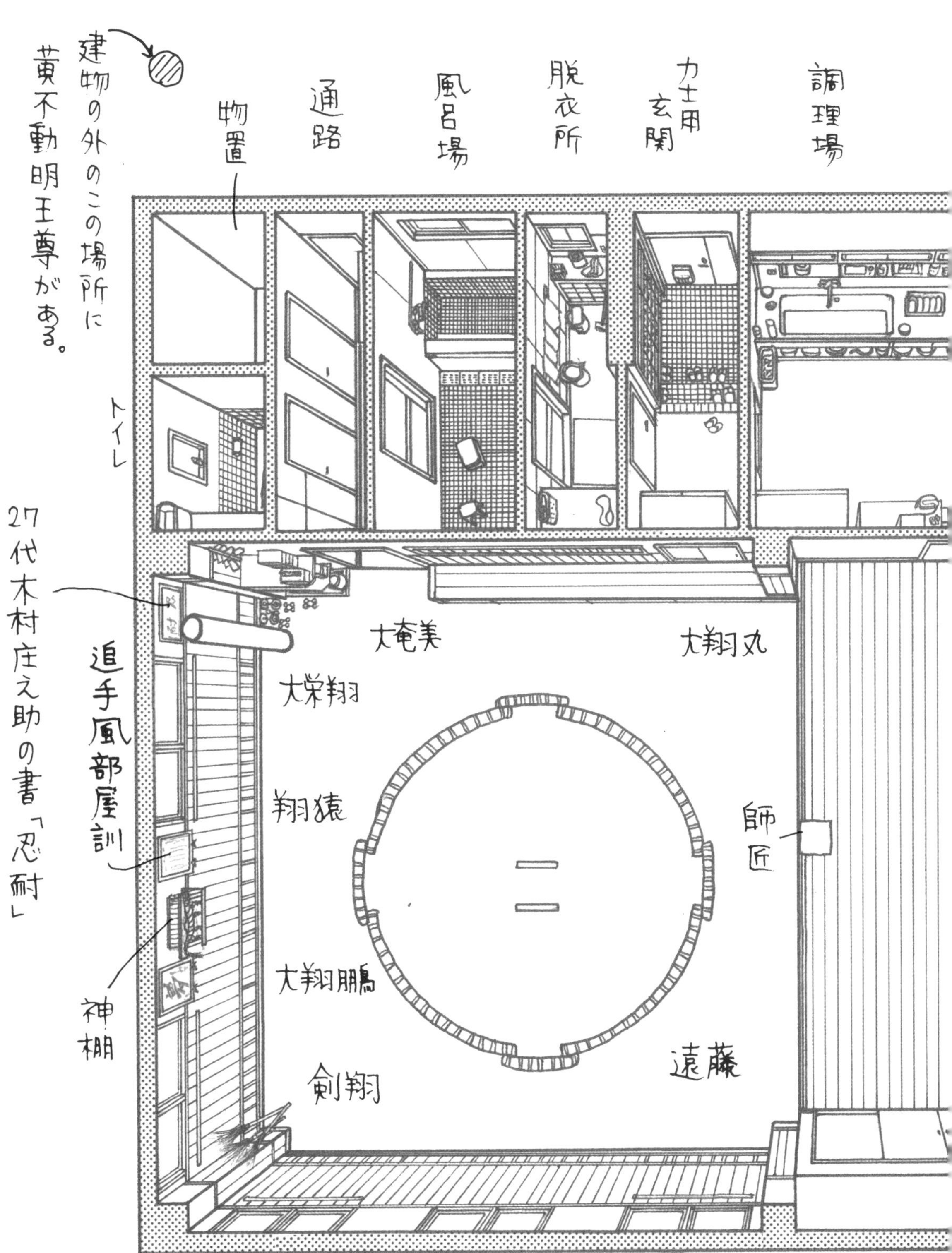

稽古場は一般的に4間×4間のところ、5間(約9メートル)×5間の広さを取っており、土俵の周囲は広々している。土俵の俵は布製。土地柄、稲わらを使うと湿気で腐ってしまうため。

追手風部屋◎〒340-0022埼玉県草加市瀬崎5丁目32番22号 ▷地図 P204

地元の人に見てもらうため稽古場に大きなガラス窓

追手風部屋の稽古場は、外から誰でも見られるように大きなガラス窓がある。部屋の中に入ることなく、近所の人たちが気兼ねなく集まり、力士たちの様子を見ていく。いつもの光景だ。師匠のアイデアで、このような部屋の設計になった。

「地元の人たちに見えるようにと思ってね。相撲部屋って敷居が高いイメージがあるから。草加に居を構える時、この周りの人たちに相撲に触れてもらいたいと思ったんですよ」

立浪部屋から友綱部屋をへて独立し、33年ぶりに追手風部屋を再興したのは平成10年9月場所後のこと。翌年6月に部屋開きを行ってから、20年を超えた。今や、1月、5月、9月の東京場所の千秋楽に部屋で行うパーティーは人気となり、人が入り切らないほどだ。

「ファンの人は確かに増えた。でも、惑わされないようにしたい。昔から応援してくれる人を特に大事にしたい。後援者の方はいい時も悪い時も支えてくれましたから」

角界屈指の人気を誇る遠藤の効果のようにも思えるが、それだけではない。師匠には地道にやってきた自負がある。部屋を興した翌年には追風海（はやてうみ）が関取1号となり、その後は長らく黒海が部屋頭として活躍。黒海引退後、遠藤が十両に上がるまでの10カ月間しか関取が途絶えたことがない。

師匠は「運がいい。素質がある子が入ってきているから」と謙遜するが、しっかりした稽古が下地にあることは言うまでもない。

朝稽古は午前6時半から。師匠は、7時には必ず稽古場に下りてくる。指導をする上で、怒鳴ったりはしない。

「時代が違うから。自分たちのころは、親方が言うより手を出す時代。昔は怖さで抑え付けたけど、今は言って聞かせる。殴られたほうが速く覚えるかもしれないけど、何回も同じことを言う。それが仕事だから」

遠藤はじめ関取7人は全員が20代で有望株

関取衆には、自分で考えさせる。なかでも、稽古熱心な遠藤には、誰もが一目置く。一方で、師匠にとっては人気者ゆえの悩みもあった。

「一時期、記者が10人も20人も来たことがあった。力士は誰でも、年間を通じてみれば、調子が悪かったり、気が乗らない日もある。そんな時は『もう上がれ』と

看板のはなし

追手風部屋

日光杉にエメラルドグリーンの文字。日光東照宮に依頼した特別な看板

板は日光杉で、日光東照宮に特別に依頼して完成。平成23年に掛け替えられた。文字は、「見ざる、聞かざる、言わざる」で有名な日光東照宮の三猿に用いられているエメラルドグリーンと同じ色で塗られている。

か『もう四股踏め』って言ってやりたい。でも、すぐに（稽古を）上がれば『今日は○番しかやらなかった』と書かれてしまう。だから、無理してもやらせようかという日もありました。ある程度は（遠藤から取材陣を）よけてやる。でもね、余計なことは言わなくてもいいけど、関取として、遠藤としてしゃべる義務もあるんだとは、伝えたことがありました」

師弟ともども本分はわきまえている。遠藤には、イベント出演など土俵外の仕事依頼もひっきりなしにくるが、そのほとんどを師匠が断ってしまう。師匠は、「相撲取りは芸能人ではありませんから」とはっきり言う。永谷園のコマーシャル出演は、理由があって引き受けた。

「最初に永谷園さんから話がきた時、『ちょんまげを付けている間はずっと応援させてもらう』と言ってくれた。いい時も悪い時も、現役時代はずっと応援してくれる。だから、お受けしたし、ケガをしている時は申し訳なかった。力士には、プレッシャーがないとダメだと思う。応援してもらって、活躍することで恩返しする。それができなくなったら、引退する時でしょう」

師匠は日本大学在学中から学生横綱として注目され、入門前から騒がれ続けた経験がある。だからこそ、遠藤の気持ちがわかるという。大事なものは何かという考えが師弟で共有できているからこそ、人気があっても地に足を着けていられる。

令和2年1月場所現在、部屋の関取は7人もいる。全員が20代で稽古相手に恵まれ、今後もさらなる成長、出世が見込まれる。

追手風部屋はこれから、どうなっていくのか？　目標は何か？

師匠は「1日1日をクリアしていくことです。その日、その日をね」と控えめな答えを口にした。「大関、横綱を育てること」などと言わないのは、過度な重圧を背負わせないための師匠なりの親心なのかもしれない。

千葉県・習志野市

阿武松部屋

師匠＝元幕内大道

押尾川部屋出身の先代（元関脇益荒雄）が、引退後に所属していた大鵬部屋から平成6年10月に独立し、7年4月に部屋開き。先代の退職にともない、部屋付き親方だった元幕内大道が令和元年9月に継承した。主な関取は幕内阿武咲（元小結）。

慎重派の新師匠と大胆な部屋付き親方。先代の魂をなくさない2人で、令和元年、新たな船出を迎えた

先代は芸術を好んだため、部屋のあちこちに美術作品が飾られている。「相撲だけしか知らないのではなく絵など芸術にも触れてほしい。『これはなんだろう』と感じてもらうだけでもいいんです」

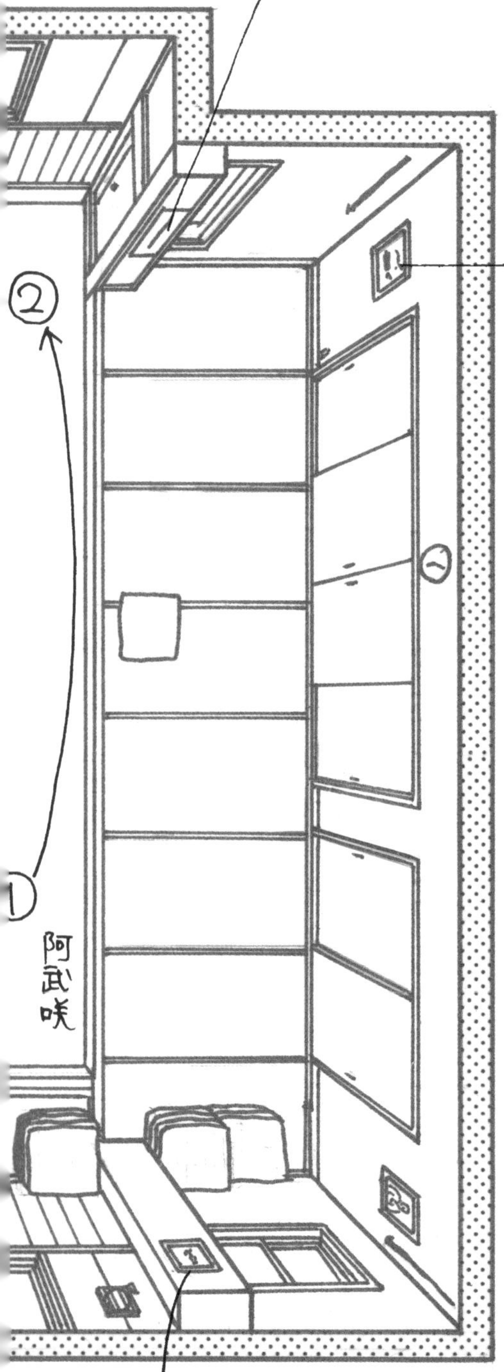

縦線一本だけという不思議な絵

部屋がある習志野市出身の画家、時田直義氏による鯉の絵

②

①

阿武咲

先代の新弟子時代の写真。
入門時は細くても強くなれることを伝えるために飾っている。

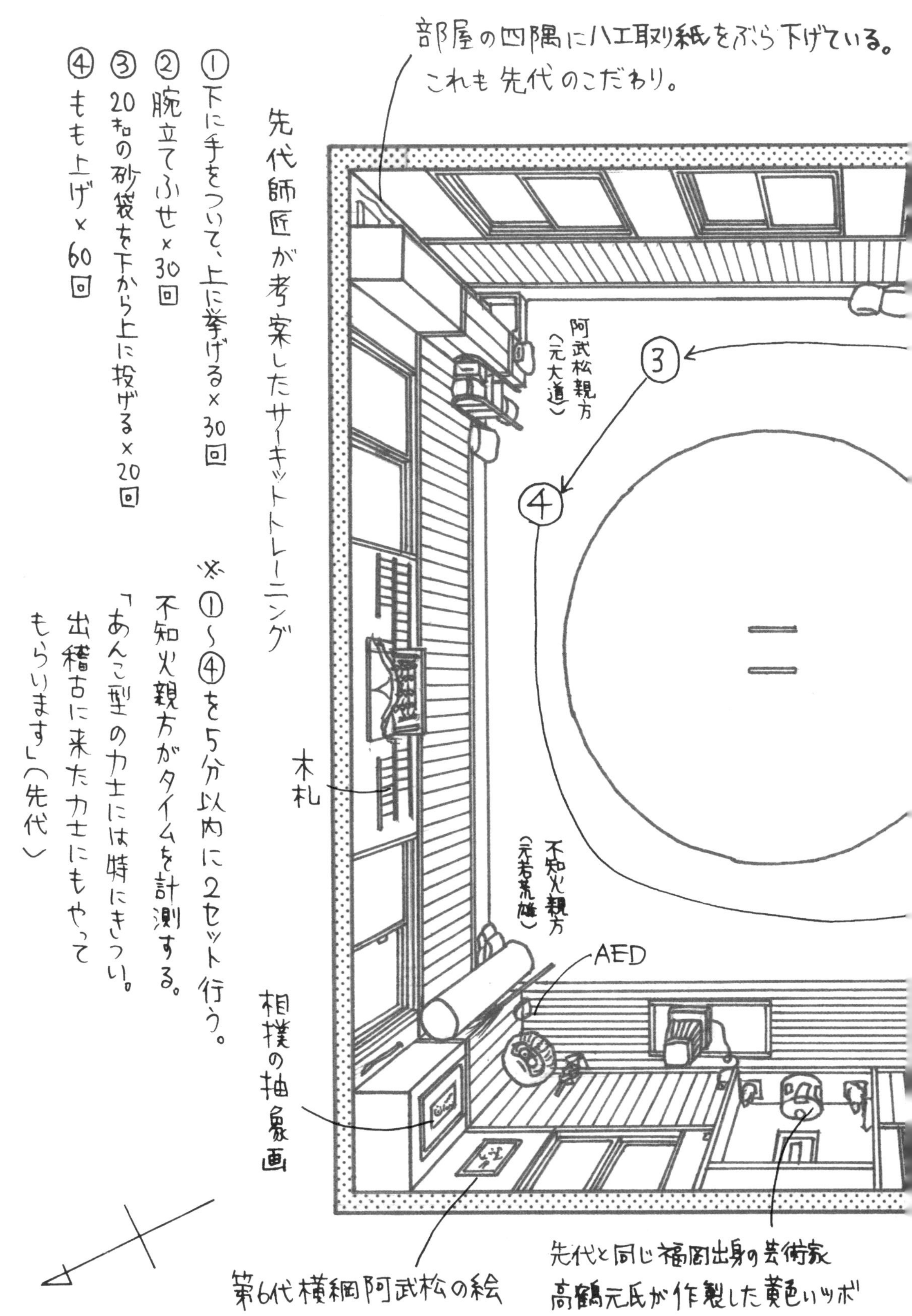
先代師匠が考案したサーキットトレーニング
①下に手をついて、上に挙げる×30回
②腕立てふせ×30回
③20kgの砂袋を下から上に投げる×20回
④もも上げ×60回
※①～④を5分以内に2セット行う。
不知火親方がタイムを計測する。
「あんこ型の力士には特にきつい。
出稽古に来た力士にもやって
もらいます」（先代）
部屋の四隅にハエ取り紙をぶら下げている。
これも先代のこだわり。
阿武松親方（元大道）
③
④
不知火親方（元若荒雄）
木札
AED
相撲の抽象画
第6代横綱阿武松の絵
先代と同じ福岡出身の芸術家
高鶴元氏が作製した黄色いツボ

先代のやり方を変えずに大関、横綱、優勝力士を出したい

令和元年9月場所千秋楽の夜、阿武松部屋のパーティー。元関脇益荒雄の先代師匠は、後援者に向けて退職を発表した。いつもなら原稿を見ずにあいさつする親方が、間違えないように用意した文章を読み上げた。退職の理由は、高血圧などによる体調不良のため。まだ58歳で、停年までは7年近くもあった。八角理事長（元横綱北勝海）からは協会に残って療養することを勧められた。しかし、職務を完璧にこなせないのなら自ら退く。これが先代の生き方だった。

　突然の発表ではあったが、新師匠となった元幕内大道の阿武松親方はすでに覚悟を決めていた。先代が病気に苦しむ姿を目の当たりにし、継承を打診されてから数カ月間、ずっと話をしてきた。これからに向けた考えは明快だ。

「師匠（先代）のやり方は変えません。『お前の色を出していけばいいから』と言われましたが、師匠のやり方で大関、横綱、優勝力士を出したい。それが部屋の目標です。細かいところは変えていくかもしれませんが、大まかなやり方は同じです」

　午前6時から稽古開始。申し合いや三番稽古での番数をきっちり数え、誰もが稽古場で力を出し切れるように指導をする。先代が考案したサーキットトレーニングは、ほかの部屋では見られない独特のものだ。緊張感漂う、昔ながらの雰囲気が残る稽古場。門限は午後10時半。先代の魂は、決してなくさない。

「師匠のお陰で、関取に上げてもらい、協会にも残してもらいました。人気があったわけでも知名度があるわけでもないのに、部屋を継承までさせてもらった。すごく厳しかったけど、優しさ、思いやり、愛がありました。14年間、師匠に育ててもらいました。現役の時、師匠に怒られたくないから相撲を取っているという時期もありました。部屋付き親方になってからも、厳しく接してくれました。将来的な継承を考えて、いついなくなっても部屋を任せられるように育ててくれたのかなと、今になって思います」

　稽古のやり方は変えないが、同じようにできないことはわかっている。先代が醸し出していたオーラ、力のある言葉はまねできない。先代が発する一言一言には、重みがあった。

部屋付きの不知火親方と力を合わせて乗り切っていく

「お前な、お母さんの墓に報告できるのか？」

看板のはなし

阿武松部屋

女性芸術家の手による、柔らかくも力強い書

千葉県在住の石原恵子氏の書。同氏は、筆文字だけでなく、絵画や装花なども手掛ける芸術家。看板の書は女性らしい柔らかさの中に力強さも感じられる。平成23年に、先代師匠が心機一転、新しい看板に変えることを決断し依頼した。

新師匠は現役時代、幕下でくすぶっていたころにそう言われて心に火が付き、十両昇進を勝ち取った。部屋付きの不知火親方（元小結若荒雄）は、師匠の一言で緊張が解けた経験がある。場所入りする前に「宇宙レベルで考えろ。お前が勝ったり負けたりするのは、小さいことなんだ」と言われ、肩の力が抜けたという。

新師匠が1人でできない分は、部屋付きの不知火親方と力を合わせて乗り切っていく。先代からも、念を押された。

「お前1人ではできない。でも、2人ならできる。（不知火親方が）兄弟子だからといって、遠慮して言わないのはダメだ。2人でなんでも話し合え。ぶつかってもいいんだ」

新師匠は石橋を叩いて渡る慎重派、一方の不知火親方はポジティブかつ大胆さを兼ね備える。性格が違うが仲のいい2人は毎日話し合い、「2人で力を合わせれば、師匠に近づけるのではないか」と思えるまでに考え、再確認して、新たな船出を迎えた。

新師匠は東京都葛飾区の白鳥相撲教室で相撲を始め、目黒学院高校、専修大学で実績を残した。すでにスカウトでも成果が出ており、アマチュア時代のネットワークは師匠としても生きるはず。先代は、これまでの後援者の継続的な支援に向けて尽力するなど、新体制の足場は固まってきている。

「これからやっていく上で大事なのは、誠実さだと師匠から言われました。誠実さを持ってやっていけば、かかわっていく人たちも信用してくれると。部屋の力士のことは全員、入門した時から知っています。力士も自分のことを知っている。ただ、急に師匠になったため受け入れられない部分もあるかもしれません。少しずつやっていきます」

数年前なら想像もできなかった阿武松部屋の継承。先代からは、「お前には相撲の神様がついている」とも言われた。この名跡には「師匠とおかみさんの魂が入っている」と言う。部屋を盛り立てていくことが、何よりの恩返しになる。

東京都・江東区

大嶽部屋

師匠＝元十両大竜

一代年寄を贈られていた横綱大鵬が昭和46年12月に二所ノ関部屋から独立。平成16年1月1日付で、娘婿（当時）の貴闘力が部屋を継承したが、平成22年7月に野球賭博問題で解雇され、部屋付き親方だった大竜が継承した。主な関取は、幕内大砂嵐。

重圧を乗り越えて大鵬の部屋を継ぎ、明るく家庭的な部屋を作り上げた。誰にもまねできない相撲人生を歩む

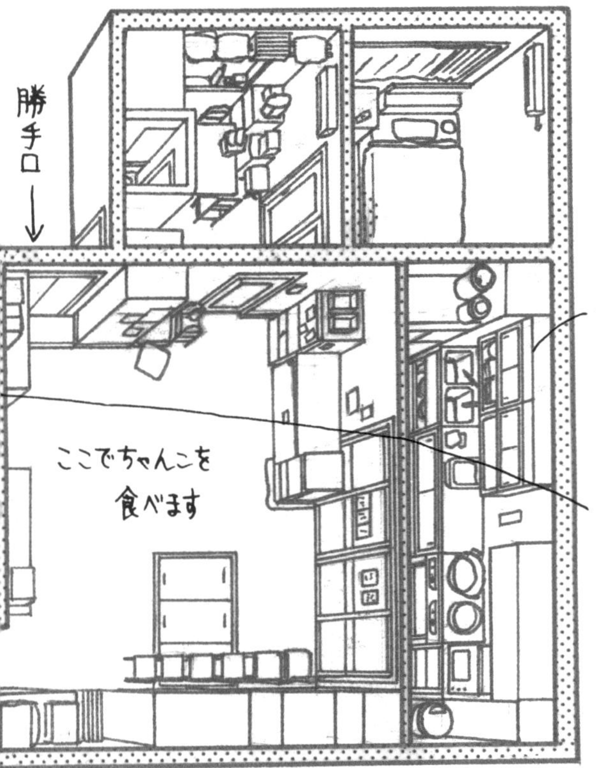

師匠の個室とダイニング
建物ができたばかりのころは、大鵬さんがこの個室で生活していたこともある。
勝手口
調理場
3、4人ずつが3班に分かれてちゃんこ番を務めている。
ここでちゃんこを食べます
風呂場はのちにリフォームしお湯を循環させて24時間いつでも入れるようにした。

大嶽部屋では毎年正月に書き初めをして、それぞれが1年の目標を書く。師匠は毎年、造語を考えて書くことが多く、平成31年は、「不動我真」。これは「自分が正しくいることで、何事にも動じずに、歩んでいける」という意味。
各力士は以下の言葉を書いた。

底力（玄界鵬）
関取（露草）
幕下で勝越し（銀星山）
気力（竜山）
辛抱（坂井）
三段目（己竜山）
力（竜輝）
十両（納谷）
千恩万謝（闘鵬）
勇往邁進（新屋敷）
一日一生（望月）
全勝（森麗）

日常の五心
一、「はい」と言う素直な心
一、「すみません」と言う反省の心
一、「おかげさま」と言う謙虚な心
一、「私がします」と言う奉仕の心
一、「ありがとう」と言う感謝の心
大嶽部屋

稽古場の壁に部屋の創設者でもある48代横綱大鵬の書が掲げられている。その横には大鵬の新弟子時代と大関の時の写真も飾ってある。新弟子当時は大鵬も細い体で、稽古次第で大きく強くなれることを写真が示している。

座布団

大鵬が還暦土俵入りで締めた赤い綱がケースの中に置かれている。

木札。「大鵬」はもちろん平成29年9月8日に急逝した世話人「友鵬」も掲げている。

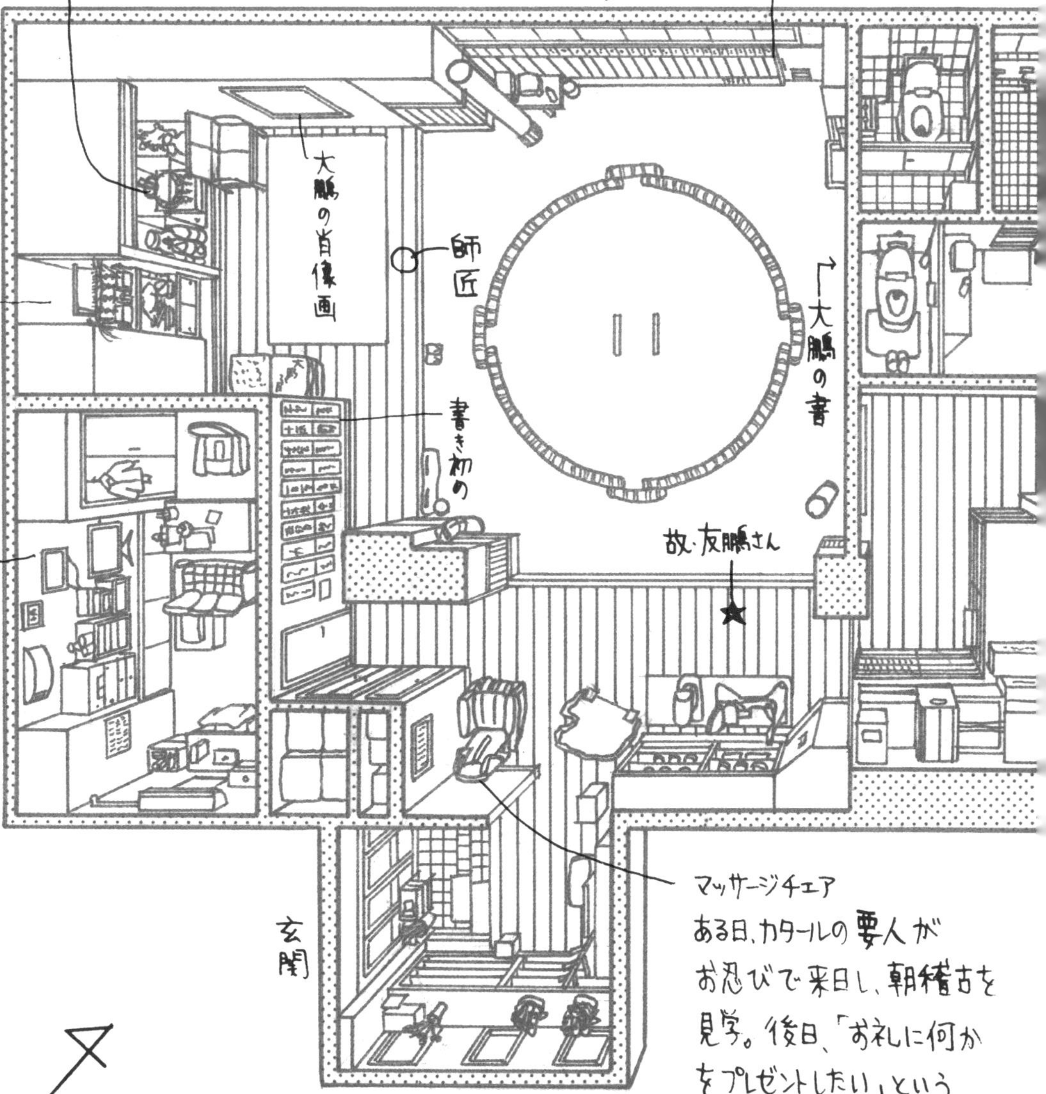

大鵬の肖像画

師匠

神棚

大鵬の書

書き初め

故・友鵬さん

応接室兼事務室
日中は師匠とおかみさんがいることが多い。

玄関

マッサージチェア
ある日、カタールの要人がお忍びで来日し、朝稽古を見学。後日、「お礼に何かをプレゼントしたい」というメッセージが届いた。「みんなで使えるから」という理由で、マッサージチェアをお願いした。

大嶽部屋◎〒135-0024東京都江東区清澄2丁目8番3号 ▷地図 P195

人生最大の決断をして大横綱の部屋を引き継いだ

優勝32回を誇る大横綱大鵬が一代年寄になって興した大鵬部屋は、平成16年に元関脇貴闘力に継承され、大嶽部屋となった。しかし、22年7月、野球賭博に関与したとして師匠が退職。部屋付き親方だった元十両大竜が、年寄「大嶽」として部屋を引き継いだ。

当時、継承者がいなければ大嶽部屋は取りつぶしとなり、どこかに吸収合併されるしかなかった。

「大竜頼む、継いでくれ」

力士として育ててくれた大鵬から、乞われた。

「俺の立場で部屋を継承だなんて……。何度か断りました。俺が師匠になったとして、『弟子が集まらなくなって部屋がなくなりました』では済まされない。大鵬さんに合わせる顔もない」

人生最大の決断だった。「恩返しの意味も込めて、この部屋を守る」という覚悟を決めて、師匠になった。

日本相撲協会に在籍する親方は100人を超える。元横綱、元大関はもちろん、三役経験者が多数を占める。元十両は、大竜1人だけ。大横綱から部屋を引き継ぐ重圧は計り知れない。部屋の入り口には「大嶽部屋」だけでなく「大鵬道場」の看板も掲げられている。

部屋を守る闘いは、ここから始まった。

「一番心配だったのは、弟子の獲得です。弟子がいなくなれば、部屋はなくなる。相撲を知っている人なら、有名どころに行きたいと思うのは普通でしょう。スカウトする時、親御さんに『えっ、十両なんですか』と鼻で笑われたこともあります。そういう時は、経緯をきちんと説明します。誠心誠意お話しして、対応するしかありません」

大砂嵐には裏切られたものの大鵬の孫とともに頑張る日々

平成25年1月に大鵬が死去。その半年後に、エジプトからやってきた大砂嵐が部屋の関取1号として新十両に昇進した。アフリカ大陸出身初の力士として話題にもなった。言葉も相撲も教え、日本の伝統文化としての側面を持つ大相撲がなんたるかも伝えていった。

だが、裏切られた。

平成28年6月、病気の父を見舞うために帰国すると言い、報告もないままエジプトで結婚。30年1月には、無免許運転により、長野県内で事故を起こした。

「元旦式で話をした直後でした。その前の12月には日馬富士の問題があり、みんなで研修会に出て、帰ってきてから話し合ったこともありました。『親方はうるさく言うよ。ルールは守らないといけない』と。指導が悪いと言われれば、それまでかもしれませんが……。結局は、大砂嵐のことを見抜けなかった。私の前では『はい』と返事をして従うようにしていましたが、あとで若い衆に聞いたら『親方の前でだけちゃんとしていればいいんだ』と言っていたそうです」

平成30年11月には、1人の若い衆が酒気帯び運転で物損事故を起こした。相次ぐ不祥事に、部屋の取りつぶしも噂された。大嶽親方は力士を集めて強く訴えた。

「何かあったら、腹をかき切って、大鵬さんのところに行く。そのくらいの覚悟でいる。部屋を守っていく約束だから。間違ったことはするな。ばれなきゃいいでは済まされないんだ」

結局、当該力士は引退し、部屋は今も続く。不祥事はあったものの、実直な親方の人柄を慕って入門者が集まる。明るく家庭的な部屋の雰囲気は、相撲未経験者も温かく受け入れる。

一方、希望の光もある。大鵬の孫であり、元貴闘力の三男でもある納谷幸之介（納谷）が平成30年1月に入門し、一気に番付を駆け上がってきた。注目される存在ゆえに、勝っても負けても取組後は報道陣に囲まれる。大鵬を背負う苦しさを知る大嶽親方は、こう言う。

「勝って当然と思われ、負けたら部屋が悪い、親方が悪いと言われる。俺以上に幸之介にはプレッシャーがある。大鵬の孫なんだから。入門する時に、こう言いました。『お前は納谷家に生まれた。それを背負っていかないといけない。力士になった以上は、一緒に頑張っていこう』と」

令和元年11月には四男の幸成（夢道鵬）も入門してきた。大鵬に育てられて関取になり、親方になり、大鵬に乞われて部屋を任され、そして大鵬の孫を育てる。大嶽親方は、誰にもまねできない相撲人生を歩んでいる。

看板のはなし

大鵬道場

大嶽部屋

大鵬と同年生まれの10代式守錦太夫の書による2枚の看板

部屋の玄関には「大嶽部屋」の縦看板と、「大鵬道場」の横看板の2枚が掲げられている。看板の文字は、三役格行司だった10代式守錦太夫（故人）の書。純然とした相撲字で書かれている。10代錦太夫は大鵬と同年生まれで、同じ二所ノ関部屋の所属だった。

東京都・江東区

尾車部屋

師匠＝元大関琴風

昭和60年11月場所限りで引退した元大関琴風が、62年3月に佐渡ケ嶽部屋から独立。埼玉県草加市に部屋を興し、平成5年6月に移転。17年4月1日付で押尾川部屋から6力士が加わった。主な関取は、関脇豪風、嘉風。

部屋が衰退して終わるのではなく、隆盛させてからバトンタッチしたい。令和4年の停年を見据え、稽古を見守る

1階は稽古場、ちゃんこ場など。
2階は大部屋と個室が4つ。
3階は師匠の住居。
4階はトレーニング室。
門限は午後10時半。

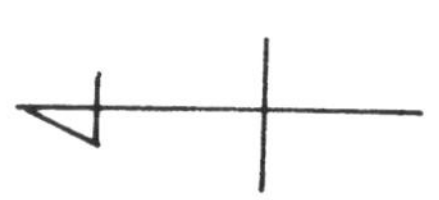

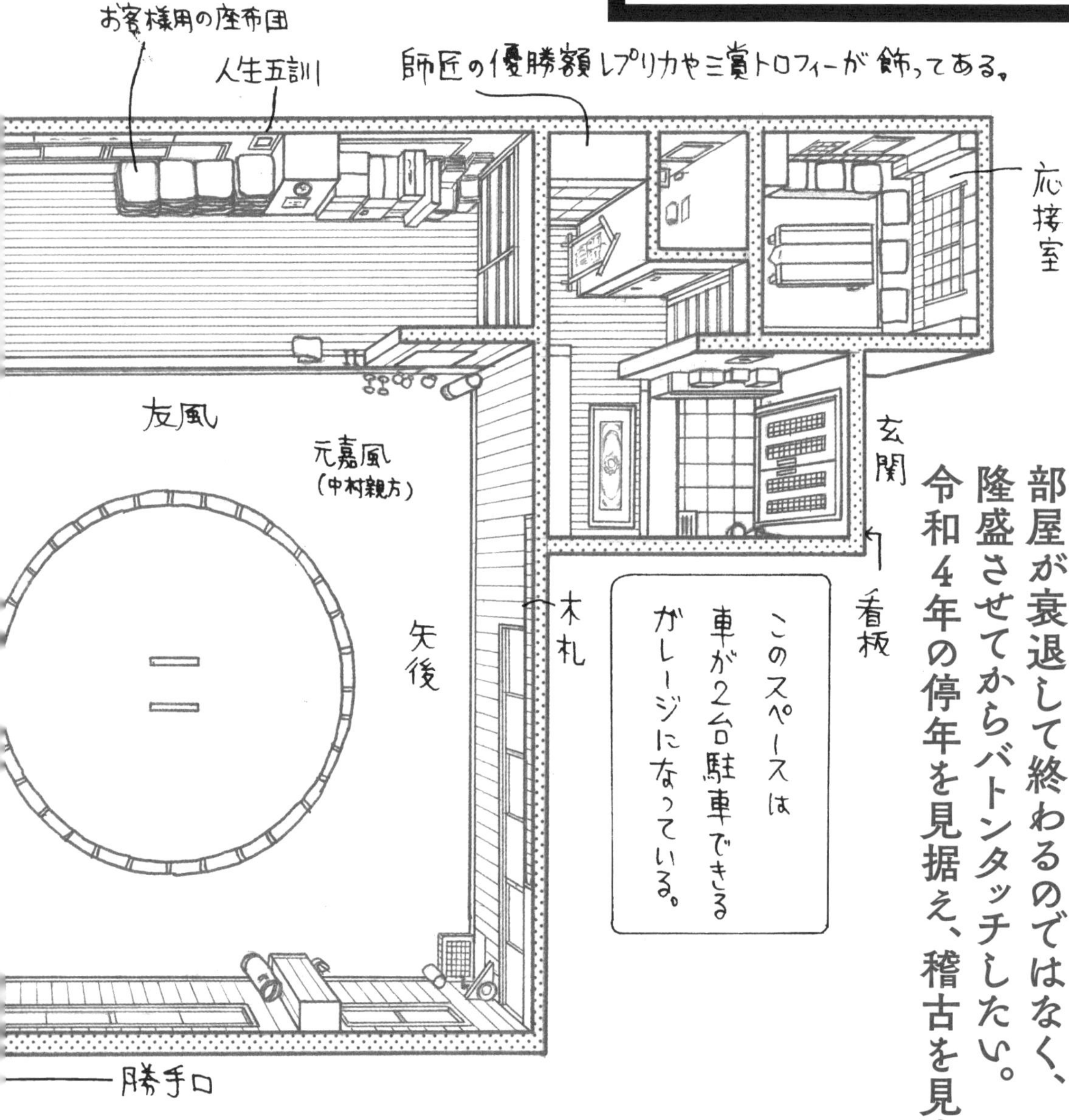

お客様用の座布団

人生五訓

師匠の優勝額レプリカや三賞トロフィーが飾ってある。

応接室

友風

元嘉風
(中村親方)

玄関

看板

木札

矢後

このスペースは車が2台駐車できるガレージになっている。

勝手口

4軒先に高田川部屋がある。↓

パワープレート

師匠のイス。膝が悪いため
ここに座って指導する。
握力を鍛える器具なども
横の机に置いてあり、リハビリ
を続けている。

ちゃんこ長は富士ノ風。

テレビ番組でマツコ・デラックスに
ポテトサラダを絶賛された。

師匠お気に入りの人生五訓

人生五訓
おこるな
いばるな
あせるな
くさるな
まけるな
清志書

実家（三重県）の
墓参りに行った際、
土産物店で
木額に入ったこの言葉に出会った。
のちに、知り合いの書家に
書いてもらったものを
飾っている。

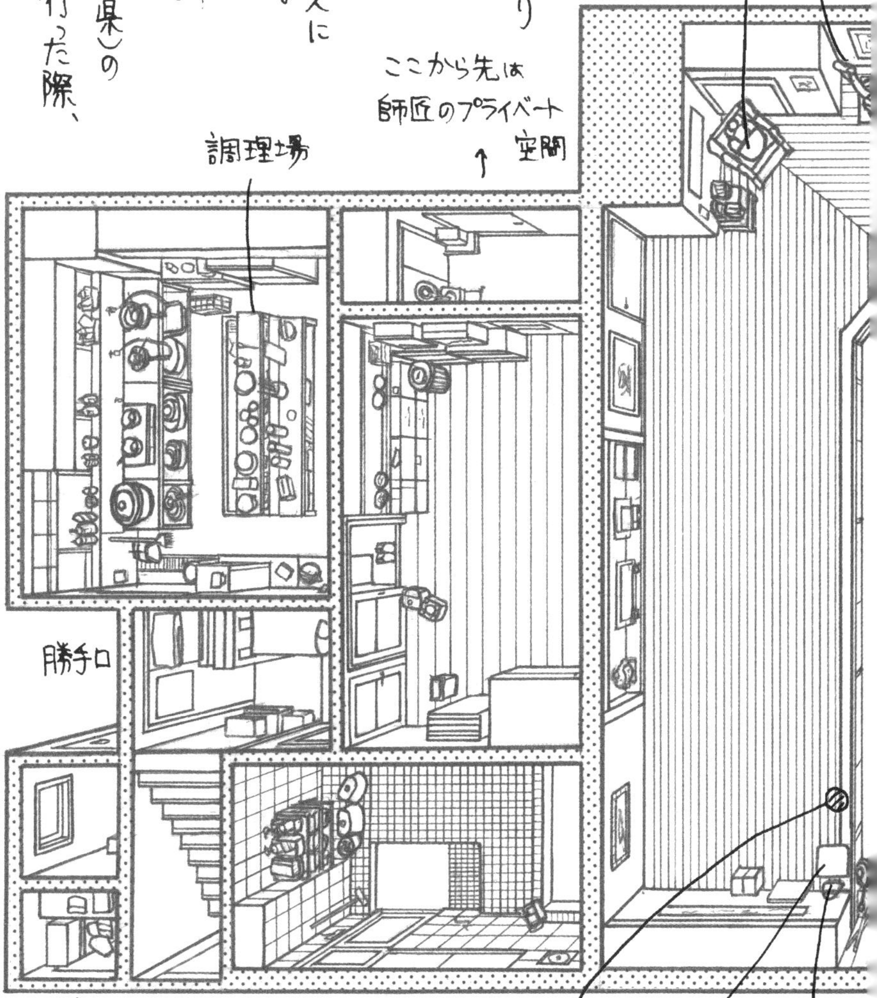

ここから先は
師匠のプライベート
空間
↑

調理場

勝手口

師匠の四股名が琴風だったため、尾車部屋の力士は
四股名に「風」が付くことが多い。在籍した関取。

関脇
豪風
嘉風

幕内
友風　若麒麟　皇風
矢後　若兎馬　天風

十両
星風　舞風
富風　政風

倉庫

外階段

風呂場

押尾川親方（元豪風）

世話人
錦風

AED

親方の絶望の日々を励ました力士たちのメッセージ入り写真

L字型になっている上がり座敷の角で、尾車親方がイスに座って稽古を見守っている。手元には、握力を鍛えるハンドグリップがある。

「一時は右の握力はゼロ、左は4キロ。今は右が25キロ、左が30キロ。退院したころは、ペットボトルのキャップも開けられなかった。今はもう開けられるからね」

師匠はすっかり元気になった顔で、こうふり返った。

アクシデントが起きたのは、巡業部長を務めていた平成24年4月4日。福井県小浜市での春巡業中だった。シートに足を引っかけて前のめりに転倒。意識を失い、病院に運ばれた。目を覚ますと手足が動かない。1週間後に東京都内の慶応病院で手術を受けたが、絶望の日々が始まった。

「俺なんか闇に葬ってくれ」とふさぎ込んでいた師匠の心を明るくしたのは、弟子たちの写真だった。

世話人の錦風が、メッセージ入りの画用紙を持った力士1人ずつの写真を撮影し、タブレット端末の「デジタルフォトフレーム」にまとめた。

「師匠は稽古場に来られないので、稽古場の写真をいっぱい入れて、帰ってきたいと思えるようにしました。静止画をスライドショーにして、音楽は（ゆずの）『栄光の架橋』にしました」（錦風）

「親方、元気になってください」「待ってます」「親方に叱ってもらいたいです」「親方が帰ってくるまでに三段目に上がります」など、メッセージは様々だった。

4月26日。師匠の誕生日に合わせて、錦風が病院へ端末を持っていった。まだ起き上がれない尾車親方は、ベッドの上で画像を見た。涙が流れた。あの時のことは忘れられない。

「そりゃあ、泣けるよ。体も心も弱っている時。戻らなきゃと力になりました」

リハビリに向かうための何よりの活力になった。

師匠不在の稽古場では、力士たちも必死だった。当時部屋付きだった不知火親方（元青葉城）が師匠の代わりになって盛り立てた。元豪風（たけかぜ）の押尾川親方は、当時のことをよく覚えている。

「部屋が悪くならないように、それまでと変わらずに稽古して、今まで通りの尾車部屋であり続ける。若い衆には、変わらずにいるんだと言ってきました。師匠がいないさびしさはありましたが、強い気持ちを持ってやりました。あのころ、政風が十両に上がったり、うれしいニュースもありました」

7カ月後、師匠は退院。車イス生活をへて、自力で歩けるまでに回復した。稽古場に、いつもの光景が戻った。豪風、嘉風（よしかぜ）の2枚看板が、30歳を超えてから自己最高位を更新したのはその後のことだ。

記憶だけでなく記録にも残る 2人の力士、豪風と嘉風を育てた

嘉風には平幕中位を行き来していたところ、食事の時にこんな言葉を投げかけた。

「勝った負けたを気にせず、目いっぱい突っ込んだほうがいい。今のままじゃつまんないだろう。人さまにも、お前の印象は何もない。勝つことだけでなく、鷲羽山（わしゅうやま）さんのように記憶に残る力士になったらどうだ」

以来、嘉風は立ち合い変化をしなくなり、32歳で新三役に昇進した。平成26年7月場所では、4日目に嘉風が年6場所制以降では最年長初金星を記録し、その5日後に豪風がそれを更新した。2人とも記憶だけでなく、記録にも残る弟子として誇れる力士になった。

そんな2人も引退し、部屋付き親方として後輩を指導する立場になった。

令和4年4月に、尾車親方は65歳の停年を迎える。

「部屋が衰退して終わるのではなく、隆盛させてバトンタッチしていきたい。10年、20年先があると思って運営していきたいんですよ」

最近は、スマートフォンのLINEを駆使して力士たちとコミュニケーションを取るなど、若者目線も忘れない。

「周りに人がいる時は、電話だと話しにくいこともある。お相撲さんのスタンプもいっぱい持ってますよ」

平成29年6月、部屋の4階にあるトレーニング室のウエイトトレーニング機器を数百万円かけて一新した。これも部屋の将来を見越してのことだという。2枚看板に続く関取の矢後（やご）、友風はもちろん、その次の次まで見据えて、稽古を見守っている。

看板のはなし

尾車部屋

元政治家・野呂田芳成氏による勢いのある書

元政治家で農水相や防衛庁長官も務めた野呂田芳成氏（故人）の書。同氏は達筆で知られており、看板を依頼。尾車親方は「勢いがあっていい感じ」と気に入っている。黒を基調とした玄関のデザインにマッチしている。

東京都・大田区

尾上部屋

師匠＝元小結濱ノ嶋

三保ケ関部屋の部屋付き親方だった現師匠が、平成18年8月1日付で、把瑠都、里山ら6人の内弟子を連れて独立。22年6月、現在地に部屋を新設し、部屋開きを行った。主な関取は、大関把瑠都、幕内天鎧鵬、里山。

稽古場に怒声が響くことはない。力士が自ら動くように促す指導で、規格外の大関把瑠都ら個性派を輩出

佐ノ山親方(元里山)も
秀ノ山親方(元天鎧鵬)も廻しを締めて
稽古場で指導に当たっている。

ウオーターサーバー

玄関

ピーポくんのぬいぐるみ

平成25年7月に警視庁池上署から贈られた感謝状。池上交通安全協会員として交通事故防止に貢献したため。

師匠

師匠の自宅へ

稽古場に貼ってある綱領。
稽古の最後に若い衆が唱和する。
相撲教習所の綱領と同じ。

一、我々は力士の本分である礼儀を重んじます
二、我々は先輩の教えを守り、稽古に精進します
三、我々は服装を正し体の清潔に心掛けます

力士用のトイレ

尾上部屋で特に目立つ銀色の鉄の扉。夏場は風通しをよくするため、開放しているので通りがかりの人も外から稽古を見ることができる。天鎧鵬は把瑠都に押し出された際、ここから飛び出して歩道を通り越し車道で車にひかれそうになったことがある。

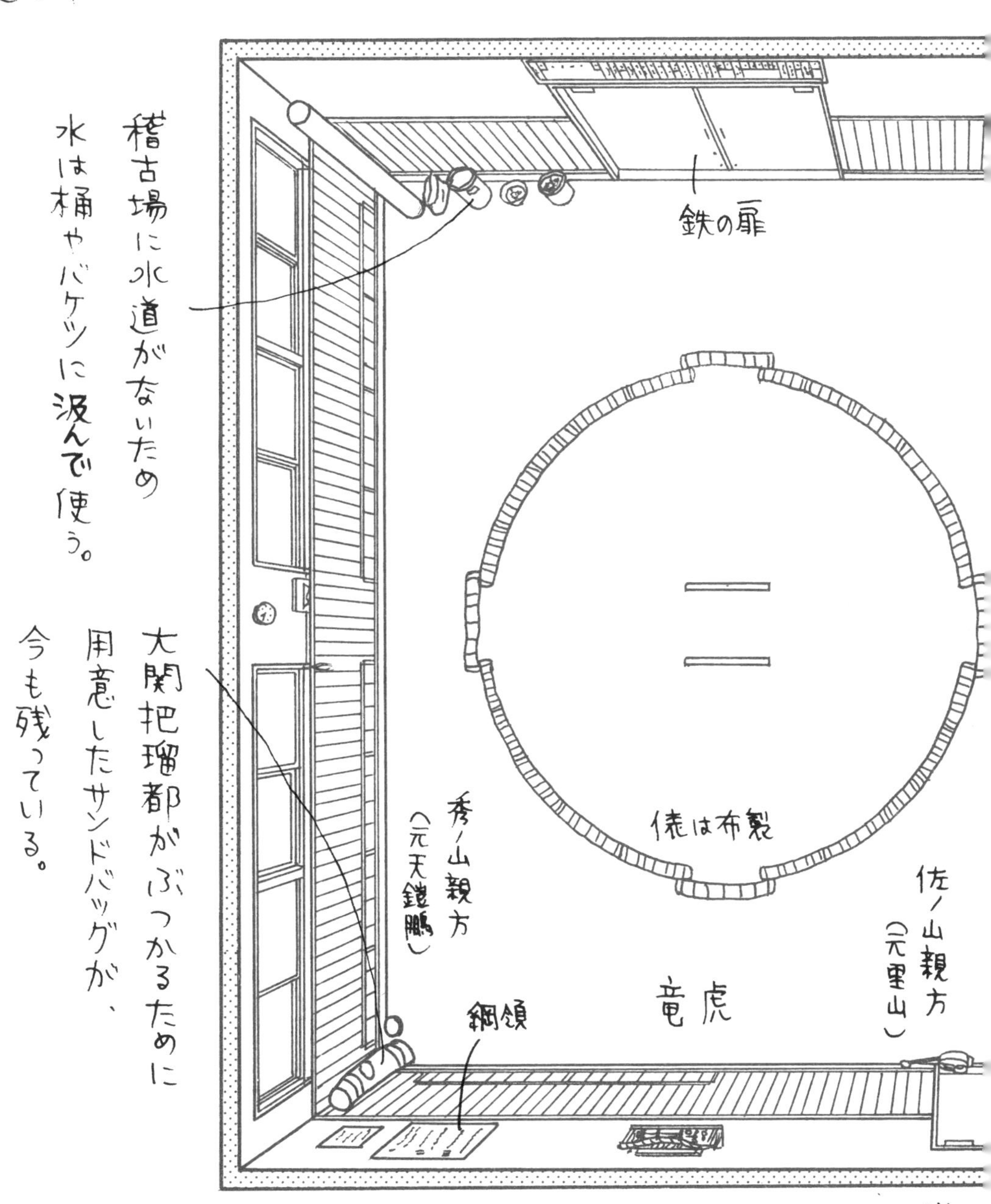

部屋の住所の番地は「8」並び。大相撲で8は勝ち越しを意味し、縁起がいい。番地ありきで建設地を探したわけではなく、もともと師匠の義父が持っていた土地に部屋を建てた。

稽古は自分のためのもの　やらされる稽古は必要ない

稽古中、気になることがあった時、尾上親方はその力士をそっと呼ぶ。自ら歩み寄ることもある。1対1になり、本人にだけわかるような声量で助言を送る。稽古場に響き渡るような怒声が、師匠から発せられることはまずない。

「気合を入れていくことは大事ですが、怒鳴り散らしてやるのはどうか。三保ケ関親方も、怒鳴ることはありませんでしたから」

平成18年8月、元大関増位山の三保ケ関部屋から独立した。現役時代に自主性を尊重してくれたお陰で今がある。その教えを今は弟子たちに実践している。

「よし、股割りしようか」

「よし、四股踏もうか」

「よし、上がろうか」

これらはいずれも、稽古中における尾上親方による指示の口調。どれも命令調にならず、力士が自ら動くように促している。「四股踏め！」「ぶつかれ！」が当たり前の角界において、異例の柔らかさだ。

尾上親方は、指導方針についてこう話す。

「十人十色。これが絶対というものはない。稽古は自分のためのもの。やらされる稽古は必要ない。常に自分のベストを尽くす稽古をやってもらいたい」

弟子に付ける四股名も、尾上部屋ならではの統一感を出そうとはしない。

「四股名を付けたい者には付けていく。本人が変えたい時に変える。別にこだわりはない」

「字画がいい」という理由で決まった「竜虎川上」は、本名の川上竜虎の姓名を入れ替えて四股名にした。そんな斬新さもある。

過度な押し付けがないからこそ、尾上部屋からは規格外の相撲で大関になった把瑠都を筆頭に、幕内天鎧鵬、里山といった個性派も生まれた。両国から離れた大田区池上の閑静な住宅街にあるという土地柄も含めて、独特の雰囲気がこの部屋にはある。

平成25年に引退した把瑠都は母国エストニアに戻って国会議員となり、里山は30年11月、天鎧鵬は31年3月にそれぞれ引退し、部屋付き親方になった。入れ替わるように、令和元年7月に竜虎が新十両になった。尾上部屋にとって、時代の節目がやってきている。

2人の部屋付き親方が師匠を支え　稽古を充実させていく

元里山の佐ノ山親方は現役時代に稽古場で、「TRX」

という米軍がトレーニングで使う器具を用いた。電車の吊り革を長くしたような紐状の器具をドアに引っ掛け、不安定な状態で体幹を鍛えるもの。
「自分のスタイルを貫けたと思う。いろんなことを取り入れながらできました」と、師匠の懐の深さに感謝した。

　元天鎧鵬の秀ノ山親方は、大関把瑠都との稽古が忘れられない思い出だ。
「大関には稽古場で150連敗くらいしました。勝てませんでしたが、今思えばいい稽古になっていました。あの人は絶対に手を抜かない。それをぶっ続けでやりましたから。前に出ようと力は出しました」
　同時に、尾上部屋だから出世できたとも感じている。
「自分の相撲は基本の相撲ではない。半身で残るのは変則で、右さえ取れれば相手に押させない。いいところを伸ばしてもらいました」
　2人は引退から間もないため、廻しを締めて稽古場に下り、胸を出しながら指導を始めている。

　佐ノ山親方は、「現役で若い衆に指導していたのと、指導者になるのとでは気持ちが違う。人それぞれタイプは違うので、いいところを伸ばしていけたらいい。前に出ろと言っても、出方がわからない場合もある。脇を締めろと言っても、どう締めたらいいかわからない者もいる。型が大事で、型があると流れもできてくる。それを自分でやりながら教えていきます」と言う。
　秀ノ山親方は、「技術面では、対戦した時に自分がやられたら嫌だなと思ったことを伝えたい。気持ちを前面に出していく人間が好きです」と、稽古場を盛り立てようとしている。2人は実直ながらユーモアも兼ね備えるが、相撲のタイプはまったく違う。部屋の力士にとって頼りになる指導者だ。
　そして、師匠は今後についてこう話す。
「みんなの持てる力を120%引き出してやりたい。あとは、自分が65歳になった時に後継者につなげられるようにもっと精進していかなければいけませんね」

看板のはなし

尾上部屋

水墨画家が独特の書体で一気に仕上げた書

尾上親方が、知人を通じて水墨画の先生に書いてもらった。練習なしで一気に板に書き込んだという。独特の書体で、部屋の壁面に設置され、透明のケースでがっちりと保護されている。

東京都・墨田区

春日野部屋

師匠＝元関脇栃乃和歌

栃木山、栃錦、栃ノ海のあと、現師匠が平成15年2月に襲名して継承。24年2月に田子ノ浦部屋、25年10月に三保ケ関部屋を吸収。主な関取は、大関栃ノ心、関脇栃乃洋、栃煌山、碧山、小結栃乃花、幕内栃栄、木村山。

先代からの教えを受け継ぎ、稽古熱心、真面目で人がいいのが、春日野部屋の親方と力士に通じるカラー

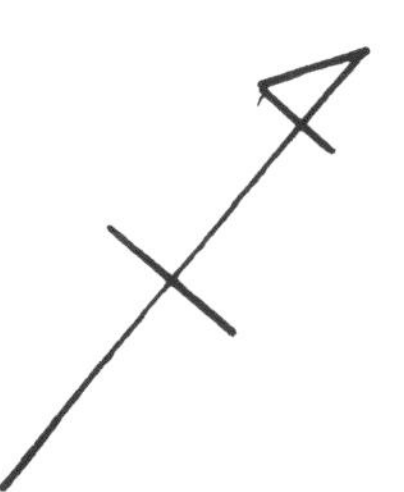

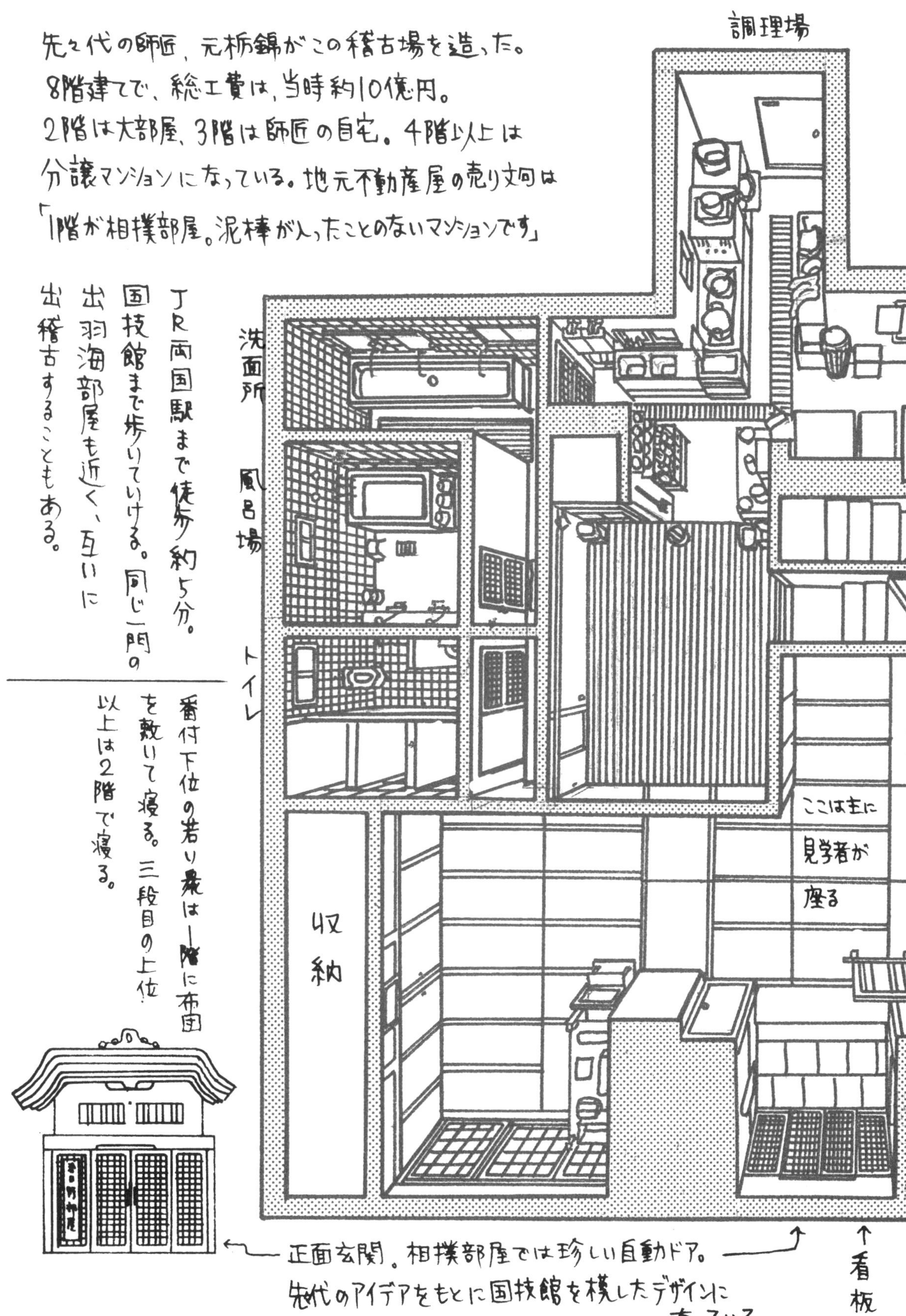

先々代の師匠、元栃錦がこの稽古場を造った。
8階建てで、総工費は、当時約10億円。
2階は大部屋、3階は師匠の自宅。4階以上は
分譲マンションになっている。地元不動産屋の売り文句は
「1階が相撲部屋。泥棒が入ったことのないマンションです」
JR両国駅まで徒歩約5分。国技館まで歩いていける。同じ一門の出羽海部屋も近く、互いに出稽古することもある。
番付下位の若い衆は一階に布団を敷いて寝る。三段目の上位以上は2階で寝る。
調理場
洗面所
風呂場
トイレ
収納
ここは主に見学者が座る
正面玄関。相撲部屋では珍しい自動ドア。
先代のアイデアをもとに国技館を模したデザインになっている。
看板

春日野部屋◎〒130-0026東京都墨田区両国1丁目7番11号　▷地図 P195

稽古中は親方衆から ひっきりなしに声が飛ぶ

ある日の光景。申し合い稽古の最中、いつも通りに上がり座敷の親方衆からひっきりなしに声が飛んだ。「腰の位置を決めろ。下げすぎてもダメだ」と二十山(はたちやま)親方(元小結栃乃花)が栃登に言う。

次の一番では、富士ケ根親方(元小結大善)が「相手の廻しの下に、自分の廻しをぶつけるように行くんだ」と碧天(あおぞら)に声を掛けた。

竹縄親方(元関脇栃乃洋)からは「勇気(栃清龍の本名)、まずは当たらないと」との声。

師匠も廻しの取り方について「こうやって取ったら、親指が邪魔だろう? それでは投げが打てない。こうやって取るんだ」と実際に親指を伸ばしたり曲げたりしながら、独特のダミ声で指導した。

実に細やかで具体的だ。「前へ出ろ」「力を抜くな」。相撲部屋の稽古でよく聞くゲキは、ここではあまり聞かれない。それは誰もがやっていることとして稽古が進んでいく。

師匠のほかに、部屋付きの親方が6人も所属する。全員が稽古場に揃うこともある。それぞれが、師匠に遠慮することなく、力士たちに声を掛ける。親方衆は根本的に同じ考え方だから、言われたほうも迷わない。

師匠は言う。

「それぞれが自分なりに考えたことを言う。みんな、ウチで育ってきたから、理屈はわかっているんだ。普通にやっているつもりだけど、ウチの部屋は、相撲ってのはこういうもんだと教えている気がする。個性的な力士は出ないかもしれないけどな。みんなが同じ方向を向いているから」

稽古熱心、真面目で、どこか人がいい。春日野部屋の親方と力士に通じるカラーだ。本場所中の朝稽古でも手抜きなし。関取同士が激しく申し合いをする。本来は当たり前の光景だが、角界を見渡すと実は多数派ではない。一般的に、稽古は本場所前の番付発表後に本格化するものだが、本場所と本場所の間の稽古こそを重視している。1週間の場所休みが終わると即、申し合いが始まる。

「偶数月に頑張らないといけない。そこで場所の反省をしないといけないから。稽古が再開されたら、すぐに申し合いをやる。最初からいける体を作っておけ、なんて言う必要はない。それが当たり前だから」

例えば、約3週間に及んだ春巡業後、帰京した翌日から関取衆は稽古を再開。

栃ノ心は、「そういう生活に慣れているから。やらないとやばいなと思うようになっている」と言う。
栃煌山は、「巡業中は体が少ししぼむ。見ててください、部屋に戻って稽古すると体が張ってきますから」とうれしそうに説明した。

歴代師匠の写真がいつも稽古を見守る

基本的に出稽古はしないが、昔も今も、春日野部屋にはよその部屋からの出稽古が多い。そんな時も、親方衆は分け隔てなく声を掛ける。「ウチに来たら、みんな強くなってもらいたい」というのが、部屋の流儀。部屋の関取衆は横綱や大関が来ても、逃げることなくぶつかっていく。千代の富士、北勝海が出稽古に来た時からそうだった。

「春日野部屋には、出稽古する価値がある」

数年前、春日野親方は、八角親方（元横綱北勝海）から出稽古に来ていた理由をそう聞かされたという。春日野親方が「バイブルのようなもの」として信じるのは、先々代（横綱栃錦）、先代（横綱栃ノ海）の時から受け継がれてきた稽古への姿勢だ。

「『2人ならどう言っただろう?』というのが常に頭にある。いつも、稽古ありきで強くなってきたから」

上がり座敷には、歴代の師匠の写真が飾られ、いつも稽古を見守っている。

この稽古場を「最後の仕事」として造ったのは先々代の栃錦。平成2年1月に死去し、その年の8月に落成式が行われた。部屋の看板も、栃錦の時代から同じものを手入れしながら使い続けている。稽古の最後に全員で唱和する「五訓」もその時代から続いている。派手な色の締め込みや浴衣地はご法度。

「温故知新だよ。でもな、自動ドアを付けているのはウチだけじゃないかな」と、春日野親方は笑って言った。

好角家にはぜひ、この部屋の朝稽古を見てほしい。今日1日、頑張って行こう。きっと、そんな気持ちになれる。

看板のはなし

春日野部屋

文字色を塗り直し、先々代からの看板を大事に継承

先々代の時の看板を今もそのまま引き継いでいる。そのため、近くで見ると文字や看板の縁が傷んでいるのがわかるが、文字の色を塗り直すなど、大事に継承している。文字は、木村庄二郎（のちの26代式守伊之助、故人）が書いた。

東京都・墨田区

片男波部屋

師匠＝元関脇玉春日

先代（元関脇玉ノ富士）から、平成22年2月に現師匠が継承した。先代は26年11月の停年後も再雇用制度の適用第1号となり、部屋付き親方として在籍し、31年に退職。主な関取は、関脇玉乃島、玉鷲、幕内玉飛鳥。

コツコツと努力を積み重ね、時間はかかっても結果を出す。これが片男波部屋の伝統

1階は稽古場、風呂場など。2階は大部屋と関取用の個室。3階は空き部屋。4階は師匠の自宅になっている。

元玉飛鳥の熊ヶ谷親方も部屋付きとして師匠や力士を支えている。

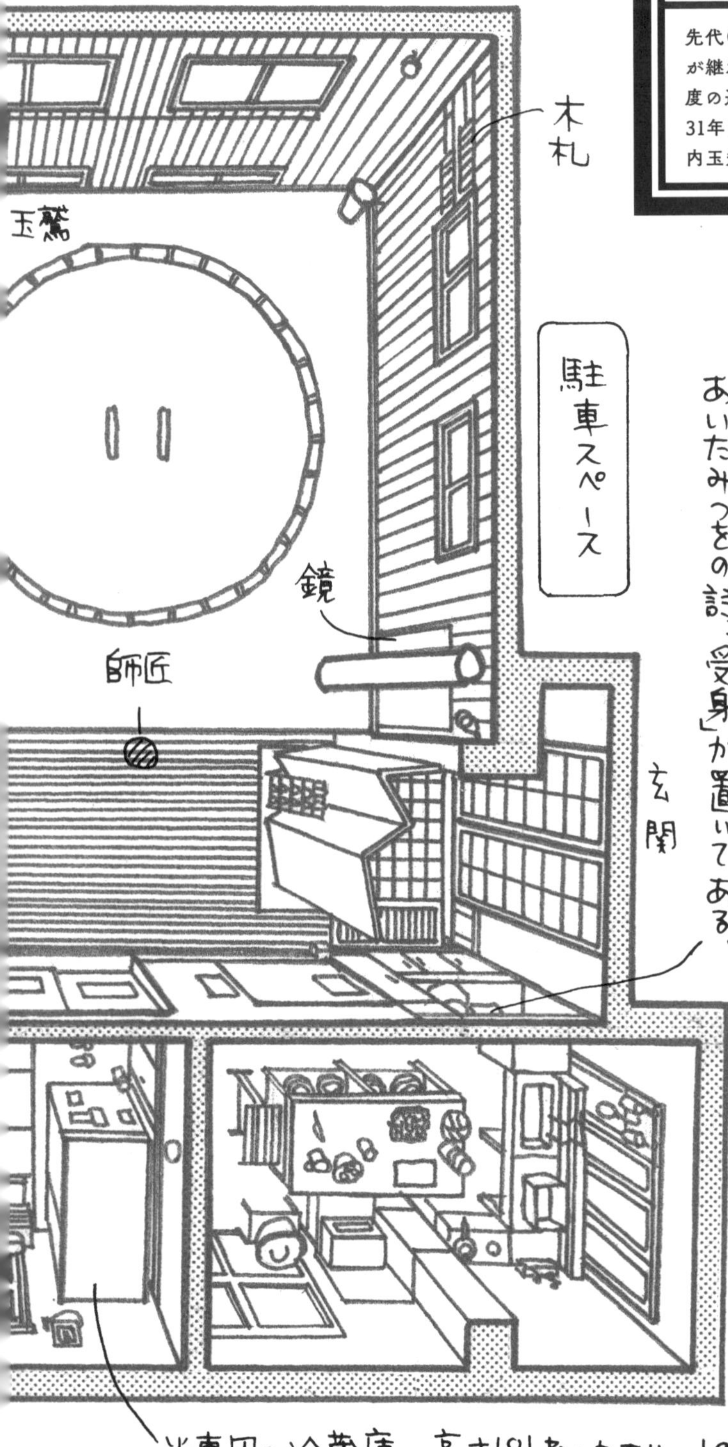

米専用の冷蔵庫。高さ181センチもあり、18俵保存できる。米の傷みを防ぐために設置した。

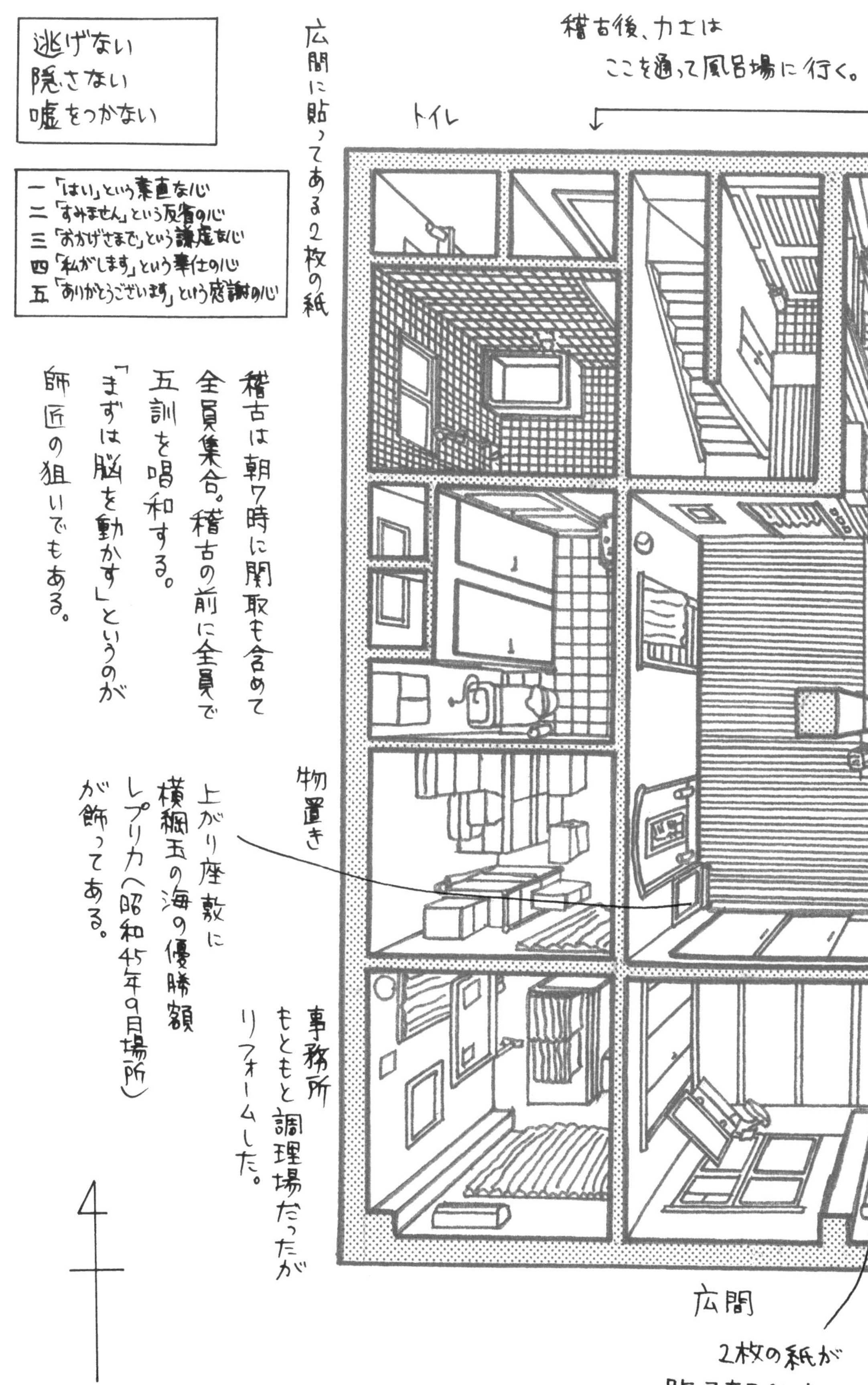

 片男波部屋◎〒130-0011東京都墨田区石原1丁目33番9号 ▷地図 P195

トレーニング方法にも試行錯誤が繰り返される

片男波親方は、部屋を継承した時、自身の意識の変化を実感した。

「（弟子たちと）きちんと向き合わないといけない。責任の重さが違うと感じました。部屋付き（親方）の時は、そうではなかった。今は、強くしてやろう、よくしてやろうという思いが強くなっています」

以来、トレーニング方法をがらりと変えた。補強運動のやり方がほかの部屋とはちょっと違う。

例えば、腕立てふせ。力士が1列に並び、1人ずつ20回行う。次の順番を待つ者が20回をカウントする。これを3セット。なぜ全員で1度にやらないのか？

「人に数えられると意地が出るんです。本来は自分でやればいいのですが、このやり方だと刺激があります」

効率はともかく、全員に見られる緊張感があり、絶対にサボれない。

「対人」と呼んでいる稽古もある。俵に両足をのせた力士が前傾して体重をかけ、土俵の内側にいる別の力士がもろはずで押す。15～20回を3セット。師匠が入門前に知ったトレーニングを再現した。

ジャンプして、腰下ろし（スクワット）を50回×3セット。これは3人1組で行う。師匠がスカウトで訪れた高校でやっていた動きを取り入れた。

同じ二所ノ関一門の高田川親方（元関脇安芸乃島）から伝授された独特の四股も試みている。膝を曲げて腰を下ろしたまま、膝から下だけを素早く動かす。

「これはしんどいけど、下半身が鍛えられます。相撲にこだわらず、ほかの競技からでも、いいなと思ったものは取り入れています」

以前は、テッポウ柱からロープを張り、ボクシングのスウェーをやってみたこともあった。これは腰が下りずに上体が曲がるだけになってしまったために取りやめたが、発想に枠を設けず、試行錯誤を繰り返している。

関取も同様に基礎運動 稽古場には熱量が充満

コツコツと努力を積み重ね、時間はかかっても結果を出す。これは、師匠が現役（玉春日）時代からのこの部屋の伝統だ。玉春日は、若貴からの5個を含む金星7個を誇る。平成18年の7月場所で技能賞を獲得した時は、史上最長となる55場所ぶりの三賞受賞だった。

「たまたまでしょう。ベテランと言われる33歳になってからのプレゼント。長くやっていたから、神様から

も、気持ちを若くして相撲が取れたんです」
師匠に倣うように、玉鷲もスロー記録保持者だ。新小結は初土俵から66場所目で、外国出身者として最も時間を要した記録。平成31年1月場所において、34歳2カ月で初優勝。37歳8カ月の旭天鵬に次ぐ、史上2番目の年長記録だった。初土俵から90場所かけての初優勝は、史上4位。それまで1度も休場がなく、コツコツ積み上げた末の結果だ。片男波部屋にとっても、横綱玉の海以来48年ぶりの優勝。上がり座敷に飾ってある優勝額レプリカが、再び脚光を浴びた。
玉鷲は、スポーツ経験がないままモンゴルから来日し、関取になった。
「もしほかの部屋に入っていたら、上がっていないと思う。親方は現役時代、厳しい稽古をどんな日も毎日やっていた。酒を飲んだ次の日も疲れている日も。それを見てきましたから」
師匠を手本に真面目に鍛えてきた成果と話す。
片男波親方は、「まさか、自分が部屋を持って、玉鷲が優勝してくれるとは思っていなかった。感動です。小さな部屋でも注目してもらえた。彼の功績は計りしれません。相撲経験がないまま入門して、日本語がわからない中でよく我慢した」と褒めた。
しかし、余韻にはひたらない。
「いつも『現実に戻れ』と言います。本人は長く相撲を取りたいと言っています。それならば、今までと同じことをやらないと。優勝は素晴らしいけど、あぐらをかいていてはダメなんです。若い力士の見本になってほしいですね」
関取だろうと、基礎運動からすべて若い衆と同じようにこなすのが、片男波部屋の流儀。地味かもしれないが、土俵と誠実に向き合ってきた師匠は言う。
「脇役でもいいんです。見てくれる人は見てくれていますから」
少人数であることを感じさせない熱量が、この部屋の稽古場には充満している。

看板のはなし

片男波部屋

書道家の桑原正明氏による、硬派な部屋にぴったりの書

書道家の桑原正明氏に依頼して書いてもらった看板。部屋を継承した時に、看板も取り替えた。力強く、やや角張った勢いのある書体は、硬派な部屋を象徴しているかのよう。親方も気に入っている。

相撲の稽古場には珍しく
鉄棒が設置してある。
ストレッチなどに用いたり、
ぶら下がって懸垂で鍛えたりする。
2トンの重さに耐えられる仕様。

東京都・墨田区

木瀬部屋

師匠＝元幕内肥後ノ海

平成15年12月1日付で、現師匠が7人の弟子を連れて三保ケ関部屋から独立。18年に現在地に部屋が完成。22年5月27日付で北の湖部屋預かりとなったが、24年4月1日付で再興が認められた。主な関取は、小結臥牙丸、常幸龍。

※木瀬は木村瀬平の通称です。

近年の木瀬部屋の強さは、
力士のやる気と部屋の合理性。
師匠との絆が生み出している…

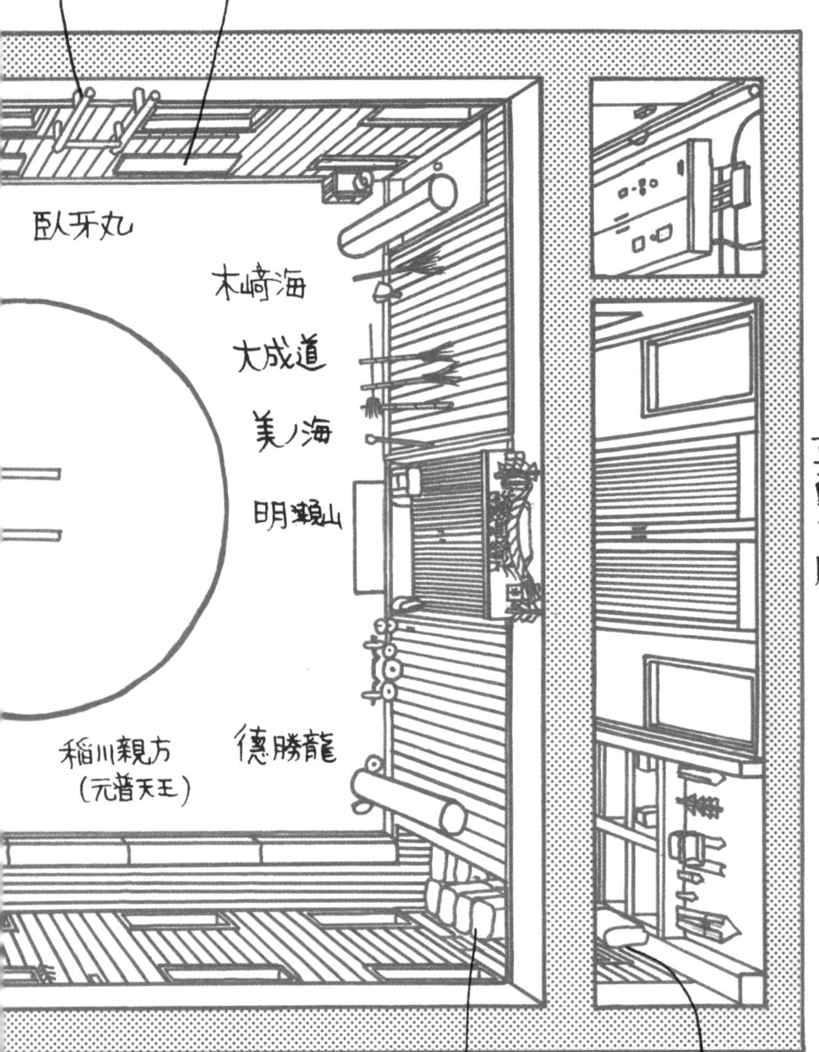

師匠の掘りごたつ式テーブルの
足元にはヒーターが付いている。

米俵
など

当初はこちら側を通って上がり座敷に
上がっていたが、現在は物置きの
スペースになり、通路にはしていない。

男の修行
苦しいこともあるだろう
不満なこともあるだろう
言いたいこともあるだろう
腹の立つこともあるだろう
泣きたいこともあるだろう
これらをじっとこらえてゆ
くのが男の修行である

1階は稽古場、2階はちゃんこ場と関取用の個室、3階は大部屋、4.5階は師匠の自宅。

夜のちゃんこの時、親方は家族より、力士たちと食卓を囲むことが多いという。

テレビモニター
土俵での動きを撮影し、この画面ですぐに映像が確認できるようになっている。

力士は外を通ってトイレへ行く。このトイレの壁に「男の修行」が貼ってある。

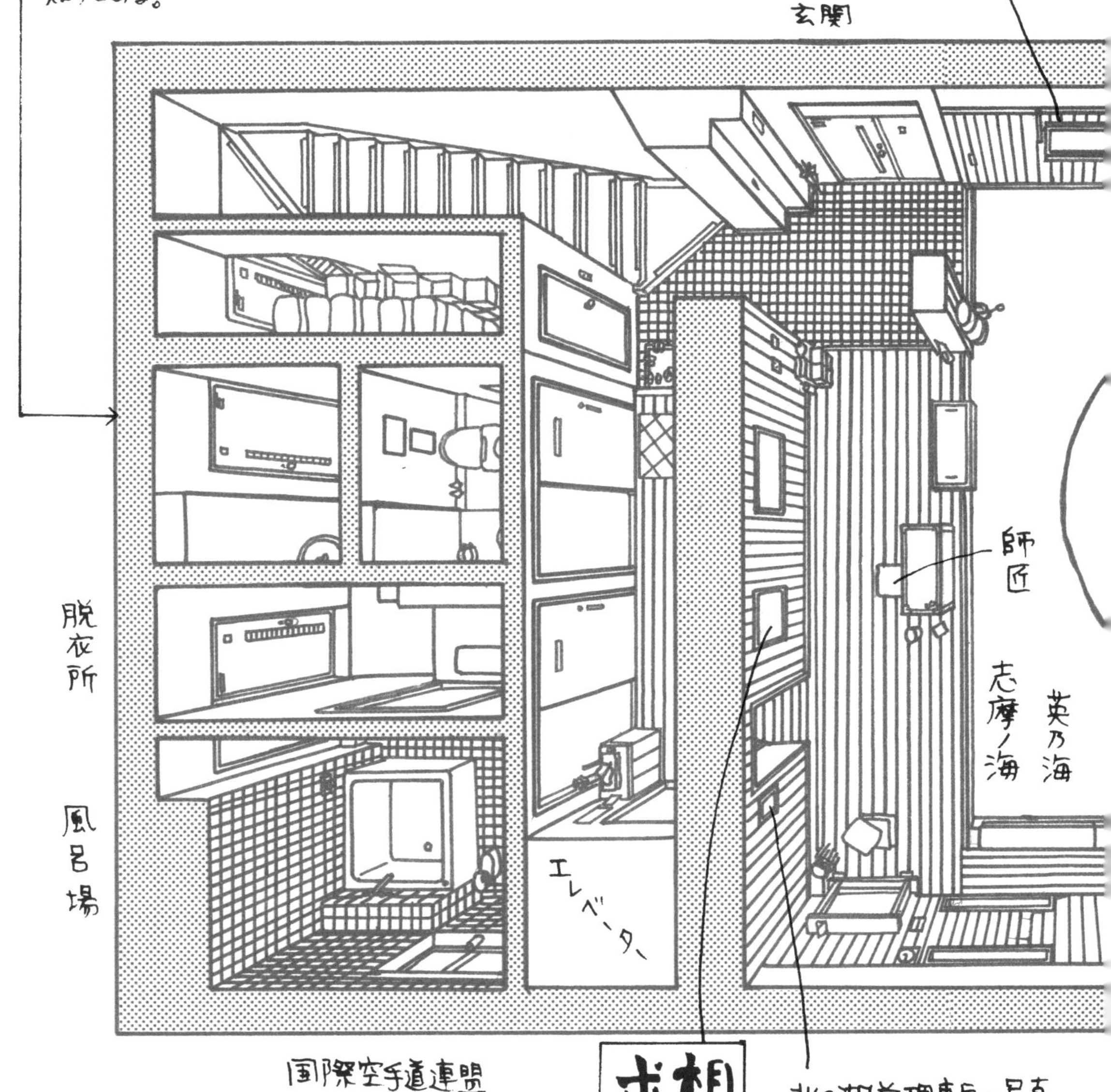

国際空手道連盟極真会館館長の松井章奎氏から贈られた書

相撲求道

北の湖前理事長の写真。生前から飾ってあった。

木瀬部屋◎〒130-0023東京都墨田区立川1丁目16番8号 ▷地図 P195

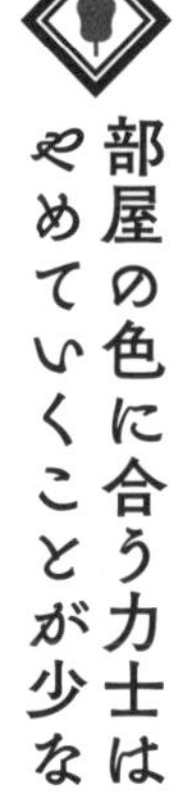

部屋の色に合う力士はやめていくことが少ない

近年の木瀬部屋の充実ぶりには目を見張る。令和2年1月場所の時点で、部屋に在籍する36人のうち関取は志摩ノ海、徳勝龍、英乃海、木﨑海、美ノ海（ちゅらのうみ）の5人。彼らを含む関取経験者は14人、幕下以上は21人もいる。番付の平均レベルは角界屈指だ。

なぜ、木瀬部屋の力士は力をつけてきたのか？

「力士数が多いので、いろんな相手と稽古ができます。押しも四つもいて、（変則相撲の）宇良（うら）みたいなのもいる。人数がいれば、部屋の中でライバルが見つかります。親方の指導は細かいですよ。ケガをしてからケアするんじゃなくて、ケガをしないためにケアをする。『体を大事にする人には勝てないよ』と言われます。ウチの部屋は、ちょっとしたケガでも（稽古を）休めます。休むかどうかは自分次第ですから。どこかが痛くて無理やりやっても、力は出ないし、やる気もなくなる。師匠はよく見ています。場所中の取組に関しても、言うことが的確。これは違うなと思うことがないんです」（徳勝龍）

木瀬親方は、稽古場で声を荒げることがまずない。それぞれに合った指示を的確に与えるだけだ。

「怒鳴ったりなんかしませんよ。『押せ！』とかは言うけど、それ以上は言う必要がない。例えば、腕立てふせが100回できる者もいれば、できない者もいる。1人1人のレベルは把握していますから。次の日にやりたくなくなるような稽古はさせたくない。調子がいい力士にはバンバンやらせますよ。でも、調子がよくても性格的に10番程度にしたほうがいいヤツもいる。顔色を見ていれば、そろそろケガをしそうだなと雰囲気でわかりますから」

やらされる稽古ではない分、サボる者が出てこないのか？

「それは自分の出世が遅れるだけ。悔しさが出てこないと、なかなか身に付かないですから。まずは、木瀬部屋に合った力士を入れることですよね。木瀬部屋に合う色がある。そういう子を入れると、その子を慕って、そういう子が来る。やめていく新弟子は少ないほうですが、合わない子はやめていきますよね」

相撲に集中させるため合理性も追求している

木瀬部屋は、相撲に集中させるための合理性も追求している。稽古場は冷暖房完備。必要とあれば稽古をビデオ撮影し、稽古場のテレビモニターで、すぐに確認できる。土俵にまく水は酸性水。殺菌性があり、擦り傷の治りも早いという。

「調子が悪い時、『今日は下（幕下以下と稽古）でやってもいいですか?』と聞くと、『好きにせいよ』と言ってくれる。関取衆はみんな、愛情を感じているはずです。例えば、新十両や新入幕の記者会見で記念撮影をする時に、ウチの親方は両手で握手してくれるんです。ほんの少しのことかもしれませんが、愛情が感じられて、もっと頑張ろうと思えるんですよ」（英乃海）

宇良も、長所を伸ばせたからこそ、出世できた。

「親方には、よくご飯を食べさせてもらいました。体重が減ったら、自分は勝負にならないですから。自分の相撲を理解した上で、アドバイスをしてくれる。ストレスなく、気持ちよく稽古させてもらっています」（宇良）

不祥事がきっかけで、平成22年5月から約2年間、木瀬部屋の力士たちは北の湖部屋預かりとなった。木瀬親方は、手厚くかわいがってくれた故・北の湖親方（元横綱北の湖）に感謝している。全員を下の名前で呼び、分け隔てなく指導してくれた。

「北の湖部屋じゃなかったら、力士は半分くらいやめていたかもしれない。いろいろ勉強させてもらいましたよ。メシを食っている時、いろんなことを聞きました。全部答えてくれました。木瀬部屋に戻ってきたら、みんなよう稽古するようになりました。大事なものは何か。お金でなく、若い衆だと感じましたね」

9月23日、木瀬親方の誕生日の夜。ちゃんこの時に部屋の電気が消え、ケーキが登場する。弟子がお金を出し合って、贈り物を渡す。毎年恒例ですでにサプライズではなくなっているが、師匠は涙を流して喜ぶという。

力士のやる気と部屋の合理性と師匠との絆と……。すべてが絶妙に混ざり合い、木瀬部屋の強さを生み出している。

看板のはなし

木瀬部屋

千日回峰行を2度行った延暦寺僧侶の書

比叡山延暦寺の僧侶だった酒井雄哉氏（故人）の書。同氏は千日回峰行という荒行を2度行ったことでも知られる。「日本で一番修行した人は誰かと考えた時、この方だった」と木瀬親方。

東京都・墨田区

九重部屋

師匠＝元大関千代大海

平成4年4月に、元横綱千代の富士が部屋を継承。5年6月に部屋開きを行った。28年7月31日に先代が死去し、部屋付き親方だった元大関千代大海が8月に部屋を継承した。主な関取は、小結千代大龍、幕内千代鳳(元小結)。

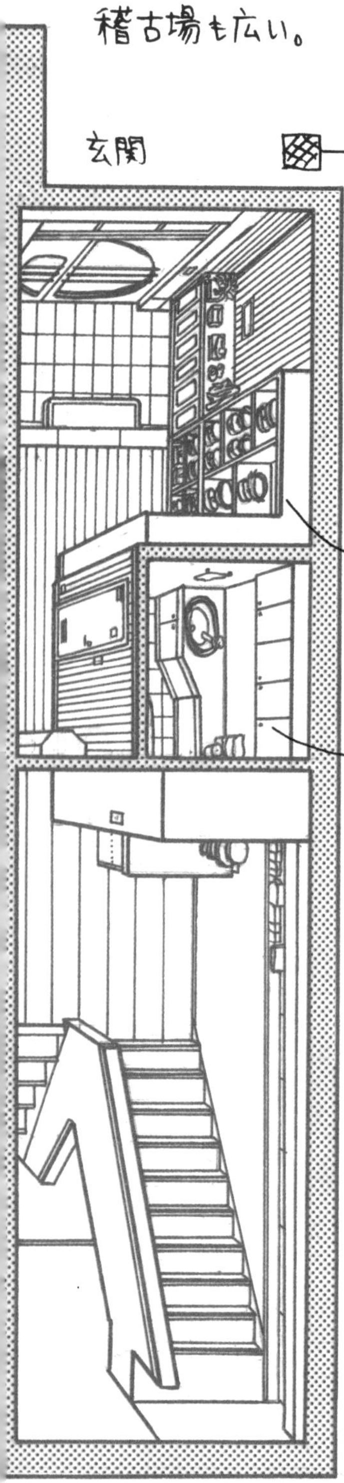

元千代の富士の死を胸に秘めつつ新師匠のもとで力士はたくましく成長。先代の遺志を引き継いでいく

優勝31回を誇る大横綱 千代の富士が造った部屋だけに内装も豪華で稽古場も広い。

玄関

玄関の横に千代の富士の胸像「出を待つ」(彫刻家・小張隆男作)が鎮座している。

玄関を入ると千代の富士が獲得してきた優勝杯などが大きな棚にぎっしりと飾ってある。

お客様用のトイレ。広くて豪華。

1階は稽古場、ちゃんこ場など。
2階は大部屋。

九重部屋の木札は左から番付順に並べてある。

※令和元年9月場所

令和2年秋ごろに葛飾区への移転を予定している。

テッポウ柱は2本。
旧九重部屋の時のものを再利用している。

千代の富士が31回目の優勝時に
締めていた綱

千代大龍
千代鳳
千代の海
千代翔馬
師匠
千代の国
千代丸
木札

稽古後、力士たちはこの勝手口から外へ出て一息つき、テーピングを外したりする。

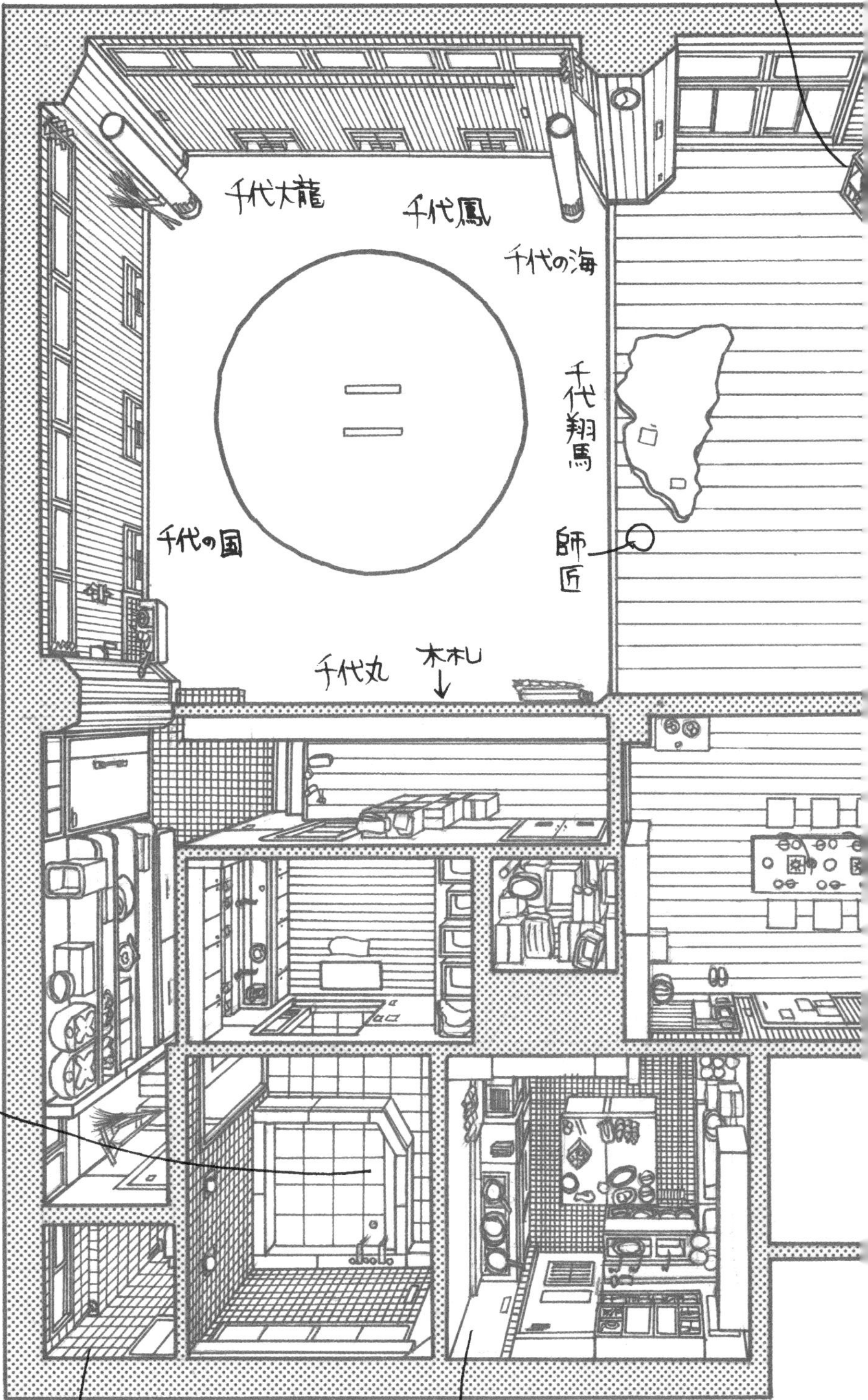

風呂場は広くて美しい。御影石製で角界No.1の豪華さ。

トイレ

調理場は主にマネージャーとちゃんこ長の千代青梅が切り盛りしている。

 九重部屋◎〒130-0011東京都墨田区石原4丁目22番4号 ▷地図 P195

千代大海らしさを出して力を発揮できる環境を作る

先代師匠（元横綱千代の富士）が急死したのは、平成28年7月31日。誰もが今なお悲しみを胸に秘める。だが、下を向いていては天国の先代がいい顔をしないことも知っている。あの時以来、新師匠・元千代大海のもとでみんなたくましく生きてきた。徐々に、新師匠らしさも浸透してきた。

わかりやすい変化は、四股名だ。部屋の力士はそれまで、三段目に上がってから初めて「千代」の名をもらえたが、今は番付に関係なく全員に「千代」が付く。「みんな『千代』という名前にあこがれてウチの部屋へ入ってくる。せっかく九重部屋に入ったのだから、『千代』の名をあげるべきだと思う。そもそも三段目を目標としてほしくないし、『千代』を名乗って力士として自覚を持って頑張ってほしいんです」

先代が力士と続けてきた交換ノートはやめた。大横綱と同じことはできない、というのが理由。ノートには力士が自分の考えや改善点などを書き、先代が返事を記してきた。ノートはあの日を境に止まったが、先代の教えがぎっしり詰まったバイブルになった。

稽古場の光景や雰囲気も少しずつ変わってきた。時には師匠が自らスマートフォンで撮影し、力士にその場で動画を見せながら修正点を説明する。若い親方ならではのやり方だ。

「稽古内容は本人たちに考えさせている。動くのは本人だから。きつく押し付けると力が出ない子には、どうしてなのか本人に問いただす。稽古場の雰囲気作りは、そのつど変えている。締めるところは締めて、考えるところは考えさせて、自分で力を出せる環境を作っていきたいと思っています」

例えばある日の朝稽古。申し合いの内容が物足りなかったある力士には、稽古場の空気が殺伐とするようなぶつかり稽古を続けさせた。直後、雰囲気が和らぐ場面も作った。千代栄がぶつかる番になり、限界に近づいた時、師匠はこう問い掛けた。

「十両に上がりたいか？」

「はい」

「白廻しを付けたいか？」

「はい！」

「化粧廻しを付けたいか？」

「はいっ！」

「若い衆を付けたいか？」

「はいっ!!」

「よし、あと5回」

苦しいことも明るく前向きに。稽古見学に来ていた人たちに笑いが広がり、土俵の中に前向きな空気感が漂った。千代栄はその後、全力で5回、ぶつかった。

兄のような感じから親のような存在になった

千代の富士のあとを継ぐのは簡単ではない。実績で及ぶはずもなく、あのオーラは誰にも出せない。ましてや、部屋の継承は突然だった。離れていく後援者もいた。一方、これまで以上に支援してくれるようになった人たちもいる。部屋付き親方だった時と違い、部屋の経営も任される。年寄名跡「九重」の重みもある。「部屋付き（親方）と違って、重さがあると思う。力士にひもじい思いはさせられない。経営だって、頑張っていく自信はある。ウチの部屋に来れば、必ず強くさせる自信もある。これからどういう景色が見られるのか楽しみにしています。そりゃ、プレッシャーは大きいですよ。でも、どこの部屋もそれは一緒じゃないですか」

ケンカもした少年時代から大関になるまで、いつも突っ張って生きてきた。だから、苦労話はしないし、弱みも見せないが、弟子たちはわかっている。時に部屋のために頭を下げ、声を出して稽古を盛り上げていることを。

千代の国は、「部屋付き（親方）の時と違い、以前の兄のような感じから、親になった。親方が稽古場に入ると空気が変わります」と言い、千代大龍は、「死に物狂いで部屋を盛り上げてくれている。背中を見ればわかりますよ」と信頼を寄せる。

先代の死去後、空き時間には自主的にジムへ行く者が増えたという。千代の国はケガから復活し、千代翔馬や千代丸は幕内の常連になった。

「ここは、横綱、大関を輩出している部屋。その責任を果たしたい」

そう師匠は言う。故人の遺志を引き継いだ者たちは、よりたくましくなっている。

看板のはなし

九重部屋

日展理事による、力強く伸びやかな書の看板を継承

看板の文字は、宮本竹逕（ちくけい）氏（故人）によるもので、力強く伸びやかな書体で書かれている。同氏は、元日展理事、日本書芸院常任顧問などを務めた書家。先代の時からの看板をそのまま継承している。

東京都・足立区

境川部屋

師匠＝元小結両国

平成10年5月場所後、現師匠が出羽海部屋から大鳴戸親方（元幕内吉の谷＝故人）と2人の弟子を連れて中立部屋として独立。15年1月場所後、境川部屋に名称を変更した。主な関取は、大関豪栄道、関脇妙義龍、小結岩木山、幕内佐田の富士、寶智山。

競技力を追求するだけではない。元横綱佐田の山の教えを受け継ぎ、人間教育にも心血を注ぐ

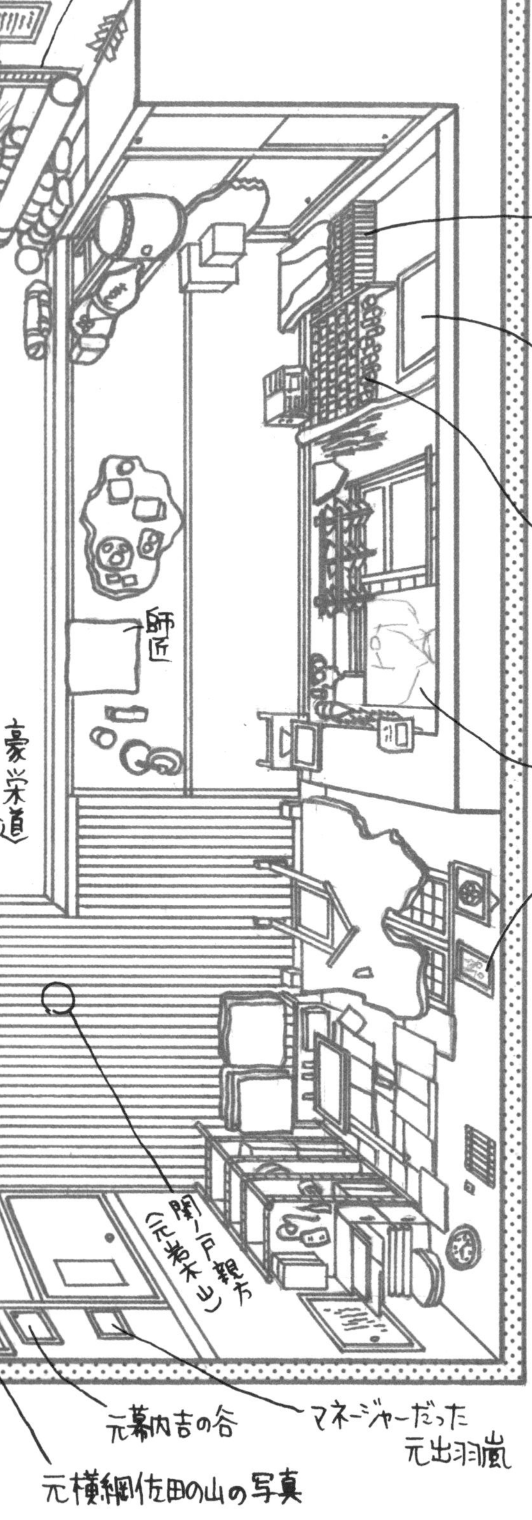

境川部屋 綱領

一、我々は協会員としての自覚と境川部屋力士としての責任感を持って事に当たる
一、先人故人を尊び後輩を導く
一、強い心、優しさ、勇気を持つ
一、今この時の積み重ねが将来である
一、全ては己に返る
一、自分で選んだ道に悔いを残さない
一、目で見耳で聞いたら失敗を恐れず行動あるのみ
一、己だけが辛いわけではない。道に迷ったら故郷家族を思い出す
一、念ずれば夢は花ひらく
一、清い心、武士道こそ相撲道である

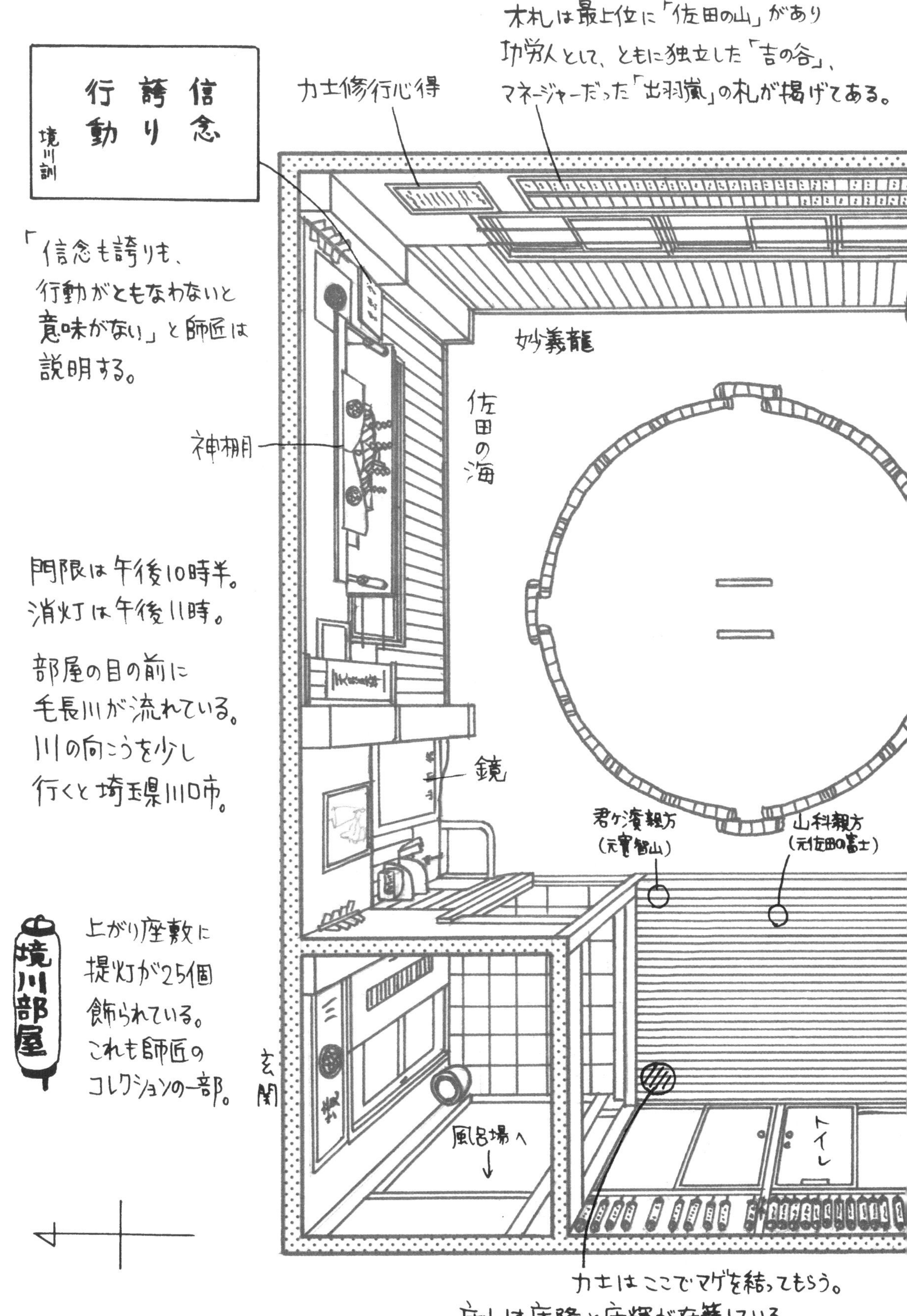
信念
誇り
行動
境川訓
「信念も誇りも、行動がともなわないと意味がない」と師匠は説明する。
力士修行心得
木札は最上位に「佐田の山」があり功労人として、ともに独立した「吉の谷」、マネージャーだった「出羽嵐」の札が掲げてある。
妙義龍
佐田の海
神棚
門限は午後10時半。
消灯は午後11時。
部屋の目の前に毛長川が流れている。川の向こうを少し行くと埼玉県川口市。
鏡
君ケ濱親方
(元寶智山)
山科親方
(元佐田の富士)
境川部屋
上がり座敷に提灯が25個飾られている。これも師匠のコレクションの一部。
玄関
風呂場へ
トイレ
力士はここでマゲを結ってもらう。
床山は床隆と床輝が在籍している。

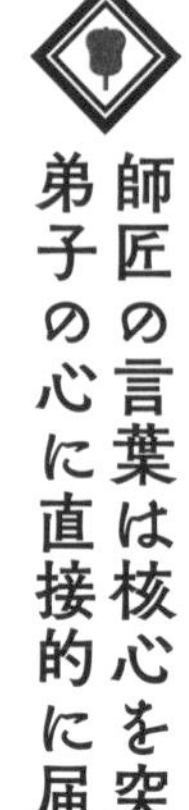

師匠の言葉は核心を突き弟子の心に直接的に届く

「しんどいところが、一番大事なところだ！」

「大事なのは勝ち方、負け方。稽古場は勝ち負けじゃないんだから」

「立ち合いと詰めなんだ、相撲は」

「仕切りはしっかり。仕切りが軽いと相撲が軽くなる。所作は大事にしないと」

　これらはある日の稽古中、境川親方が力士に向かって発した言葉の一部だ。簡潔に核心を突き、弟子の心に直接的に届ける。

　読書家の師匠は、言葉を大事にする。上がり座敷の片隅に、小さな本棚がある。並んだ本のタイトルに師匠の考えがにじみ出る。『男の器量　男の値打ち』『立川談志自伝　狂気ありて』『勝負を決する！スポーツ心理の法則』『高倉健インタヴューズ』『できる大人のモノの言い方大全』『思い通りにいかないから人生は面白い』……。小説は読まない。

　稽古場のあちこちに、師匠の思いがちりばめられている。そして師匠の背後には、これでもかというほど大きな元横綱佐田の山の写真が飾ってある。

「相撲人というより、男として、人間として師匠を尊敬している。いい親分に巡り会えた。この写真があることで、常に緊張感がある。男の中の男だから」

　日本相撲協会理事長も務めた元佐田の山は、物事の良し悪しをはっきり口にした。一方、「廃業」という言葉を「イメージが悪い」として、角界では「引退」に改めた。そこには、第二の人生を歩む力士の将来への配慮があった。境川親方は、こう続ける。

「佐田の山の親方は『土俵は人生の縮図』と言っていた。土俵でいろんな痛みを学んだり、土俵で心を教わる。この世界には、兄弟子から弟弟子へ引き継がれる伝統が残っている。いろんなスポーツがある時代だけど、相撲もいいものは残していかないとね」

　稽古場に掲げている木札の最上位には「佐田の山」。続いて功労人として「吉の谷」「出羽嵐」と並べた後に「境川」がある。元吉の谷の大鳴戸親方（当時）とは一緒に出羽海部屋から独立。出羽嵐（元幕内）は当時のマネージャー。志半ばで世を去った2人の思いを背負うからこそ、先人や故郷を敬う気持ちは強く、主な考え方を「境川部屋綱領」に記した。一部を抜粋する。

一、先人、故人を尊び、後輩を導く
一、己だけが辛いわけではない。道に迷ったら、
　故郷・家族を思い出す

少しでも悔いを少なく相撲人生を終えてほしい

境川部屋力士の四股名は特に郷土色が強い。師匠と同じ長崎出身者には「佐田」が付く。「豪栄道」のように恩師や母校に由来する場合も思いは同じだ。

「田舎から東京に出てきて、いろんな人に巡り会う。人の情けや先輩から受けた恩がある。それを忘れちゃいけない。『外でうどんの1杯でもごちそうになったら、死ぬまで忘れるな』と死んだじいちゃんが言っていた。ただ、自分がしたことはすぐ忘れないかん」

たどり着いた座右の銘は、「受けて忘れず、施して語らず」。境川部屋訓は「信念　誇り　行動」。親方は「多くを言うよりも、信念も誇りも行動がともなわないと意味がない」と説明した。

その生き方は、弟子たちに伝わっている。

「人との付き合い方、男としての生き方を教わった。我慢すること。痩せ我慢です」（豪栄道）

境川部屋の力士は、自らのケガについて一切口にしない。佐田の海は、出羽海部屋で小結を務めた父（先代佐田の海）から「男を磨くなら境川部屋だぞ」と言われて入門した。「当時は意味がわからなかった。関取になれなくても、何かを学ばせてくれるのかなと。父はうまいこと仕向けてくれた」とふり返った。

元佐田の富士の山科親方は、「この部屋でなければ（関取に）上がっていない。その人に合った相撲の取り口を見極めてくれる。序二段の時、徹底して突き押しに変えろと言われ、そこから番付が上がっていった」と証言。師匠が1人1人をよく見ているからこそ、力士もその言葉を信じて強くなる。

「縁があって、みんなこの部屋に来てくれた。1人1人が満足して終われるということに100%はないが、少しでも悔いを少なく相撲人生を終わってもらいたいなと思う」（境川親方）

相撲部屋は、競技力を追求するだけの場所ではない。これが稽古場の物語だ。

看板のはなし

境川部屋

相撲字名人と呼ばれた30代木村庄之助による書

出羽海部屋所属だった30代木村庄之助による相撲字で書かれている。約30年間も番付書きに携わり、相撲字のうまさには定評があった。実直な境川親方をそのまま表すような、王道を行く看板だ。

千葉県・松戸市

佐渡ヶ嶽部屋

師匠＝元関脇琴ノ若

小結琴錦が昭和30年に引退し、二所ノ関部屋から独立。49年7月に引退直後の横綱琴櫻が継承、平成17年11月に停年となり、娘婿の琴ノ若が引退して継承した。主な関取は大関琴光喜、琴欧洲、琴奨菊、関脇琴勇輝。

近年は40人前後が序ノ口から幕内に在籍。50年以上途切れずに幕内力士を輩出する。名門の夢は横綱を誕生させること

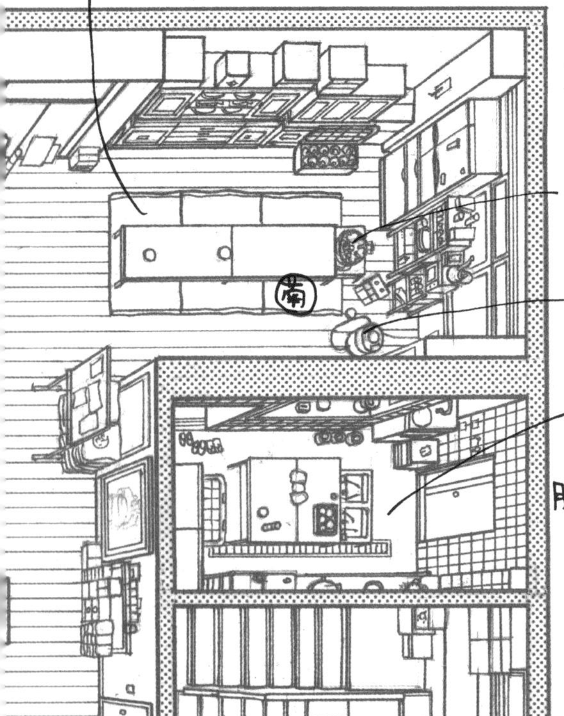

関取衆はここでちゃんこを食べる。琴奨菊は定位置に座るが、ほかの関取は番付順に並ぶ。

鍋

炊飯器

調理場。食材は全国からの差し入れでほぼまかなえてしまう。

勝手口

力士用玄関

脱衣所

大所帯なので風呂場も広い。

稽古の最後に全員で「日本相撲協会 錬成歌」を歌う。基本的に1〜3番までフルコーラスで歌うが本場所中は1番と3番のみに短縮する。その後、五訓を唱和して稽古を終える。

五訓
一 はいと言う 素直な心
一 すみませんと言う 反省の心
一 おかげさまでと言う 謙虚な心
一 私がしますと言う 奉仕の心
一 有難うと言う 感謝の心

平成17年5月場所、琴ノ若対安美錦戦の写真が飾ってある。両者の投げの打ち合いが収められている1枚。勝負への執念を知ってもらいたいという師匠の思いが込められている。

敷地面積は630坪（約2083m²）もあり、角界屈指の広さを誇る。力士は充実した環境で稽古に励んでいる。

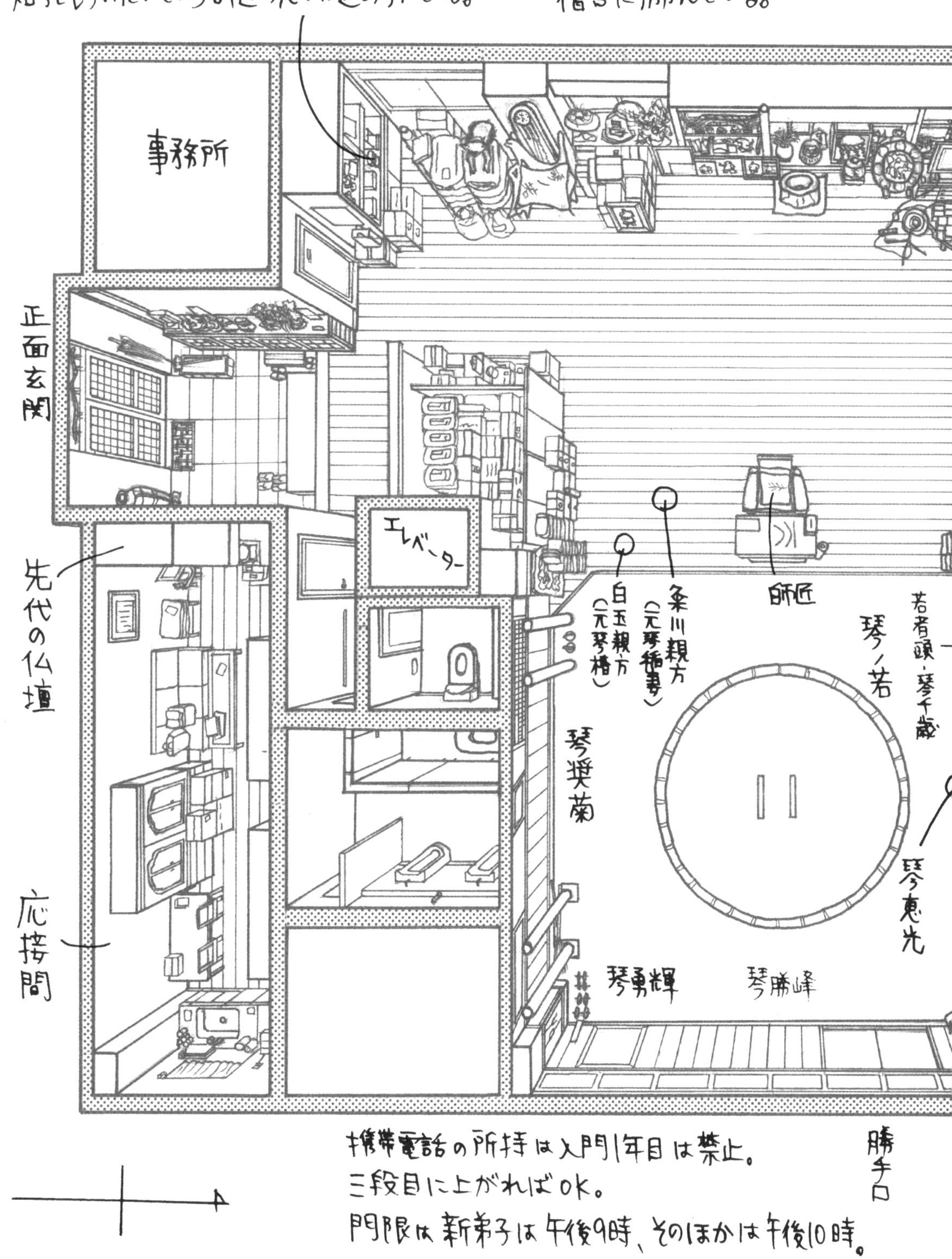

携帯電話の所持は入門1年目は禁止。三段目に上がればOK。
門限は新弟子は午後9時、そのほかは午後10時。

 佐渡ヶ嶽部屋◎〒270-2215千葉県松戸市串崎南町39 ▷地図 P202

余力を残して引退し弟子育成に情熱を傾ける

先代師匠の元横綱琴櫻が停年を迎えたのは平成17年11月25日。娘婿となっていた琴ノ若は、部屋を継承するため11月場所13日目に引退した。当時37歳でまだまだ余力もあり、「もっと取りたかった……」と言って涙した。

結婚した時から、その日が来ることはわかっていたとはいえ、土俵への未練は残った。同時に琴欧州（のちの琴欧洲）が大関昇進を決め、落ち着く間もなく師匠としての仕事が始まった。未練を弟子育成への情熱に変えた。

通常の稽古は朝6時半から。地方場所に行けば、5時からのこともある。師匠は必ず、最初から稽古場に下りている。

「先代がそうでしたから。すべては先代の教えなんです」

今の佐渡ケ嶽部屋の下地には、誰からも愛され、力士としても親方としても実績を残した先代の教えがある。

部屋を継承した時のことは、今も忘れない。

「引き継ぎの時、『ワシに遠慮せんで、やりたいようにやっていいよ。お前のやり方もあるだろうし』と言ってもらえた。『部屋を持つ以上は、なんでも1番になれ』とも言われました。先代は負けるのが嫌いな人でした。関取の数でも、力士の数でも、なんでも1番でいろよと。先代は関取を20数人も育てている。荒稽古がありましたから」

時代が違うため、昔とまったく同じ指導が適切とは限らないことも承知している。

「『ケガは稽古で治せ』と言う師匠でした。最初は『ん？』と思いました。先代は『弱いからケガをするんだ。ケガをしない体を作れ』とも言っていました。もちろん、昔ながらの指導法はありますが、今の子に合った指導の仕方もあると思っています。よく四股を踏む子、準備運動をしっかりやる子は強くなる。そうやっていくと、申し合いでも目が出てくる。（琴）勇輝もそうだった。最初は三段目そこそこかと思っていたら、ポンと抜けた。（琴）恵光もそう」

稽古相手には困らない。序ノ口から幕内まで、近年は常時40人前後が在籍する。角界屈指の大所帯で、実力が近いあらゆるタイプの力士と腕を磨き合うことができる。部屋別総当たり制度が導入された昭和40年初場所以降、唯一、幕内力士を絶やしたことがない部屋。これもまた、佐渡ケ嶽部屋の誇りになっている。

先代から続く伝統を新弟子時から伝えていく

先代から続く後援者のネットワークが全国に広がり、有望な子がいれば部屋に連絡が入る。師匠は日程を合わせて、全国へ飛んでいく。「まずは、遊びに来ませんか?」と稽古見学に誘い、部屋の様子を見てもらう。厳しくも明るい部屋の空気感は、新弟子を受け入れやすい雰囲気にもつながっている。若い衆の中には有望力士が多く在籍しており、関取が途絶える雰囲気はまったくない。

そんな中、師匠の長男、琴鎌谷が令和元年7月場所で新十両となり、2代目琴ノ若に改名した。2世力士として注目される宿命にある中、順調に成長を遂げてきた。

「弟子はみんな一緒。息子だからといって、特別なことはしません。もちろん、注目される中で相撲を取らないといけない。そこでプレッシャーを感じるのではなく、応援してくれる人に喜んでもらう相撲を取ろうと、本人に言っています」

部屋のあちこちに先代の写真が飾られるなど、琴櫻の面影が残る稽古場だが、先代を知らない力士が多くなってきた。それだけに、師匠は新弟子に昔のビデオを見せたり、先代のエピソードを伝えたりして、部屋の伝統を継承しようとしている。

「先代は、前相撲では勝てなかったけど、最後は横綱になりました。人の何十倍も努力したからなんだと、教えています。最後は努力した人が勝つんだと」

今も夢に先代が出てくるという。稽古の最後に相撲錬成歌を歌い、五訓を唱和するのも先代から続く部屋の伝統。積み重ねの先には、夢がある。

「大関は出ているけど、横綱はまだ出ていない。夢はそこです」

稽古場も上がり座敷も、角界屈指の広さを誇る。お客さんを大勢呼んで、横綱土俵入りをするという先代からの夢が、稽古場に込められている。

看板のはなし

佐渡ヶ嶽部屋

マブチモーターの創業者である父と子2代による書

地元の企業、マブチモーターの創業者・馬渕健一氏（故人）の書を掲げていたが、老朽化したため、令和元年10月に新調した。新たな書は、健一氏の長男・喬氏によるもの。

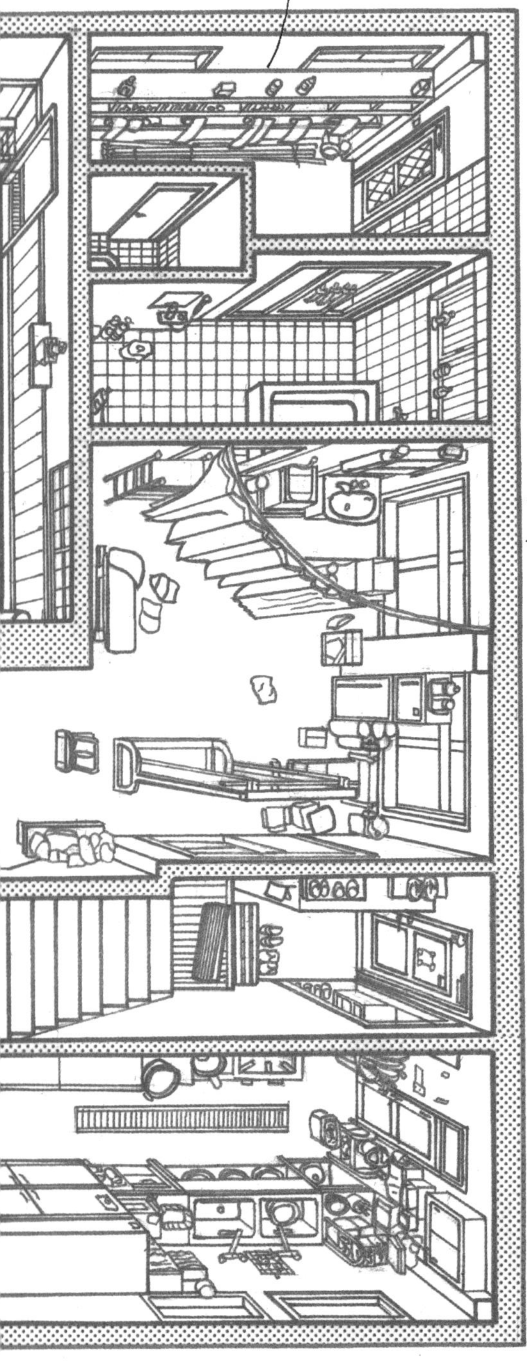

茨城県・龍ケ崎市

式秀部屋

師匠＝元幕内北桜

元小結大潮が、時津風部屋から平成4年4月に独立。同年5月に部屋開きを行った。茨城県では初めての相撲部屋。25年1月4日付で、北の湖部屋の部屋付き親方だった元幕内北桜が継承し、時津風一門から出羽海一門に移った。

※式秀は式守秀五郎の通称です。

「明るく楽しく元気よく」を部屋のモットーとし、熱き心で関取誕生を目指している

先代式秀（元大潮）の部屋をそのまま継承した。本場所の打ち上げは千秋楽の翌日月曜日に部屋で行う。部屋のモットーは「明るく楽しく元気よく」

毎週土曜日の午後3〜6時

龍ケ崎相撲道場「超龍（ウルトラドラゴン）」と称した相撲教室を開いている。（本場所中と地方場所滞在期間は除く）

性別、年齢を問わず参加できる。

参加費は1人1回500円で、練習後にちゃんこを食べて解散する。

問い合わせ→TEL0297（66）9377

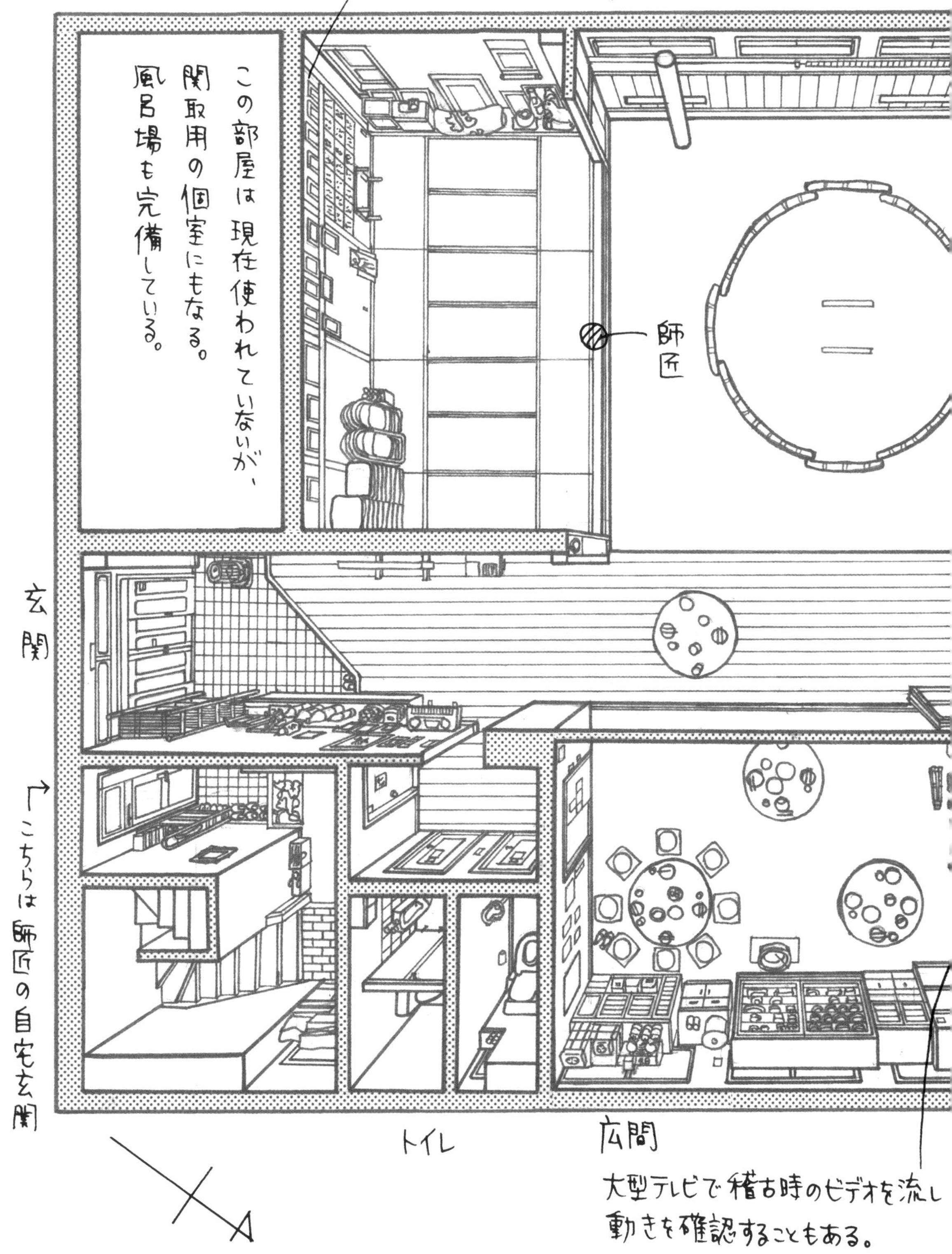

 式秀部屋◎〒301-0032茨城県龍ケ崎市佐貫4丁目17番17号 ▷地図 P206

新しいものを取り入れ興味を持ってもらう

式秀部屋は、個性的な部屋の1つだ。

宇瑠寅、爽、大当利……。珍名力士が多く在籍している。部屋のモットーは、「明るく楽しく元気よく」。稽古の最後には全員が土俵の中央で手を合わせ「式秀部屋ファイト、オー！」と声を出す。従来の相撲部屋になかったポップな面が多く、メディアなどで紹介されてきた。

だが、師匠は軽い気持ちで話題作りをしてきたわけではない。

「四股名がキラキラネームと言われていますけど、そう思われるのは、本意ではありません。例えば、大相撲には、相撲甚句が生まれたり、初っ切り（相撲の禁じ手を面白おかしく紹介する見世物）で笑いを取ったりするショー的な要素もある。土俵上の真剣勝負がある一方で、新しいものを取り入れていく文化もあるんです。四股名も同じ。名前は大事です。プロですからね。この名前で生きていくんだと発奮してほしいのです。関取に上がってくれたら、応援してくれるスポンサーも付く。例えば、宇瑠寅なんて、子供たちも興味を持ってくれるじゃないですか」

部屋のモットーを「明るく楽しく元気よく」としたのも、考えがあってのことだ。

「若い子たちにはこれがいい。楽しくやっているだけではと思われてしまうようですが、それだけではないんです。努力することが自分の財産になる。苦しさこそ生きがいにして、それを喜びに変えていきたい」

稽古を見れば、親方の意図がわかる。極めて真面目で、緊張感が漂う。関取は不在で、幕下経験者も爆羅騎だけ。入門前に相撲を経験していた者は少ない。

「ウチは体格的にでかかったり、大学でタイトルを取ったような者はいない。もちろん、経験者が入ってくれていいのですが、何よりも相撲が好きで、相撲を取りたいという志がある子を受け入れようと思っている。相撲が好きな子たちが集まっている。結果を出すためには、まず体を作って、体に染み込ませていくことです」

型にはめることなく長所を伸ばす指導

申し合いの前にまず、2人1組になって、立ち合いの稽古をする。一方が胸を出し、もう一方が当たりに行く。

師匠は時々、「今の何％？」と聞く。力士から「60％くらいです」との答えが返ってくると、「よし、次は70％で行け」と指示をする。「当たる時、『100％で行け』と言うと、力んでしまう。70～80％がちょうどいい。力みすぎると、足が遅れる。70～80％のメンタルで1歩目を踏み込めれば、自分の流れで相撲を取れると思うんですよ」

これも式秀親方なりの理論。申し合いを終えた力士には、「よし、次はかませ」と言って、テッポウ柱にゴツゴツと頭からぶつからせる。立ち合いの恐怖心を払拭するために一定の効果があるという。

「今の子供たちは、根性がないなんて言われます。それは今の生活に不自由がないから。私の父（時津風部屋の元三段目豊櫻）らは、戦後で食べるものもなくハングリーな精神があった。そういう環境に生きていない子たちなんです。根性はいりません。根性を出していきますから。好きであれば、やれますよね。ウチの力士はほとんどが志願して入ってきていますから。そういう子のいいところを伸ばしてやるのが師匠なんですよ」

ツイッター、フェイスブック、LINEなどのSNSを通じて入門してくる力士が、最近は多いという。

本場所中、師匠は取組を終えた力士に良かった点、悪かった点などをLINEで送らせる。そして返信する。

「あまりダメ出しばかりしても、メンタルは上がりませんから」と力士の気持ちを尊重する。

「（メッセージは）俺に送るのではなく、未来の自分に送ってるんだぞ、と言っています」

まだ関取はいないが、焦ってはいない。

「1日1ミリの成長がうれしい。0・1ミリかもしれない。自分も中卒で入って、育ててもらった。（関取に）上がったのは26歳ですから。早く上がるに越したことはないけど、長い目で見ていきます。この部屋をやることに命をかけていますから。絶対に関取を出しますよ」

迷いはない。師匠になった今も、〝北桜〟の熱き心は変わっていない。

看板のはなし

式秀部屋

筆者は不明だが、シンプルで力強い書が魅力

先代式秀（元小結大潮）から部屋を継承する時に看板もそのまま引き継いだ。筆者は不明。太い字で力強く、書かれている。シンプルな作りが、茨城県龍ケ崎市の土地柄に溶け込んでいる。

鍛山部屋の建物は、モダンなレンガ造りの外観になっている。玄関の扉もおしゃれ。

東京都・江東区

錣山部屋

師匠＝元関脇寺尾

井筒部屋の元関脇寺尾が、平成14年9月場所限りで引退したあと、16年1月27日付で内弟子2人を連れて独立。18年12月、現在地に部屋が完成した。主な関取は、小結豊真将、阿炎。

師匠の相撲に賭ける情熱は人一倍。弟子全員を下の名前で呼び、きめ細かい指導で男を磨く

1階は稽古場、ちゃんこ場など。2階は大部屋、3階にトレーニングルームがある。大嶽部屋、尾車部屋、高田川部屋が近くにある。

門限は午後10時半。

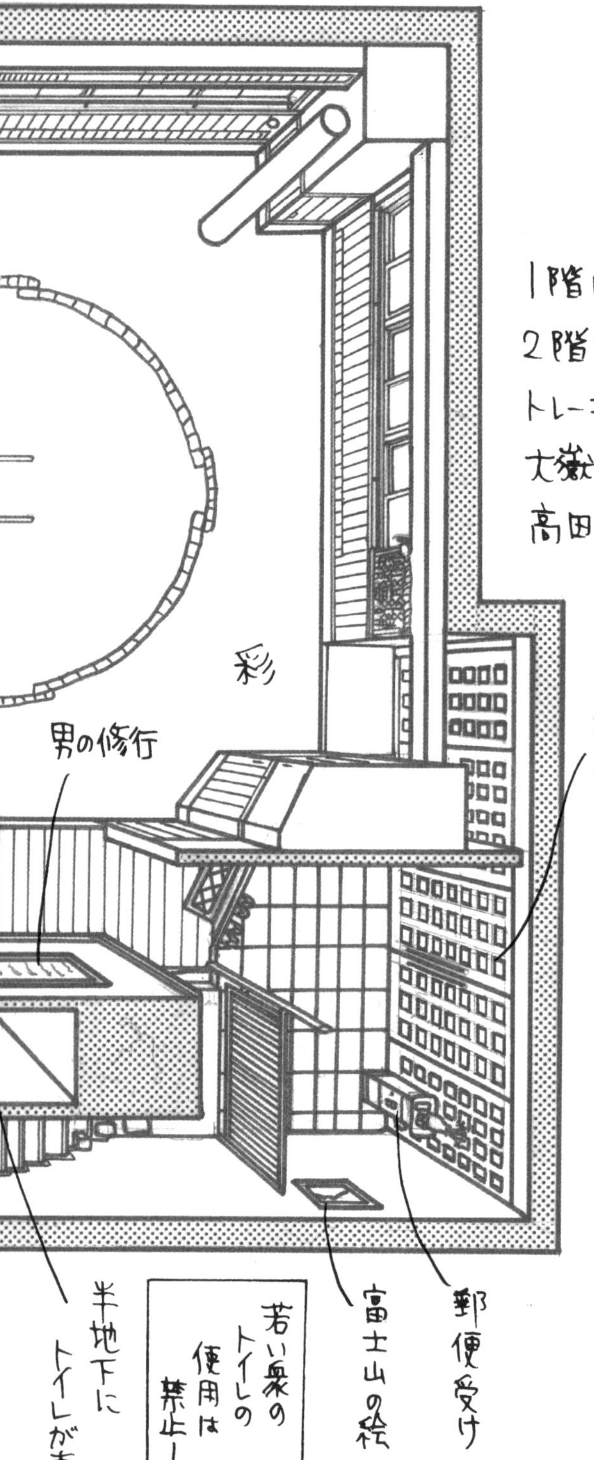

玄関の扉はエメラルドグリーン。

土俵から見える場所に掲げてある「男の修行」。稽古の最後に全員で唱和する。

郵便受け

富士山の絵

若い衆のトイレの使用は禁止！

半地下にトイレがある。

男の修行

山本五十六

苦しいこともあるだろう
言いたいこともあるだろう
不満なこともあるだろう
腹の立つこともあるだろう
泣きたいこともあるだろう
これらをじっと
こらえていくのが
男の修行である

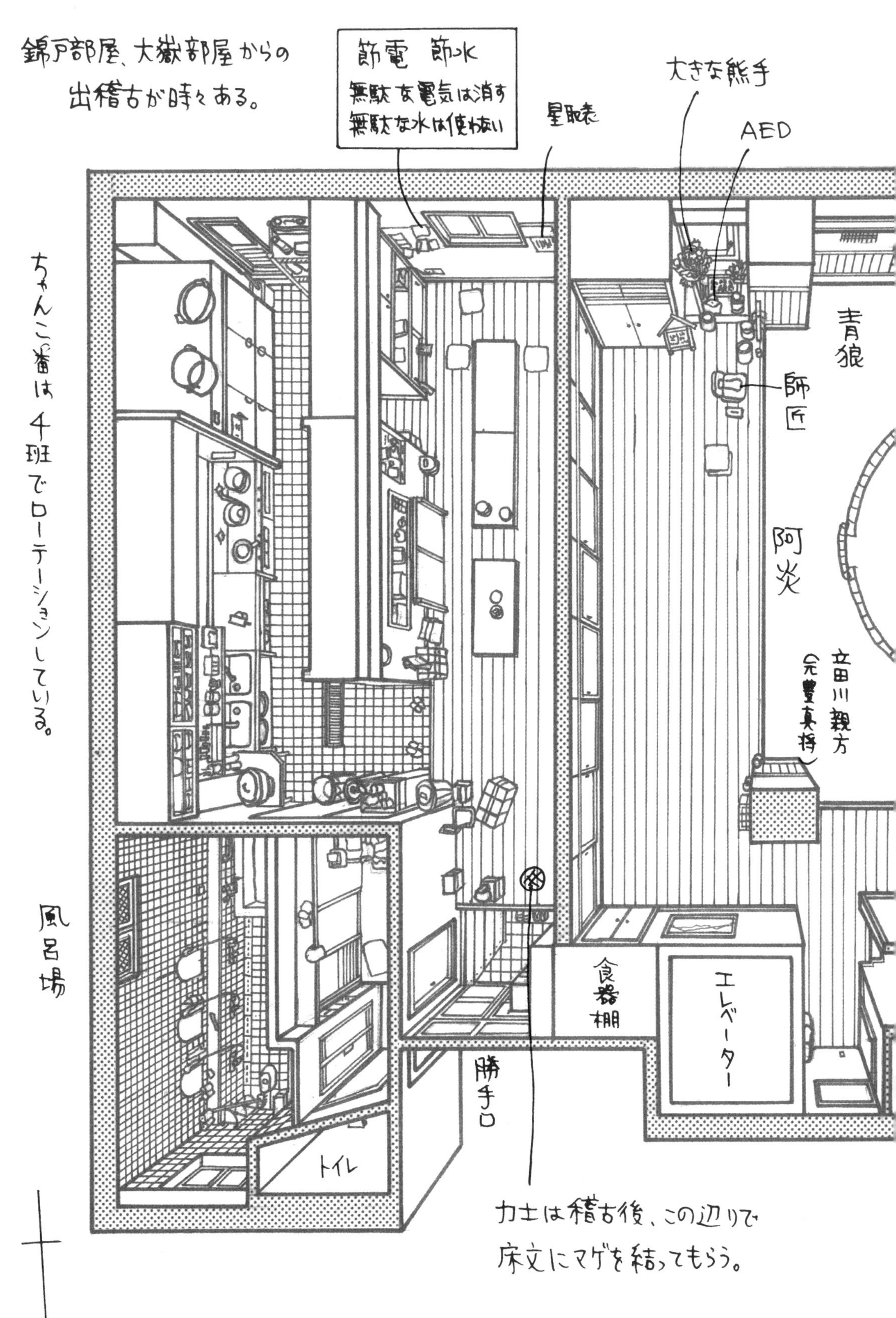
錦戸部屋、大嶽部屋からの
出稽古が時々ある。
節電　節水
無駄な電気は消す
無駄な水は使わない
星取表
大きな熊手
AED
青狼
師匠
阿炎
立田川親方
(元豊真将)
ちゃんこ番は4班でローテーションしている。
風呂場
食器棚
エレベーター
勝手口
トイレ
力士は稽古後、この辺りで
床文にマゲを結ってもらう。

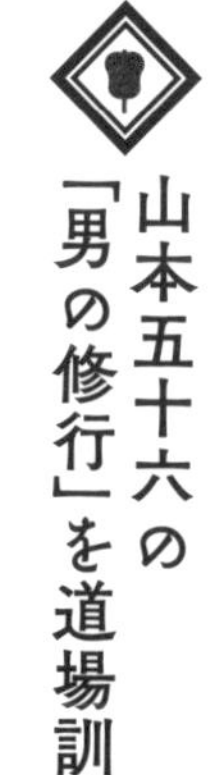

山本五十六の「男の修行」を道場訓に

一つ、苦しいこともあるだろう
一つ、言いたいこともあるだろう
一つ、不満なこともあるだろう
一つ、腹の立つこともあるだろう
一つ、泣きたいこともあるだろう
これらをじっとこらえていくのが男の修行である

鎹山部屋では稽古の最後に、全員でこの「男の修行」を唱和する。連合艦隊司令長官だった山本五十六の言葉だ。元関脇寺尾こと鎹山親方は、「オヤジが好きで、この言葉が部屋に飾ってあったんです」とふり返る。現役時代を過ごした井筒部屋では、実父が師匠（元関脇鶴ケ嶺）だった。独立した時から、「男の修行」を鎹山部屋の道場訓とし、稽古場に掲額した。言葉に込められた思いは強い。

「自分ができたから言わせているんじゃないんです。できなかったから言わせている。〝男の修行〟というよりは、〝人間の修行〟だと思っています」

井筒三兄弟の三男で、長男は元十両鶴嶺山、二男は元関脇逆鉾（のちの井筒親方で、令和元年9月に死去）。厳格な父親に厳しく育てられた。

「もともと自分は相撲に興味がなかった。兄貴2人は相撲が好きだった。兄弟でも考え方は違うんですよ。オヤジはめちゃめちゃ怖かった。兄貴2人は物心がついてから師弟関係になったので、難しさもあったかもしれない。でも自分は、父が親方になっても、なんの違和感もなかった」

相撲部屋に住む者は、皆家族という環境に生まれた。弟子全員を下の名前で呼ぶ。

「剛（幕下寺尾の本名）、せっかく上手を取って残したんだから、それを離しちゃダメだ」

「一毅（幕下王輝の本名）、いい当たりだ」

「洸助（阿炎の本名）、今は右しか使っていないぞ」

モンゴル出身の青狼は、本名でもニックネームでもなく、四股名の下の名「武士」と呼ぶ。

それはなぜか？　師匠に聞くと、そっけなく言う。

「そんなの、同じ屋根の下に住んでいるんだから、当たり前じゃないですか」と。

技術指導は1人1人に対してきめ細かい。ぶつかり稽古では、番付下位の力士には当たることより押す姿勢を重視させる。そのあとは、力士同士が1対1でテッポウを打つ。柱にではなく、互いの体に打ちながら、人間に力が伝わる感触を覚えさせる。きめ細かな工夫をこらしているが、根底に流れる考え方は大局的だ。

「みんなが、頑張ることの大切さを覚えてくれればいいんです。横綱、大関を作りたいと思っているのとは、ちょっと違う。もちろん、できればいい。でも、大半は相撲界にいる時期は短いじゃないですか。一生懸命頑張ると、道が開けていく。頑張っていれば、いい結果が転がり込んでくるわけですから」

元豊真将の立田川親方も師匠同様に熱く指導

一番弟子だった元小結豊真将(ほうましょう)は、ケガのために志半ばで引退した。とはいえ、努力する姿勢を示し続け、部屋を支えてきた。引退時に、師匠が「弟子ながら尊敬する」と言ったほど。今は立田川親方として、後輩の指導に当たっている。

「立田川は、目いっぱい稽古をやっていた。それを伝えていってほしいです。一生懸命やることが大事だと改めて思いました。しっかり汗をかくから、稽古中にトイレに行ったのは1、2回しか見たことがない」

立田川親方も、自分の役目はわかっている。

「うるさく指導することが役割です。師匠が作り上げてきた、この稽古場の雰囲気を崩してはいけない。師匠がいてこその錣山部屋。力士は恩を少しでも返せるようにと考えれば、稽古に対してまた真剣になれます。指導する立場になって、少しは話せるようになったかもしれませんが、師弟関係は変わりません」

独立当初、錣山親方はアパートに部屋を借りて弟子と共同生活を送り、仮の稽古場で汗を流した。稽古相手のいない豊真将に胸を出し、肋骨を3度骨折したのは有名な話だ。立田川親方は師匠の尊敬する点を「情熱ですね。相撲にかける情熱です」と即答した。

この稽古場が完成してから10年を超えた。〝男の修行〟は、師弟の信頼関係があるからこそ続けられる。

看板のはなし

錣山部屋

師匠の取り口に似た切れ味ある書

部屋の創設時から掲げている看板は、師匠の知り合いの住職に書いてもらったもの。師匠の相撲の取り口同様、切れ味と勢いがある文字で書かれている。板は、藤沢市巡業の勧進元と知り合いの材木店によって準備された。

東京都・杉並区

芝田山部屋

師匠＝元横綱大乃国

平成3年7月場所限りで引退した横綱大乃国が、11年6月1日に放駒部屋から独立。放駒親方（元大関魁傑）の停年にともない、25年2月に放駒部屋を吸収合併した。主な関取は、十両若乃島、大勇武、魁。

部屋創設時のトラブルを乗り越え、快適な環境で汗を流す力士たち。指導では弟子の自主性を重視している

稽古場は地下1階にある。
1階は大部屋とちゃんこ場、
2階以上は師匠の住居。

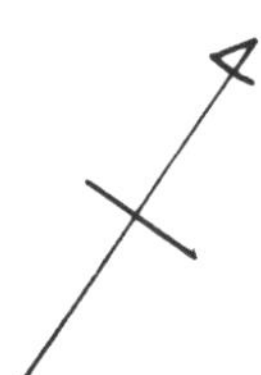

この階段は地下と1階をつないでいる。

大型の除湿機。稽古場に除湿機を設置しているのは芝田山部屋だけ。

建物の構造上、こちらの壁はやや斜めになっている。

物置き

水道

魁

四土俵

ダンベル

木札

羽目板の上に貼ってある白いタイルは、湿気を吸収する特殊なもの。

稽古場が地下にあるため、あちこちに除湿対策がなされている。
上がり座敷には、除湿機を2台設置している。
稽古場の外には、水がたまる大きなマスがあり
雨水などをポンプで1階に汲み上げている。

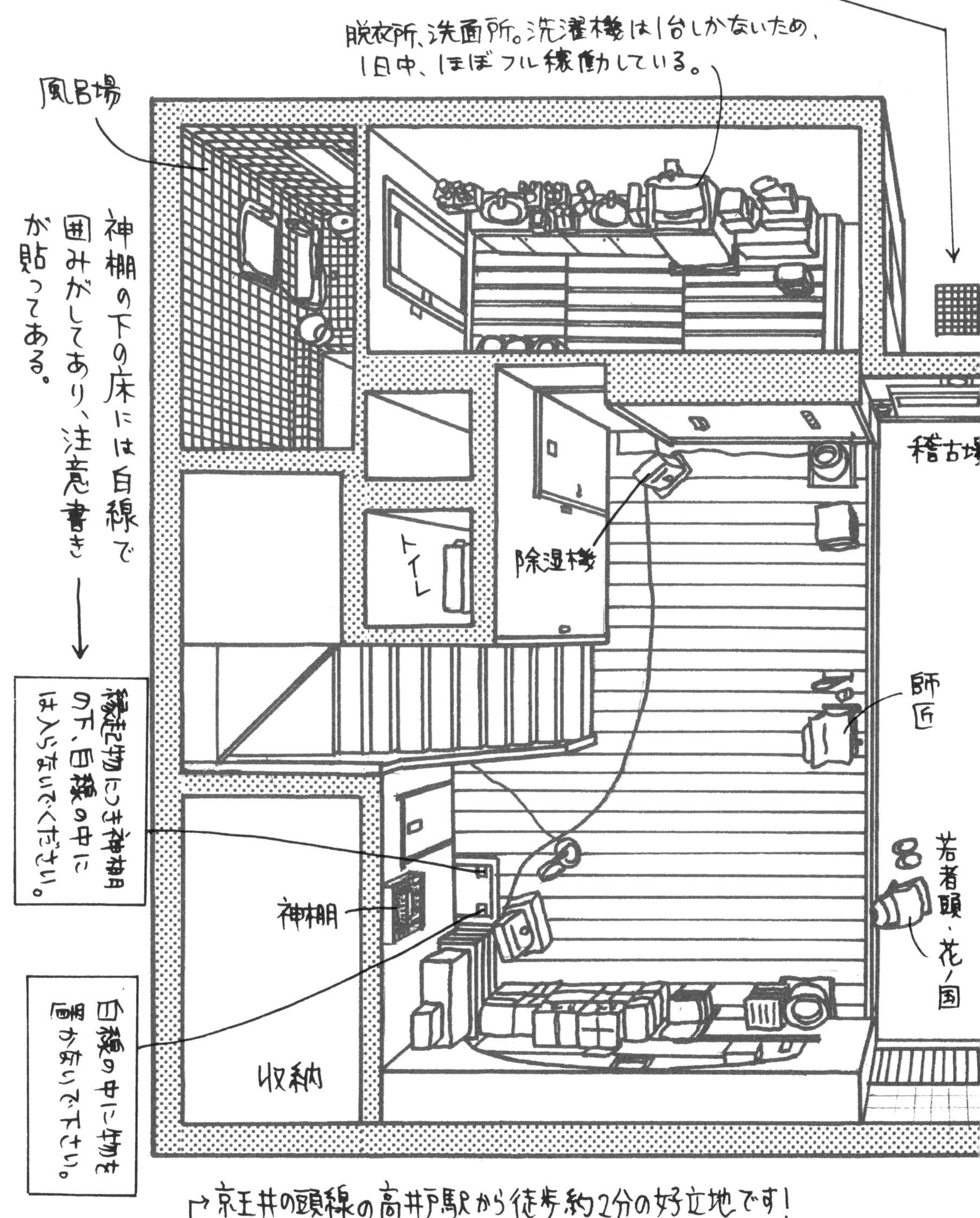

完成当時は湿気との闘い 苦労の末に手にした稽古場

芝田山部屋が完成した当時は、湿気と闘う日々だった。

阿佐谷南の放駒部屋で育った元横綱大乃国の芝田山親方は、慣れ親しんだ地域を独立の地に選んだ。京王井の頭線の高井戸駅から徒歩約2分という絶好のロケーションだが、土地面積、容積率、建ぺい率、予算などを総合的に考え、稽古場を地下1階にした。

これが闘いの始まりだった。

平成11年6月に独立した。7月の名古屋場所を終えて部屋に戻ると稽古場は水没し、壁にはカビがびっしりと生えていた。地下1階の稽古場は珍しく、設計ミスも重なったと見られる。驚く間もなく復旧に追われた。

ポンプで水を汲み上げ、アルバイトを雇って土をすべて入れ替えた。羽目板の上の壁はすべて貼り替えた。今は、コップ1杯の水気を吸って湿気を調節してくれる20チセン四方のタイルが貼られている。大型の除湿器が稽古場に1台、小型のもの2台が上がり座敷に置かれている。稽古場の外には、水がたまる大きなマスを設置し、ポンプで上に汲み上げる仕組みを作った。

「もう、どんだけお金がかかったか……。見えない部分に山ほどかかっているんですよ」

芝田山親方は、そうぼやきながら当時をふり返る。部屋建設の際、信頼していたはずの業者に逃げられたこともアクシデントの一因。苦労を重ねて、今の稽古場が出来上がった。

今はもうカビとは無縁の環境で、力士たちが汗を流している。師匠の指導はウエットではなく、かなりドライだ。

「力士が育つかどうかは、本人の問題。師匠が言ったことに真面目に取り組む、自分の課題を克服するために真面目に取り組む、そんな弟子が集まってくれればいい。そういう弟子だったら、自然に育っていく。私自身がそうだったから」

横綱大乃国は師匠の指導のもと、常に自分で考えて最高位に到達したという。

「例えば、出稽古に行った時も、常に師匠がついてきたわけじゃない。はみ出しそうになった時に、元の枠に戻してやるのが師匠の役目だと思っています」

稽古場では基本を大切にし、難しいことは言わない。協会理事になったため、職務が多忙な時は、若者頭の花ノ国が稽古を見る。東京では、峰崎部屋と互いの部屋を行き来しながら、出稽古でも鍛えている。

最古参、不惑を超えた翔傑は部屋にとって大きな存在

令和2年1月場所現在、関取経験者は魁（さきがけ）だけだが、師匠が特に認めているのは、部屋の最古参で40歳を超えた翔傑（しょうけつ）だ。

「翔傑は自分からも稽古するし、下の者も見てくれる。部屋にとって大きな存在。魁も一目置いている。あの歳だけど、真っ先にほうきを持って土俵をはくからね」

どの部屋も、若い衆の大兄弟子となれば稽古は少なくなり、部屋の仕事も減っていくもの。翔傑は違う。不惑を過ぎて、異色の存在だ。

翔傑によると、相撲部屋で育った時代が今とは違うため、自然に体が動くのだという。

「そういう時代に入門していますからね。芝田山親方が部屋付きだった時は、付け人もやりました。どの部屋も歳を取ってくると、稽古を緩めるじゃないですか。でも、自分はそういう兄弟子にはなりたくない。そういう兄弟子たちをたくさん見てきていますんで……。自分は稽古場ではすごく負けてもいいと思っている。その集大成が本場所ですから」

翔傑は、放駒部屋からの移籍組。先代師匠の退職が近付いた時は、引退も頭をよぎったという。最高位は幕下4枚目で、師匠の停年当時は14枚目。その直前の11月場所で6勝1敗の好成績を挙げ、現役続行にはずみをつけた。旭天鵬と若の里という同世代が引退した時は、「目標がなくなった」と心に穴ができかけた。しかし、稽古場に下りると力がわいてきたという。

入門から24年以上、148場所連続で休場なし（令和元年11月場所現在）。歴代1位の記録を更新中だ。令和元年6月、芝田山部屋の20周年パーティーで「連続出場1008日達成」を表彰された。

「もちろん、横綱や大関を育てることは夢ですよ。でも、関取がどうとかでなく、真面目に一生懸命やるヤツが好きなんですよ」

芝田山親方の言葉にはじわり、湿り気があった。

看板のはなし

芝田山部屋

日本画家・片岡球子氏による価値ある書

日本画家の片岡球子（たまこ）氏（故人）による書。師匠が現役時代に化粧廻しの絵を描いてもらった縁がある。筆で書かれた原本をアルミで型取り、看板に仕上げた。原本は、テレビ番組「開運！なんでも鑑定団」で250万円の値が付いた。

東京都・墨田区

高砂部屋

師匠＝元大関朝潮

元小結富士錦の先代が停年を控えた平成14年2月に、若松部屋を継承していた元大関朝潮が名跡を変更して高砂を襲名。高砂部屋と若松部屋が合併した。主な関取は、横綱朝青龍、関脇朝赤龍、朝乃山、小結闘牙、幕内朝乃若。

138年の伝統が途絶えたからこその飛躍。おおらかな師匠のもと、弟子たちが花を咲かせようとしている

1階は稽古場など。上がり座敷に師匠の優勝額（昭和60年3月場所）が飾ってある。2階は大部屋、3階は師匠の自宅、4階は関取用の個室が3つ。

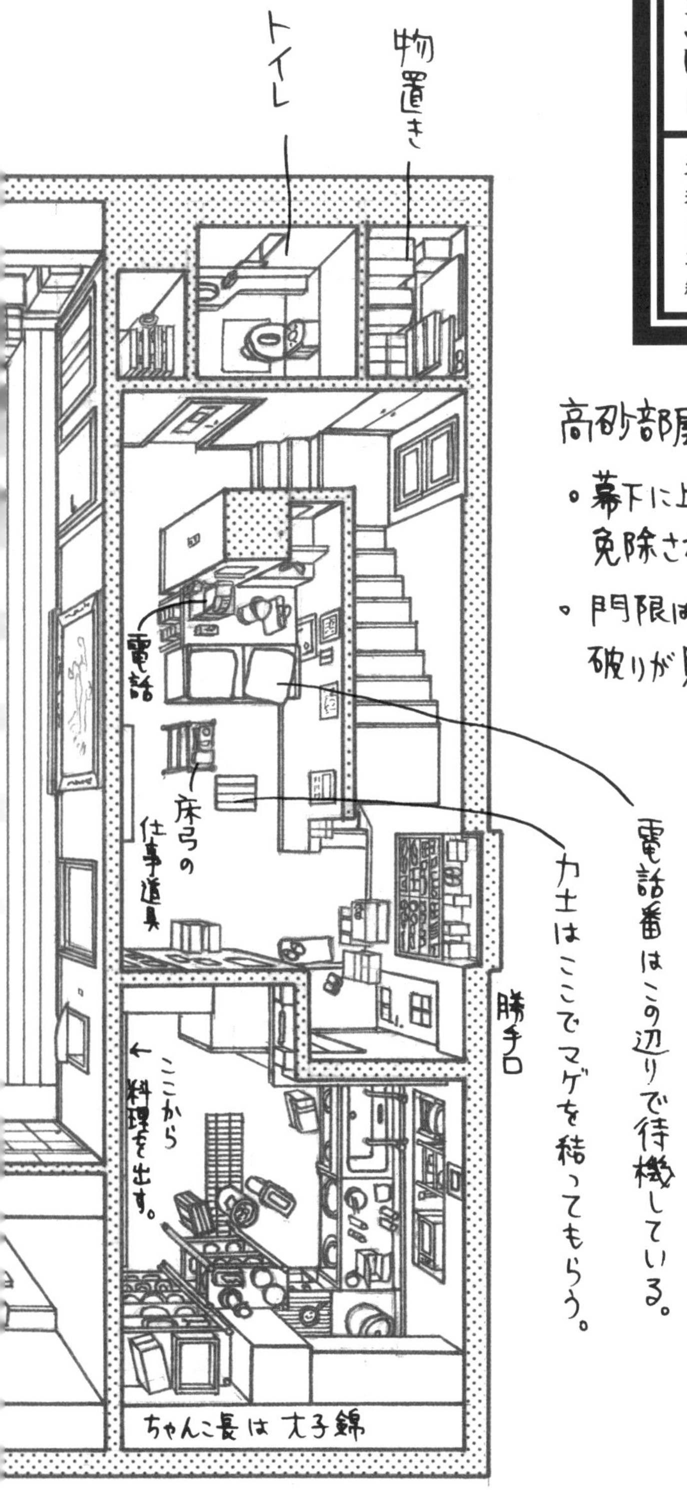

高砂部屋のルール

- 幕下に上がるとちゃんこ番を免除される。
- 門限は午後11時。門限破りが見つかると罰金！

松田哲博マネージャー（元一佚）によるウェブサイトHYPER高砂部屋（http://www2s.biglobe.ne.jp/~wakamatu/）は20年以上も続いている名物サイト。

歴代 高砂親方の写真を飾っている。

左から 初代＝元幕内高見山
2代＝元関脇高見山
3代＝元大関・2代目朝潮
4代＝元横綱前田山
5代＝元横綱・4代目朝潮
6代＝元小結 富士錦

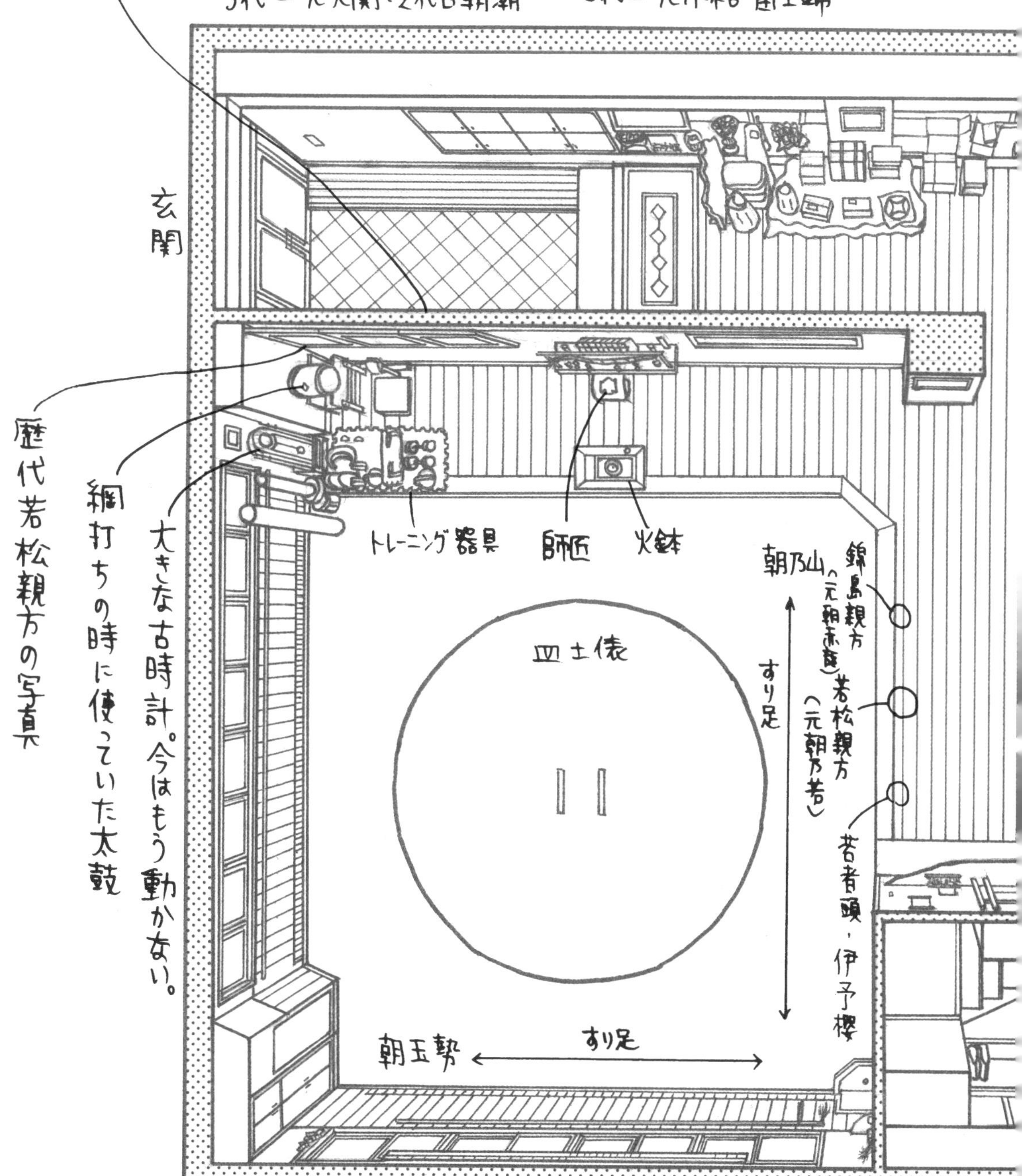

地下に風呂場がある珍しい構造。師匠の風呂は長い。
トレーニング室もある。その「主」は元ボディビルダーの朝鬼神。

創意工夫を体現し横綱にまで上り詰めた朝青龍

高砂親方は毎朝、稽古場でスポーツ新聞を読む。知らない人が見たら、稽古も見ないで何を……、と思うかもしれない。しかし、新聞を読んでいるようで、実は力士の動きをしっかり見ているのだ。

ある若い衆は「立ち合いの前、師匠のほうをちらっと見ると、よく目が合う」と言い、別の力士は「見ていないようで、ちゃんと見てくれている」と明かす。稽古以外の場で師匠からポツリと指摘された点が心に残り、技術改善につながったこともあったという。

師匠は稽古場ではガミガミ言わず、タイミングを見極めて力士の心に残る助言をする。

「俺は、親方に殴られて自分が強くなったと思っている。大関になってからも叩かれていた。ある時にタニマチが『親方、あいつももう大関なんだから叩かないでやってくれ』と言ってくれて、やっと叩かれなくなった。でも、今の時代はそれではダメ。稽古はどうしてするのか、どうすればいいのかを理解させることが大事。対個人で考えないといけない。同じことを何度言っても根負けしないことが大切。自分ができたことがどうしてできないのか、これを理解するのに2、3年かかった」

自分で考え、創意工夫して強くなる。それを体現した力士の1人が、横綱まで上り詰めた朝青龍だ。

「稽古は一番やっていた。俺が所用で部屋にいない時も、手を抜かずに稽古していた。俺が不在の時に稽古を見に来ていた知り合いにあとから聞くと、『朝青龍は本当によくやっていた』と言う。自分でやらなきゃいけないことがよくわかっていた」

朝青龍は、晩年を汚すかたちでの引退になってしまったが、稽古への意欲については、今なお親方が認める存在だ。

基礎体力トレーニングで部屋全体をレベルアップ

今は、師匠の考えを理解している部屋付きの若松親方（元朝乃若）が力士にアドバイスを送る。元朝赤龍は錦島親方となり、指導者としての第一歩を踏み出した。若松親方は、稽古で土俵に入るまでの基礎体力トレーニングに特に力を入れ、部屋の力士全体のレベルアップに成功した。

割り箸を1本片手に持たせて、箸先を地面につけたまま、すり足をする。腕立てふせをしながら、前に進む。ある力士は、「親方がジャッキー・チェンの映画をヒントに考案したトレーニングもあるんです」と笑いながら話すなど、苦しい中にもみんなが話のネタにしたくなるような面白みが味付けされている。

若松親方は、「堅苦しくなるより、気分を盛り上げてやる稽古のほうがいい。楽しく、でも厳しいことをやる。ケガをしない体作りが第一。土俵に入る前、2時間くらいをトレーニングに充てていたこともありました。みんな泣いていましたよ(笑)。近畿大や東洋大に出稽古に行って、いいなと思ったトレーニングを取り入れることもあります」と話す。

高砂親方も、「徐々にみんなが力を付けてきた。だから、ウチには序ノ口がいなくなっている」と成果を実感している。

平成28年の11月場所後には、138年も関取を輩出し続けてきた部屋の伝統が途絶えてしまった。

「結果として仕方がない。でも、1場所で解消されたのは大きい。逆に言えば、もったいなかったかもしれないけど、あの経験があるからこそ飛躍がある。いい経験をしたと言うしかない」(高砂親方)

次の場所で関取不在を解消したのは朝乃山。朝青龍のように闘志が表に出るタイプではない。だが、高砂親方は、「俺はそれでいいと思っている。朝乃山は新十両も新入幕も、ワンチャンスでつかんでいる。それがいい。チャンスはうまく生かさないとダメだから」とその勝負強さには一目置く。

事実、令和最初の本場所となった5月場所では、初めての優勝争いをものにして、平幕ながら初優勝。高砂部屋に9年ぶりの賜杯をもたらしたスケールの大きい朝乃山の存在は、すっかり有名になった。同年11月場所は、新小結で勝ち越した。

師匠は令和2年12月に停年を迎える。

「(目標は)1人でも多くの関取、幕内を出すこと。そうすれば三役、その先も必ずある。階段は1つずつ上がればいい」

おおらかな師匠のもと、弟子たちはさらに花を咲かせようとしている。

看板のはなし

高砂部屋

若松部屋時代からの後援会長、「塩爺」による書

若松部屋のころから部屋の大阪後援会長を務めていた、元財務大臣の塩川正十郎氏(故人)の書。同氏は「塩爺」の愛称で知られ、かねて高砂親方を支援してきた。看板には署名も入っている。

東京都・江東区

高田川部屋

師匠＝元関脇安芸乃島

年寄千田川を名乗っていた元関脇安芸乃島が、停年前の先代（元大関前の山）と名跡を交換して、平成21年8月に部屋を継承した。同年9月に部屋を新築して移転。23年1月に二所ノ関一門へ加入した。主な関取は、小結竜電、幕内輝。

高田川部屋のマーク。綱と土俵をイメージしており ウェブサイトや座布団などに使われている。

↑ 4軒先は 尾車部屋

技術指導に重点を置き、師匠自ら稽古場へ。師匠のぶれない理念があればこそ、弟子たちが厳しい稽古についていく

玄関を入って正面にある大扉の彫刻は必見。この扉や稽古場の時計は、軽井沢の有名家具工房「一彫堂」で作られた高級品だ。

風呂場は広く、奥に浴槽がある。シャワーは3台ついている。

テッポウ柱が５本もあるのは、角界でも高田川部屋だけ。
師匠は現役時代、数少ないテッポウ柱をほかの力士とケンカしながら
取り合って稽古していた。だから、今の弟子が存分にテッポウができるように
と５本も立てた。

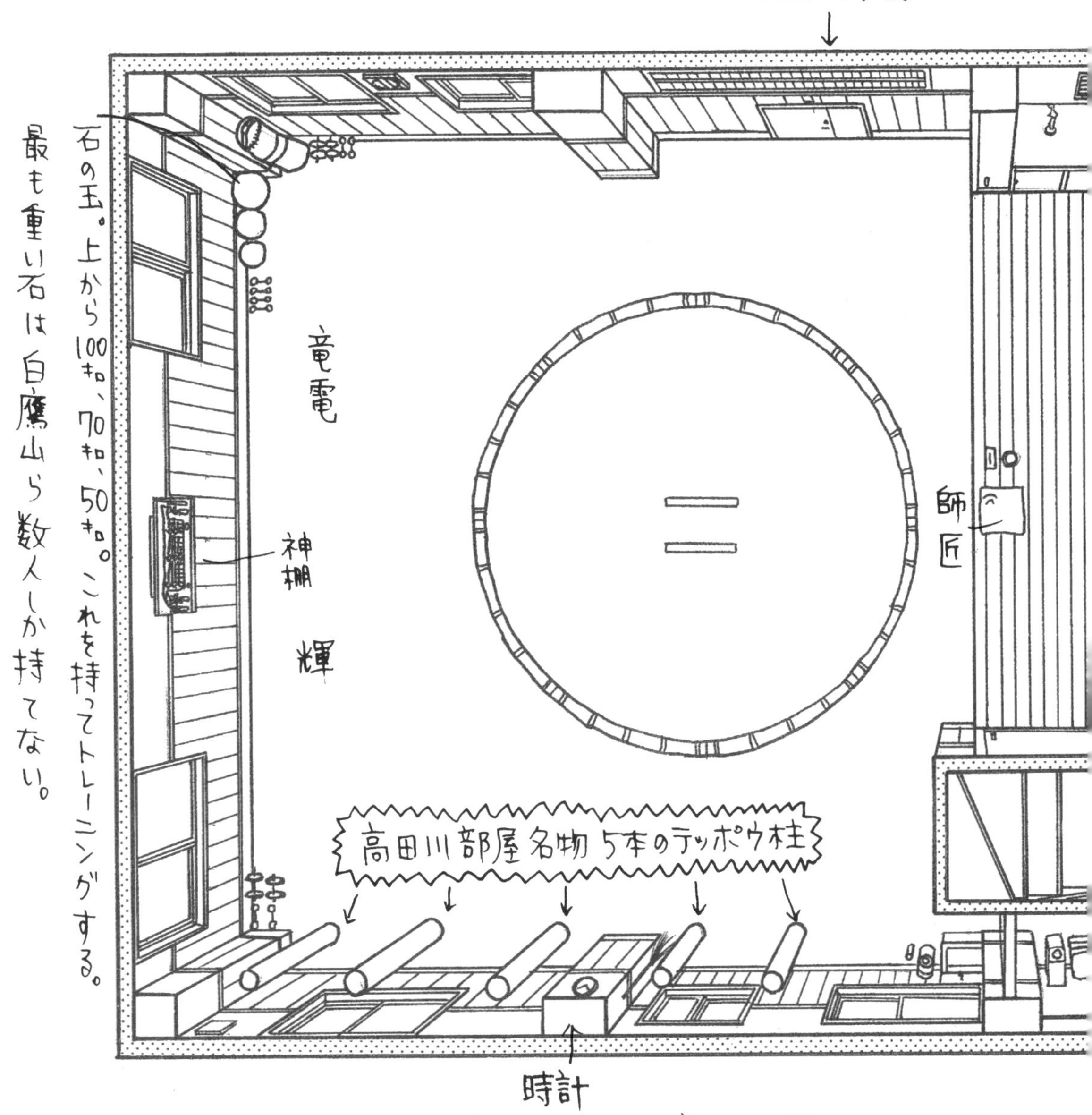

勝手口。出稽古に来た力士は
ここから出入りする。
最も重い石は白鷹山ら数人しか持てない。
石の玉。上から100キロ、70キロ、50キロ。これを持ってトレーニングする。
竜電
神棚
輝
師匠
高田川部屋名物 ５本のテッポウ柱
時計
土俵の外を広く取ってあり、神棚の下は
力士２人が並んですり足ができる幅がある。

土俵周りがほかより広く角界最多5本のテッポウ柱

高田川親方は、毎日のように廻しを締めて、稽古場に下りている。角界最多16個の金星を奪った迫力は健在だ。時に動きを実践しながら、弟子に熱い情熱を注いでいる。

「気迫がある限りやります。そのくらいの気迫は、いつも持っていないと」

稽古場には、角界最多5本のテッポウ柱がある。親方が育った旧藤島部屋には、テッポウ柱が1本だけだった。ある時から2本に増えたが、「それでも、テッポウ柱の取り合いでケンカになるほどだった」。

それならばと、いつでもテッポウで鍛えられる環境を整えた。土俵周りがほかの部屋より広い。上がり座敷から見て向こう側は、力士が2列になってすり足ができるほどだ。

そんな稽古場には、師匠独特の信念が貫かれている。

6人の横綱から金星を奪った安芸乃島は史上最多19回も三賞を受賞し、平成15年5月場所を最後に引退した。二子山部屋の部屋付き親方をへて、翌16年9月に元大関前の山の高田川部屋へ転籍。21年8月に高田川部屋を継承、同年9月に東京都江東区に部屋を新築して移転した。実は高田川部屋付き親方としての約5年間が、指導者として考え方が変わった時期だという。

「藤島親方（元大関貴ノ花、のちの二子山親方）は『土俵に命をかけろ。闘志なきものは去れ』という厳しい師匠だった。教えてもらった。でも、四股、テッポウ、すり足、精神論は教えてもらった。その分、稽古量は半端じゃないから、体で覚えた。現役時代は無我夢中だったから、理屈なんて考えていなかった。今、反省するとしたら、そこ。だから自分は稽古場で強くても、本場所で弱かった」

これほどの実績を残しながら「弱かった」と言うのは謙遜もあるが、もっと勝てたとの思いも強い。

「藤島親方は努力の人で、努力で相撲を編み出した。前の山関は、相撲の天才。現役をやめてから、ああそうなんだと思うことがいっぱいあって、勉強になった。そこから、弟子のことを考えて研究した。今の頭があって、このまま現役だったら、とんでもなく強いと思いますよ」

強い外国人力士を倒す日本人力士を育てたい

転籍してすぐ、元前の山の先代から、現役時代の弱点を指摘された。外から覆い被さるような相撲は、相手の懐に入るよりも3倍も力が必要だと説かれ、ハッとしたという。先代高田川親方の清水和一（かずいち）氏は当時をこうふり返る。
「安芸乃島は、腕っぷしは強かったけど、脇が甘かった。力を出し切れていなかったんですよ。相手の中に入って、もっと自分の力が出るような体勢を作るべきだった。あの太い腕が片腕でも入れれば、残れるし、前にも落ちない。もし、私の弟子だったら、大関に上がって、1、2回優勝してたと思うよ」
そんなこともあり、当代師匠はひたすら精神論を説きながら弟子に接していた当初に比べると、今は技術指導にも重きを置く。
「精神論も技術論も言う。心技体は、順番が逆だと思う。体を作っていけば、技が生まれて、心が備わる。臆病なヤツほど、やらなきゃと思って強くなるんです」
稽古中、師匠がストップをかけて、力士に考えさせる時間を作ることがある。なぜその動きをしたのか、どうしてやろうとした動きができなかったのか。師匠が一方的に説明するのではなく、あえてほかの力士の意見も聞く。そうして現代気質の力士も納得した上で稽古を続ける。指導の仕方は変わってきたが、変わらない理念もある。
「ほかの部屋の多くは外国人を入門させるけど、俺は強い外国人力士を倒す日本人力士を育てたい。学生相撲出身者も、自分からは勧誘しない。もともと藤島部屋がそうだった。たたき上げの精神を受け継いだんです。それが当たり前のように染み付いた。自分が育てた力士がほしいんです」
部屋を興して以来、外国籍や大卒の力士は1人もいない。角界ではごく少数派だ。
「大相撲はスポーツであり、神事であり、興行なんです。はたいて勝って、お客さんに喜んでもらえるのか。応援してもらえる力士を育てていきたいんです」
ぶれない理念。師匠の強い思いが揺るがないからこそ、弟子たちが厳しい稽古についていく。

看板のはなし

高田川部屋

当代親方の「兄弟子」41代式守伊之助による横書き看板

横書きでしっかり書かれた看板は、部屋の行司である木村和一郎（現41代式守伊之助）が書いた相撲字。ケヤキの板に力強く彫られている。伊之助は先代師匠にあこがれて角界入り。当代の高田川親方からは「兄弟子」と呼ばれ、部屋になくてはならない存在だ。

東京都・江戸川区

田子ノ浦部屋

師匠＝元幕内隆の鶴

元横綱隆の里の鳴戸親方が平成23年11月場所前に急逝し、現師匠が継承。25年12月に年寄鳴戸から田子ノ浦に名跡変更し、東京都墨田区に部屋を移転。26年12月に、江戸川区に新設した。主な関取は、横綱稀勢の里、大関高安、幕内若の里(元関脇)。

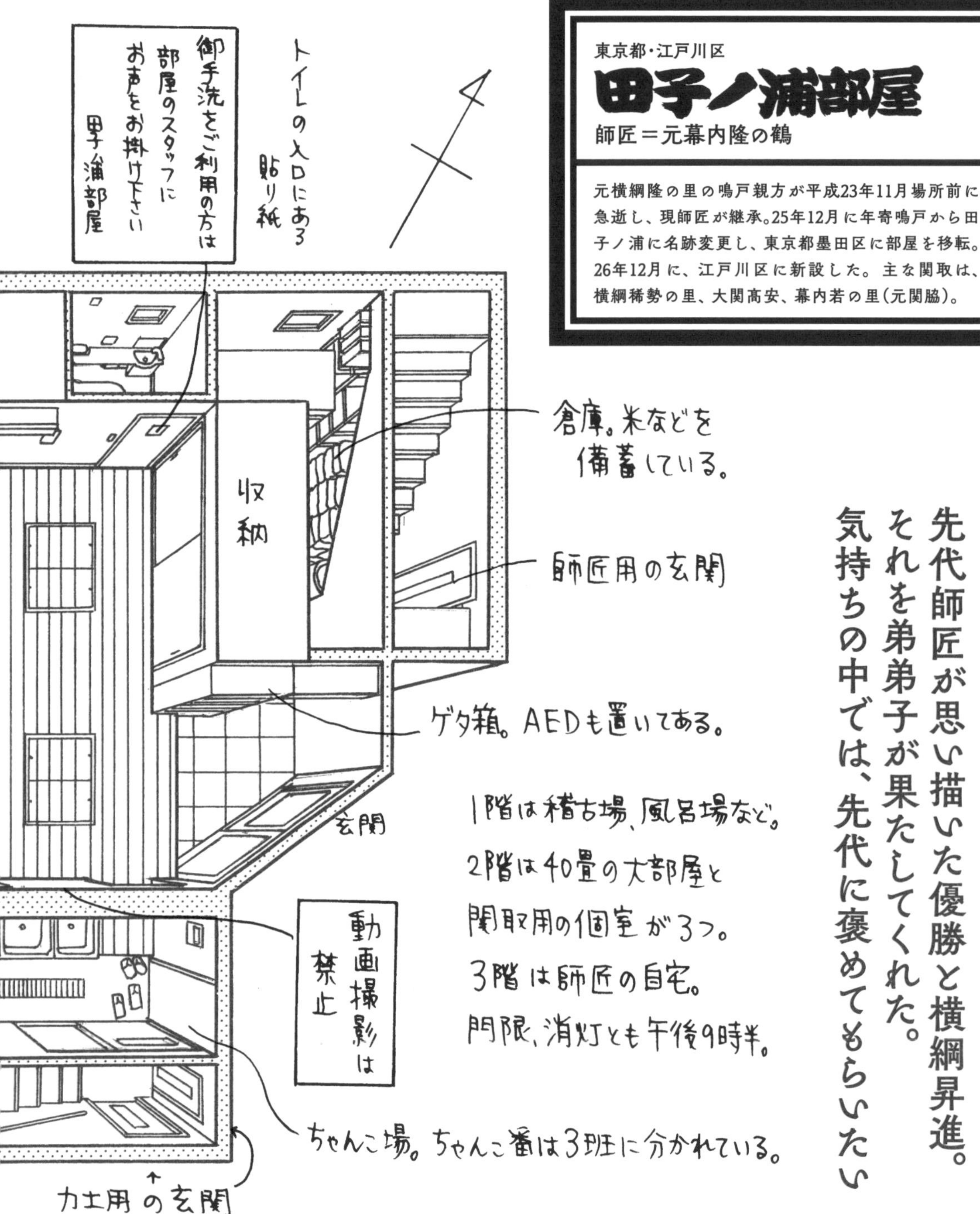

1階は稽古場、風呂場など。
2階は40畳の大部屋と
関取用の個室が3つ。
3階は師匠の自宅。
門限、消灯とも午後9時半。

先代師匠が思い描いた優勝と横綱昇進。それを弟弟子が果たしてくれた。気持ちの中では、先代に褒めてもらいたい

上がり座敷は土俵から約62センチと高い位置にある。
これは、上がり座敷の床下を収納スペースにしてあるため。

携帯電話料金は、若い衆でも親による支払いは禁止。
必ず自分で支払うのが部屋のルール。

テッポウ柱は、周囲長125センチでおそらく角界で最も太い。台湾ヒノキ製で、時価1000万円以上。一般的なテッポウ柱より硬く、師匠は「これが折れるくらいテッポウをやってほしい」と話している。

先代師匠（元横綱隆の里）の写真

物入れ。塩かごやほうきが入っている。

収納

テッポウ柱

高安

師匠

鏡

荒磯親方（元稀勢の里）

当初、浴槽は深さが170センチもあり、力士が立って入ることができた。水道代がかかりすぎるため徐々に底上げし、今は座って入る深さにした。

トイレ

風呂場

脱衣所

勝手口

冷蔵庫

かつては稀勢の里が、ここですり足をしていた。荒磯親方になってからも廻しを締めて稽古場に下りている。

田子ノ浦部屋◎〒133-0052東京都江戸川区東小岩4丁目9番20号 ▷地図 P198

大関昇進から31場所目の スロー初優勝で横綱になった稀勢の里

稀勢の里が大関から横綱に昇進し、現役最後の約4年間を過ごした稽古場が、この田子ノ浦部屋だ。

紆余曲折をへて、ここに至る。中学卒業後、のちの稀勢の里になる萩原寛（ゆたか）少年は、元横綱隆の里の鳴戸部屋（千葉県松戸市）に入門。角界屈指の稽古量に耐え、カリスマ性のある師匠のもとで、時には狂気の沙汰とも言えるような修行を繰り返してきた。

しかし、平成23年11月に鳴戸親方が急逝。部屋付き親方だった元隆の鶴が師匠の座を継ぎ、25年12月に「田子ノ浦」を襲名して、松戸から東京都墨田区に移転。旧三保ケ関部屋を約2年借り、26年12月に現在の江戸川区に引っ越してきた。

稀勢の里は、平成31年1月に引退するまで、大関、横綱時代の2年ずつをここで過ごした。

18歳で新入幕を果たしたが、そこから大関昇進まで所要42場所。史上5位のスロー記録だった。初優勝は大関昇進後、31場所目。最も遅い記録だったが、この優勝で横綱昇進を決めた。それまで優勝次点が12回もあった。

壁を乗り越えるまで、本人が最も努力し、苦労を重ねてきた。同時に師匠も、悩み、苦しんできた。先代師匠である鳴戸親方があまりに偉大で、常に引き合いに出された。

「それは仕方がない。先代のことは尊敬していますし。稽古でも変えなきゃいけないことは、変えていますので。横綱に上がったのは本人の努力。環境を作るのが自分の仕事でした。オヤジが亡くなってから……。いろいろあるっすよね」

田子ノ浦親方は元横綱の弟子として育ち、最高位は西前頭8枚目。思わぬ形で師匠になり、稀勢の里、高安らを育てる立場になった。

「『あいつじゃ（横綱に）上げられない』と言われてきました。『番付が違うと、弟子にものを言えない。指導できない』とも、毎日のように言われてきました。でも、誰よりも稀勢の里、高安のことを見てきているし、どうしたらいいのかは誰よりもわかっています。誰よりも弟子のことを思っている。だから、できることは一生懸命やってきました。2人とも素直だし、すごく聞く耳を持っている。でも流されないんです」

あっという間の引退劇 荒磯親方として後進を指導

稀勢の里が横綱になってからは、苦しい時間のほうが多かったかもしれない。昇進後はほぼ、ケガと闘う2年間になった。出場するのか、休場するのかを見極めるような大事な時期は、稽古を非公開にすることもあった。師弟がじっくり向き合い、決断してきたから悔いはない。稀勢の里が引退した今、田子ノ浦親方はこうふり返る。

「あっという間。嵐のように来て、嵐のように去った。それまでが長かったですからね。（ケガは）本場所に出なければ治るもんでもない。本人もできると言っていたから出した時もある。こういう相撲を取って、こうすれば勝負できると話し合ってきた。当時はたまらなかったけど、できることをやってきた。今となっては、普通じゃ味わえない体験。いいこともありました。先代が思い描いていたこと（優勝と横綱昇進）を弟子がやってくれたわけですから」

稀勢の里は荒磯親方となり、稽古場で廻しを締めて後進の指導に当たっている。その考え方は柔軟だ。

「1人1人を理解してあげることが大事。1人1人が違うんだということを理解してあげたい。例えば、腰は低く落とせとされますが、腰高のほうが力が出る者もいる。基本運動はみんな一緒でいいけど、そこからだと思います。例えば、当たる瞬間に歯を食いしばれ、声を出しちゃいけないと昔は言われてました。でも、外国人のハンマー投げの選手は、声を出しますよね。息を吐いて当たってみな、と言ってもいいんですよ」

若の里は、西岩親方となって独立した。髙安は、もう1つ番付を上げたい。荒磯親方はいずれ独立するかもしれない。新たな関取も誕生させたい。いくつかの思いが交錯する中、田子ノ浦親方は言う。

「互いがライバルだけど、家族として、みんなが底上げしようとしている。自分は元大関でも三役でもない。師匠を超えることもできない。でも、気持ちの中では、あの人に褒めてもらいたいなと思ってやっています。自分も人生をかけてやっていますから。新しい力士も入ってきています。みんなが力を出せる環境を作っていきたいですね」

看板のはなし

田子ノ浦部屋

ほかの部屋とはひと味違う個性際立つ明るい看板

看板の文字は、書家・佐伯司朗氏の書。部屋を新設するにあたって新調。師匠が知人の紹介を受けて依頼した。板は、明るい茶色の台湾ヒノキ。個性的な字体で書かれており、田子ノ浦親方は「ほかの部屋と違う感じがいい」と気に入っている。

茨城県・つくばみらい市

立浪部屋

師匠＝元小結旭豊

平成11年2月、先代（元関脇羽黒山）の停年にともない、1月場所限りで引退していた現師匠が継承した。19年8月に、東京都墨田区から茨城県つくばみらい市に移転。30年9月、出羽海一門に加入した。主な関取は、幕内猛虎浪、明生。

基本に忠実な稽古を重ね、有望な若手が幕内や十両に定着。部屋での出世争いが激しくなりそう

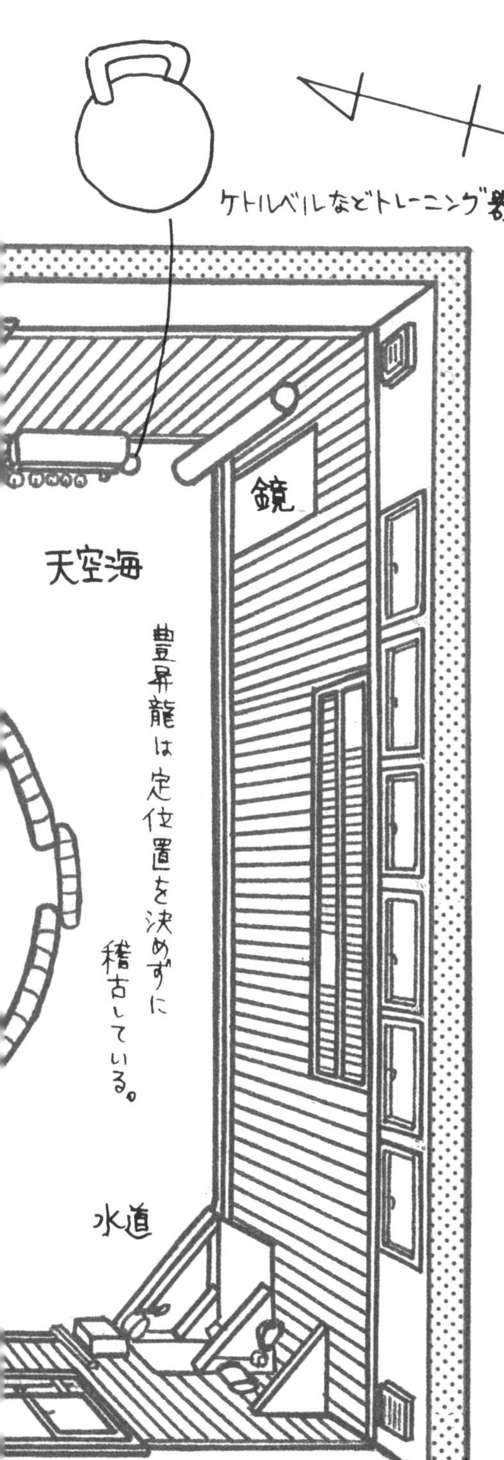

立浪部屋は、つくばみらい市の閑静な住宅地にある。駅が近く、つくばエクスプレスを使えば、みらい平から秋葉原まで約40分。国技館まで1時間で行けるなどアクセスは悪くない。

つくば
みらい平
立浪部屋
つくばエクスプレス
JR
秋葉原
浅草橋
両国

稽古場の外観

黒を基調とした格好いいデザイン。ちゃんこ場などの住居と稽古場は別棟になっている。

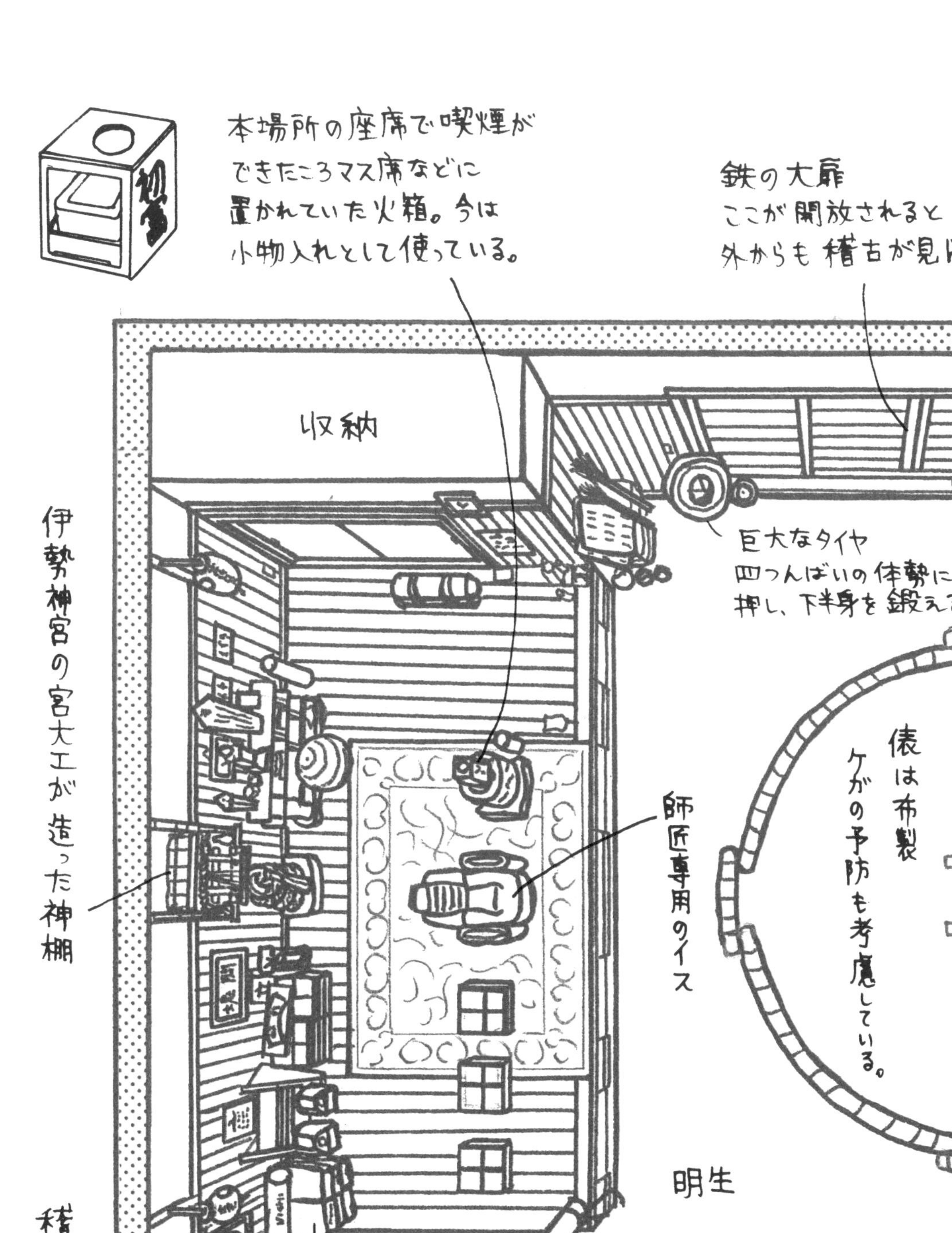

大量の米

稽古場のこちら側は歩道に面しており、窓から稽古を見ることができる。

平成15年に両国から移転して茨城2つ目の部屋に

現在、茨城県にある部屋は、つくばみらい市の立浪部屋と龍ケ崎市の式秀部屋の2つだけ。立浪部屋は、つくばエクスプレスのみらい平駅から徒歩約7分。閑静な住宅街の一角にある。周辺に娯楽施設はなく、相撲に集中できる環境が整っている。

平成15年に両国から移転してきた立浪親方は言う。

「ここは田舎ですから、土地は安いし（笑）。若い衆も気分が変わっていいでしょう。ここだと誘惑が少ない。東京だと誘われれば、すぐに（繁華街に）出られる。ここにいれば、早く帰ってこようと思いますよ」

新弟子をスカウトする時の殺し文句は決まっている。

「ほかの部屋より環境はいい。それは自信を持って言っています。あとは、伸び盛りの力士がいっぱいいますしね」

両国から遠いイメージもあるが、実際はそうでもない。部屋は駅から近く、つくばエクスプレスで秋葉原を経由すれば、国技館まで約1時間で着く。

新築した部屋は、東京の部屋と造りが違う。一般的に建物の1階を稽古場にしている部屋が多いが、立浪部屋は、大部屋やちゃんこ場などがある母屋と稽古場が分かれている。敷地を広く使えるため、庭に稽古場を造った。外観は黒を基調にしたモダンな造りで、遠目にはライブハウスのようにも見える。

「洋風ですかね。窓をでかくして、みんなに稽古を見てもらう。暑い時は開放的にして、のびのびとやるんです」（立浪親方）

上がり座敷から見て左側にある大扉は開放する時もあり、地元の人たちが気軽にのぞけるようにしている。右側の窓は、通りに面しているため、通りすがりの人も稽古を目にできる。

相撲部屋が少ない土地柄だからこそ、地域密着を意識している。近所の小学校の体育の授業に力士が出張して相撲を教える。もちつきやお祭りなどへの参加にも積極的だ。

「知ってもらうことはすごく大事。そういう点で、地元に貢献していきたい」

師匠はそう話す。

有望株は幕内に定着した明生と新十両で闘志満々の豊昇龍

こんな環境の中、生きのいい若手力士が伸びてきた。幕内に定着した明生（めいせい）は、外連味（けれんみ）のない相撲が評価され、将来を有望視されている。令和元年11月場所では、元横綱朝青龍の甥っ子、豊昇龍(ほうしょうりゅう)が新十両となった。部屋に関取が不在だったころ、師匠がぼやいていた時期があった。

「俺も辛い。どこに行っても、後援者から関取がいないことを言われてしまう。応援してもらってありがたいんですが、ストレスにもなる」

今や、周囲の目は激変した。

「誰か1人が出てくると、いい方向に回っていきます。若い衆だけの時と幕内力士がいる時とでは全然違いますよ。明生がいることで助かっています。例えば、スカウトに行っても、明生は横にいてくれるだけでいい。『テレビに出ている人がいる』って思ってもらえますから」

稽古は基本に忠実にやってきた。

「四股とテッポウ。基本を大事にしろと言っています。基本が満足にできない人は強くならない」

それが師匠の方針。部屋の敷地内には、プレハブのトレーニング室もあるが、あくまでも日ごろの稽古の補足、との位置付けだ。出稽古にも積極的に行く。明生を中心に、時間を短縮するため前夜から泊まりがけで行くことも珍しくない。何より、明生は稽古場でも手本になる存在で、口数は少ないものの背中で若い衆を引っ張っている。師匠も一目置いている。

「コツコツ努力しているのがいい。周りから真面目だとか、よく稽古をやるだとか言われるほどで、手がからない。稽古場の雰囲気も締まりますよね」

豊昇龍も、明生に引っ張られる形で関取になった。まだ線は細いが、ハングリーさを前面に出した闘志満々の相撲はファンの視線を集めている。天空海(あくあ)も含めて、これからは部屋の中での出世争いがさらに激しくなりそうだ。

まずは近い将来の目標として「自分の番付(小結)を超えてほしい」と立浪親方は言った。「このハードルは高くない」と師匠が言うのは、部屋の関取衆を見ていればよくわかる。新たな目標を立てるべき日は、あっという間にやってくるだろう。

看板のはなし

師匠の思いを込めて掛け替えられた、輪島塗の看板

現在の看板は、静岡県三島市の後援者から贈られたもので、輪島塗の高級品。「心機一転、今年も頑張ろう」という師匠の思いを込めて、平成28年1月に掛け替えた。15年の移転後から掲げていた看板は、上がり座敷に置かれている。

東京都・足立区

玉ノ井部屋

師匠＝元大関栃東

春日野部屋の部屋付き親方だった元関脇栃東が、平成2年1月場所後に内弟子3人を連れて独立。先代の停年にともない、19年5月の引退後は部屋付き親方だった二男の元大関栃東が、平成21年9月に継承した。主な関取は、幕内富士東、芳東、東龍。

実父から部屋を継いだ唯一の部屋。当代師匠が先代の情熱も継承し、古きよき時代の雰囲気を今に残す

1階は稽古場、トレーニング室など。2階は大部屋と関取用の個室が3つ。3階は親方の自宅。土俵周りは、横6間(約11メートル)、縦5間(約9メートル)あり、広々としている。

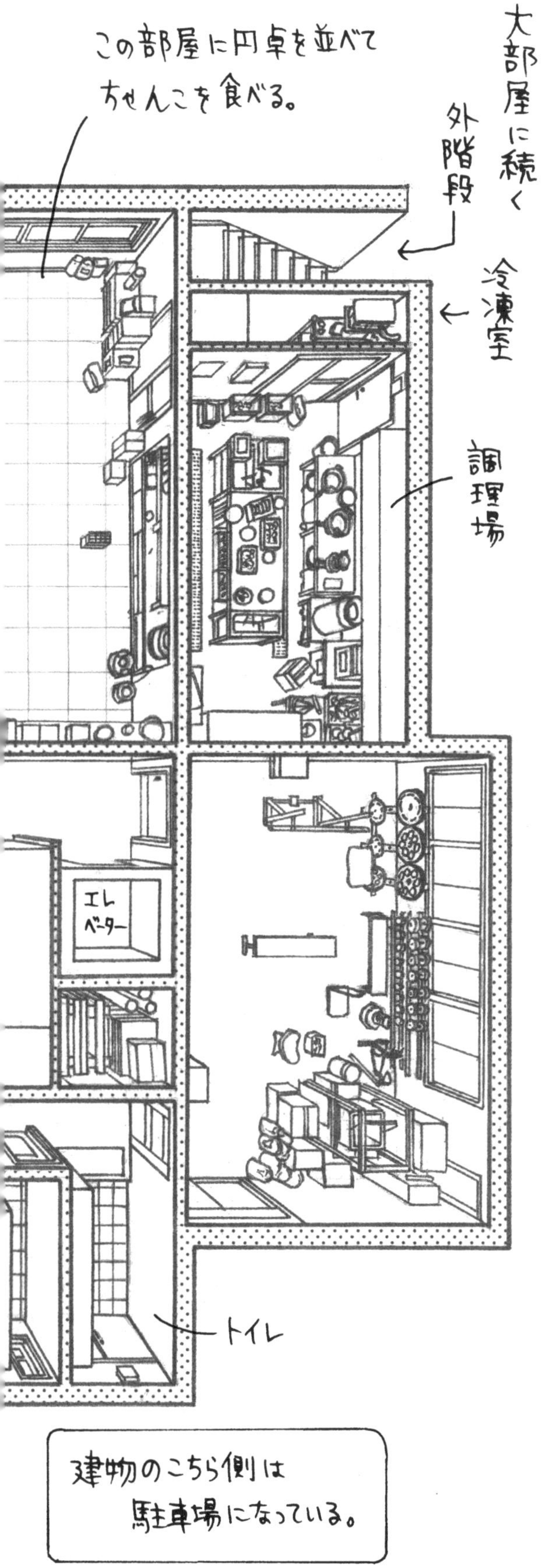

この部屋に円卓を並べてちゃんこを食べる。
大部屋に続く
外階段
冷凍室
調理場
エレベーター
トイレ
建物のこちら側は駐車場になっている。

部屋OBの田代良徳さん(元東桜山)がデザインした力士出入口のピクトグラム。

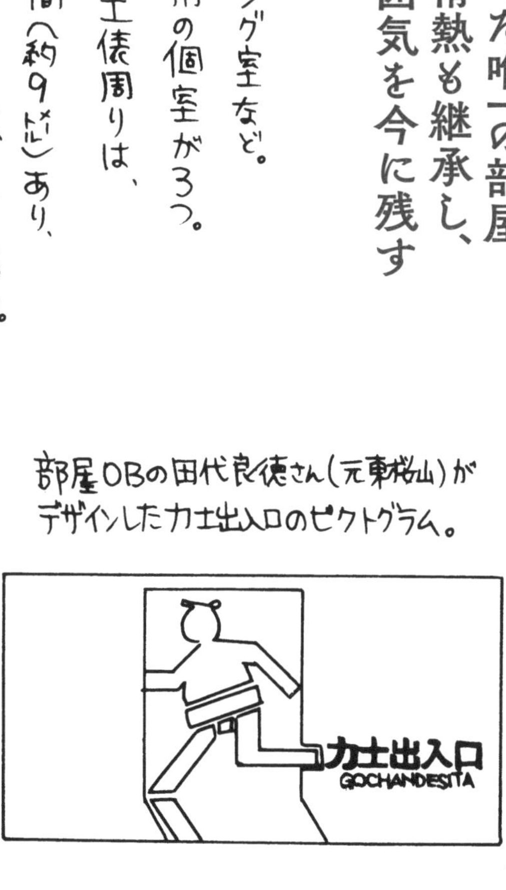

力士出入口
GOCHANDESITA

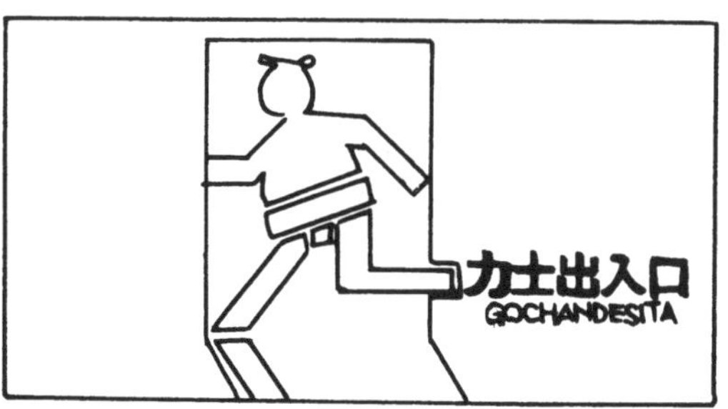

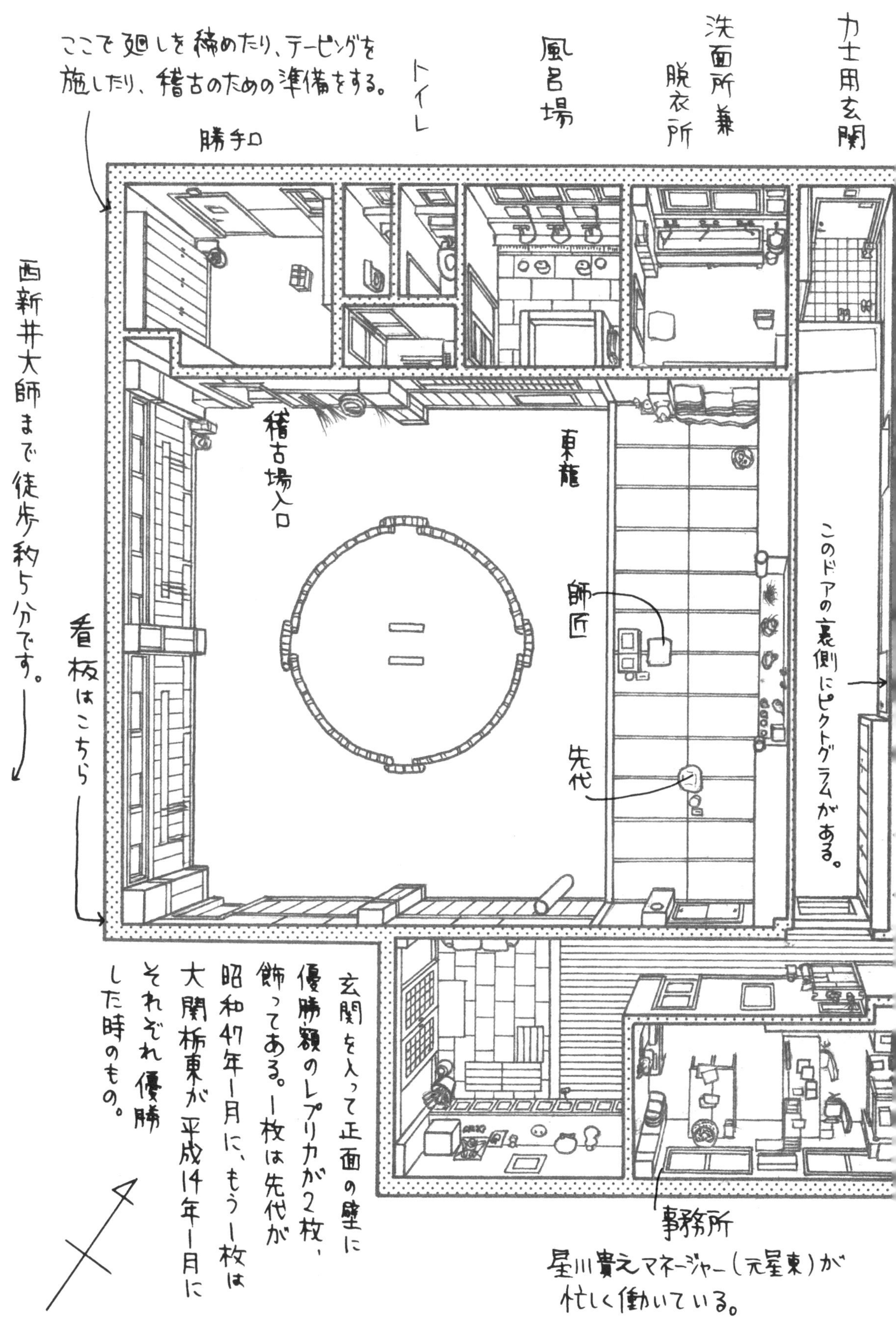
ここで廻しを締めたり、テーピングを施したり、稽古のための準備をする。
トイレ
風呂場
洗面所兼脱衣所
力士用玄関
勝手口
西新井大師まで徒歩約5分です。
看板はこちら
稽古場入口
東龍
師匠
先代
このドアの裏側にピクトグラムがある。
玄関を入って正面の壁に優勝額のレプリカが2枚、飾ってある。1枚は先代が昭和47年1月に、もう1枚は大関栃東が平成14年1月にそれぞれ優勝した時のもの。
事務所
星川貴之マネージャー(元星東)が忙しく働いている。

今も相撲への情熱は衰えず 先代も熱心に稽古を見守る

実父が建てた相撲部屋をそのまま継いでいるのは、現在は玉ノ井部屋しかない。親子での継承は、角界の理想型の1つだ。

稽古場では、師匠の玉ノ井親方（元大関栃東）が上がり座敷の中央に座り、そのやや左斜めうしろで、先代（元関脇栃東）の志賀駿男（はやお）氏が静かに見守る。これがいつもの光景だ。現在の師匠は、先代の指導のもとで大関まで昇進し、引退の2年4カ月後に先代の停年にともなって部屋を継承した。

「自分が優勝できたのも、先代の指導のお陰。相撲をよく知っている人です。対戦相手の特徴もすごくよく見ているから、現役の時は相手がこう動くんじゃないかとか、アドバイスしてくれた。今も相撲が好きなんですよ。だから、自分が巡業でいない時も『俺が見るよ』と言って稽古を見ていてくれる」

玉ノ井部屋の朝稽古は、基本的に午前7時半から。最初の約1時間は四股を踏んだり、タイヤを押したり、体作りをみっちりやって汗をかく。ケガの予防に力を入れつつ、土俵内の稽古に移行していく。

「自分たちがやってきたことと同じ目線で見てはダメだと思っている。怒鳴っても何にもならない。今の子供たちは昔とは違うから、細かく言わないといけない。いいところを伸ばしてやろうと思っています」

先代もさりげなく、力士へ助言を送る。土俵を離れれば、その口調を若い衆がものまねするほど、心の距離は近い。師匠が2世代にわたって相撲観を共有しているから、教えを受ける力士の側も戸惑うことなく2人からのアドバイスを聞くことができる。

停年から10年以上たった先代だが、今も相撲への情熱は衰えない。

「大変ですよ。無償だよ」

そう冗談めかしてぼやいてみせるが、穏やかな顔でこう続ける。

「稽古は7時半からずっと見る。それが自分にとっての活力なんですよ」

本場所で勝つ稽古を重ね 次の関取を早く誕生させたい

先代は独立した時から将来の継承を見越し、長期的な視野に立っていくつもの「仕掛け」を施してきた。稽古場は6間×5間と広い。のびのびと稽古できる環境を作るとともに、千秋楽パーティーを部屋で開けるようにとの狙いがあった。

毎年10月には「玉ノ井祭」と称して地元の子供たちを呼んで相撲大会を開く。この大会がきっかけとなっての入門者はまだいないが、「興味がわいたと言ってもらえることが多い」と手応えもある。「玉ノ井祭」は、力士らが模擬店で焼きそばを作ったりして、地元民と触れ合う年に1度の恒例イベントになった。

徒歩圏にある西新井大師では、正月に必勝祈願を行い、節分には親方や力士が招かれる。地元地域との連携を密にしている。

部屋には、災害対策として、灯油で動く発電機を備えている。平成23年の東日本大震災の直後は計画停電の対象地区となり、発電機を稼働させて力士の生活を支えた。その一方、震災後も先代の故郷の福島県相馬市で夏合宿を行い、地元を盛り立てた。当代師匠が先代の気持ちも継承してきたからこそ、今の玉ノ井部屋がある。

有望な幕下力士が多いので、早く次の関取を誕生させたい。白石、巨東、一木ら、関取候補は多い。師匠によれば、稽古場での実力を考えれば、さらに番付が上がってもおかしくないレベルに達しつつあるという。

「いい稽古はするけど、本場所でそれが出ないことが多い。心技体と言われるけど、心の問題。やってきたものを土俵で出せればいいけど、緊張して出せない。何が必要かと言えば、気持ちの強さです。つい、稽古場で勝つための稽古をしてしまう。そうではなく、本場所で勝つための稽古をしないとダメなんです」

指導する側も必死で、ケガ人が増えた時期には、3カ所ある玄関すべてに盛り塩をしたことがある。相撲に関しては理論派の親方だが、「そうしたらケガ人が減った」とうれしそうに言う。

「大成するには、本人の努力もそうだけど、何をしなきゃいけないかが重要で、そこに導いてあげないといけない。そして、相撲部屋では社会勉強もできる。関取になることが一番うれしいけど、人間的に大きくなってほしいですね」

古きよき雰囲気も、玉ノ井部屋には残っている。

看板のはなし

書芸家・渾彩秀氏による、角界屈指の芸術品

この看板は、角界屈指の芸術品でもある。作者はアルファアート・カリグラファー（書芸家）の渾彩秀氏。「玉」の字は、稽古を見ている親方の姿を表現している。

以前は元富士錦の高砂部屋だった建物を先代(元外田山)が独立する時に買い取って千賀ノ浦部屋にした。

東京都・台東区

千賀ノ浦部屋

師匠＝元小結隆三杉

元関脇外田山の先代が、平成16年9月場所後に春日野部屋から独立。停年にともない、貴乃花部屋の部屋付き親方だった現師匠が28年4月8日付で継承した。30年9月に閉鎖した貴乃花部屋を吸収。主な関取は、大関貴景勝、幕内貴ノ岩、貴源治、隆の勝。

貴乃花部屋の力士を受け入れた新千賀ノ浦部屋は順調に船出したが、普通の師匠の10年分くらいの経験をした

1階は稽古場、ちゃんこ場など。

2階は大部屋と関取用の個室。

3階は師匠の自宅になっている。

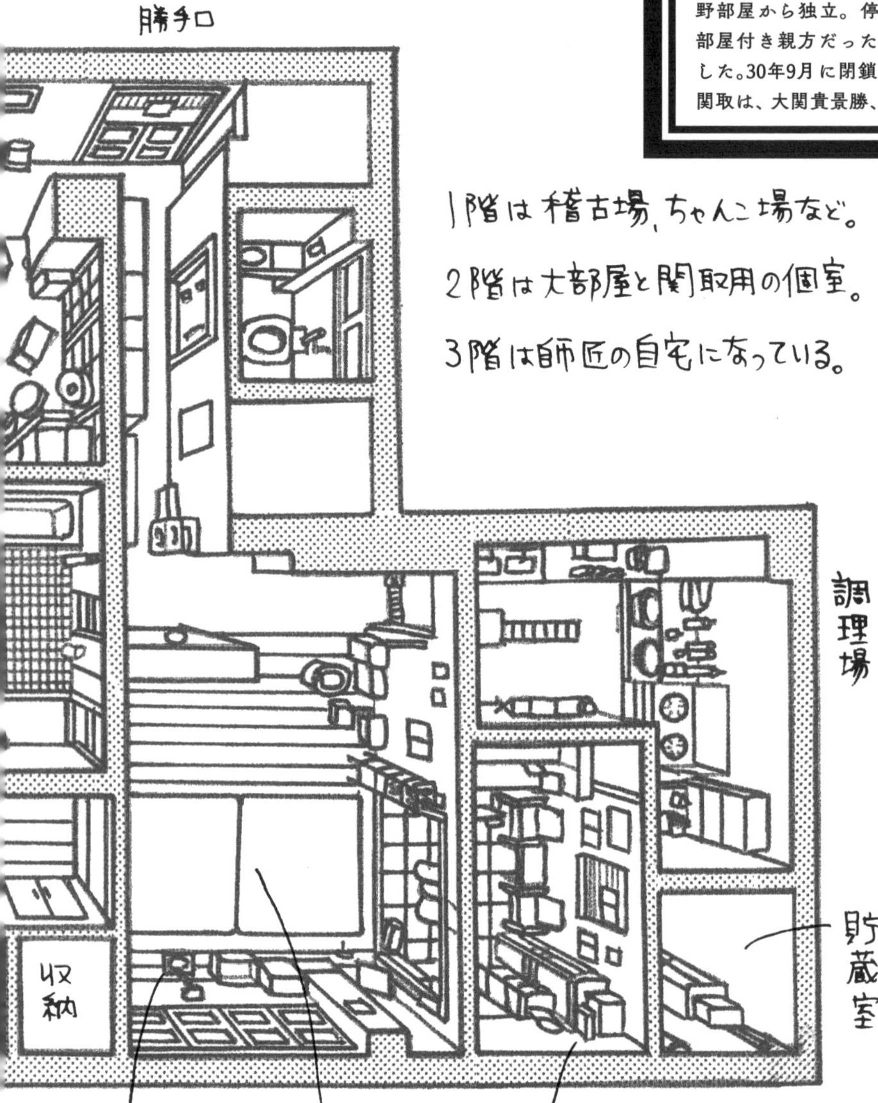

力士たちは、ここで卓を囲んでちゃんこを食べる。

通称「事務所」。パソコンなどが置いてあり、場所中は部屋の力士の取組などをチェックする。
旧高砂部屋のころは、ここで呼出し利樹之丞が寝泊まりしていた。

師匠の愛称は現役時代から「ドラえもん」。十両に上がってすぐのころから呼ばれ始めた。ドラえもんのTシャツは2、3着所有している。マグカップなどドラえもんグッズをプレゼントされることが多い。
作者の藤子・F・不二雄氏(平成8年に死去)と会ったことは無い。

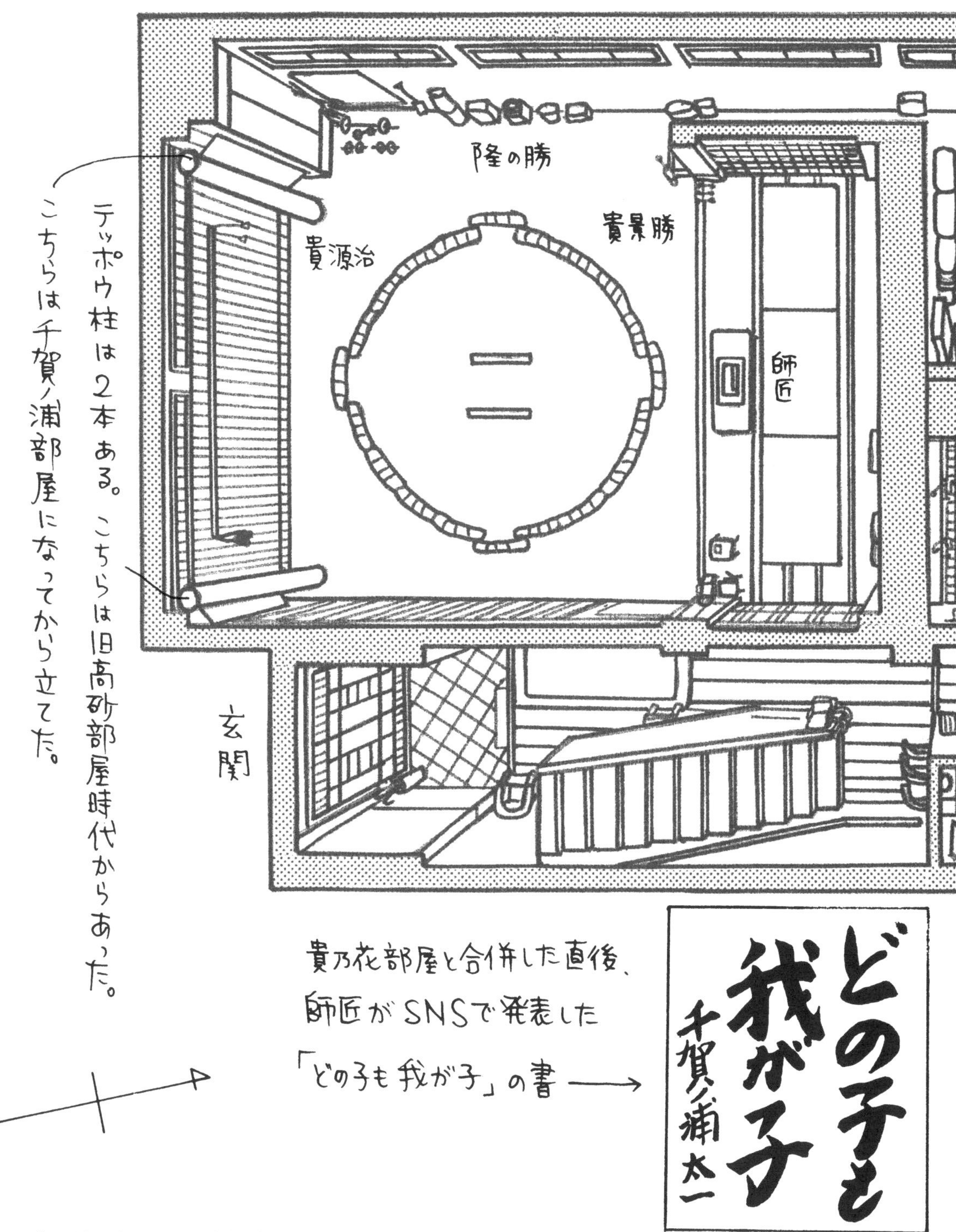

1本の電話で部屋の事情が急変！あの子たちを受け入れないと……

元小結隆三杉の千賀ノ浦親方は、もともと貴乃花部屋の部屋付き親方だった。いつか部屋を持ちたかったのかと聞くと、「そんなことはありません」と笑って即答し、こう続けた。

「部屋を持つタイプではありませんでしたから。いろいろ頼まれて、断れない状況になりました。でも、よかったと思います。部屋を持つことで、今の力士たちにも出会えましたから」

先代千賀ノ浦親方（元関脇舛田山）の停年にともない、平成28年4月8日付で部屋を継承した。新しい弟子たちと稽古場で向かい合った時、物足りなさを感じた。

「これじゃまずいな」

ただし、新師匠として「すぐに稽古を変えたら、ついてこられなくなる」とも考えた。

申し合いは待ったなしにするなど、徐々に色を出していった。隆の勝は、積極的に出稽古に連れ出して鍛え上げた。平成29年11月場所で新十両に引き上げ、翌年9月場所で新入幕。部屋の新看板力士として育ったころ、1本の電話で部屋の事情は急変した。

平成30年9月25日の昼すぎ、貴乃花親方から電話があり、弟子を引き受けてほしいとの依頼があった。通話時間は約1分。千賀ノ浦親方は、電話を切ったあと、我に返った。

「最初はピンと来なかった。（貴乃花親方が協会を）やめるのかなと。受け入れないと、あの子たちは行くところがなくなってしまう……」

その夜、弟子たちと話し合った。貴乃花部屋の力士を受け入れられるのか。

「『いいです』と言う人もいれば『賛成できません』と言う人もいた。そりゃあ、違う部屋の子と一緒になるのは不安ですよ。貴乃花部屋には関取衆もたくさんいましたから」

あの電話から約1週間後の10月2日、貴乃花部屋から力士たちが引っ越してきた。その夜は、師匠行きつけの浅草のもんじゃ焼き屋でみんなで食事をした。師匠は筆を取り、色紙に「どの子も我が子」と書いた。

「考えることがいろいろあって……。みんな、貴乃花部屋の時から知っている子たち。考える間もなく引き受けたけど、自分の子供みたいに生活していけばいいんだなと思ったんです」

SNSで発表すると、相撲ファンの支持を集め、新千賀ノ浦部屋は順調に船出した。

慶事も不祥事も嵐のようにやってきた半年間

ここから激動の日々が始まった。

平成30年11月、貴景勝が初優勝。12月、貴ノ岩が冬巡業中に付け人に暴力を振るっていたことが発覚し、責任を取って引退。翌31年3月、貴ノ富士が再十両。3月場所後、貴景勝が大関昇進。慶事も不祥事も嵐のようにやってきた。貴乃花部屋の力士を受け入れた直後のことで、特に不祥事については師匠に同情する声もあったが、正面から受け止めた。

「この半年で、普通の部屋の師匠がやる10年分くらいのことをやったんじゃないかと思います。その時その時で話し合いを重ねてきました。貴ノ岩の件はいろいろ言われました。でも、ウチの部屋に来て、弟子になったわけですから、私の責任になります」

貴景勝のことは、貴乃花部屋の部屋付き親方だったころに入門から幕下までを間近で見てきた。千賀ノ浦部屋に来た時は、格段に成長していた。優勝し、大関昇進につなげたことについてこう語った。

「度胸がいいんですよ。そして、切り替えが速い。だから、押し相撲でも連敗しない」

師匠が角界に入ったのは、中学を卒業した昭和51年3月。横綱初代若乃花の二子山部屋で育った。

「当時はあいさつ代わりにゴツンとやられて育てられた。塩や泥を食わされて、それでもぶつかっていった。僕らはゲンコツの1つや2つはなんとも思わなかったけど、今の時代は通用しないし、今の世の中には合っていない。師匠と弟子の関係も変わってきています。それでも、一緒に生活していれば、みんなかわいくなりますよ。それはどの師匠も同じじゃないですか」

数年前には想像もしていなかった日々を今は前向きに受け入れている。

「日々、勉強ですよ。勉強させてもらっています。夢はもっと関取衆を出すことです。白廻しがどんどん増えたら、稽古場にもっと活気が出てきますから」

看板のはなし

千賀ノ浦部屋

先代師匠の父が書いた、珍しい看板を継承

部屋とともに看板もそのまま継承した。看板の書き手は先代師匠の父、舛田実氏。「オヤジは字を書くのが好きだったから、思い出になると思って書いてもらった」と先代。親族の書による看板は珍しい。

東京都・墨田区

出羽海部屋

師匠＝元幕内小城ノ花

角界屈指の伝統を誇る名門。先代の元関脇鷲羽山が平成26年4月に停年を迎えるに際し、高崎を名乗っていた元小城ノ花が名跡を変更、同年2月1日付で継承した。主な関取は、関脇御嶽海、十両出羽疾風。

横綱を9人も輩出した名門部屋。近年は関取が途絶えて苦しんできたが、部屋38年ぶりとなる御嶽海の優勝で名門復活へ

力士らが100人以上在籍していた昭和41年に建てられたため、とにかく広い。この4階建てができた時は「ホテル出羽海」と呼ばれた逸話がある。

出羽海部屋名物の巨大な火鉢。師匠が入門する前から受け継がれていた年代物。

稽古見学者には外国人観光客が多い。
2階は師匠の自宅、3階は関取衆の個室、
4階は若い衆の大部屋になっている。
屋上に稲荷神社がある。

午後10時消灯
午後11時門限

稽古場への出入口

伝統の出羽海部屋。建物ができた当時は周囲に高い建物がなく、屋上から富士山が見えた。

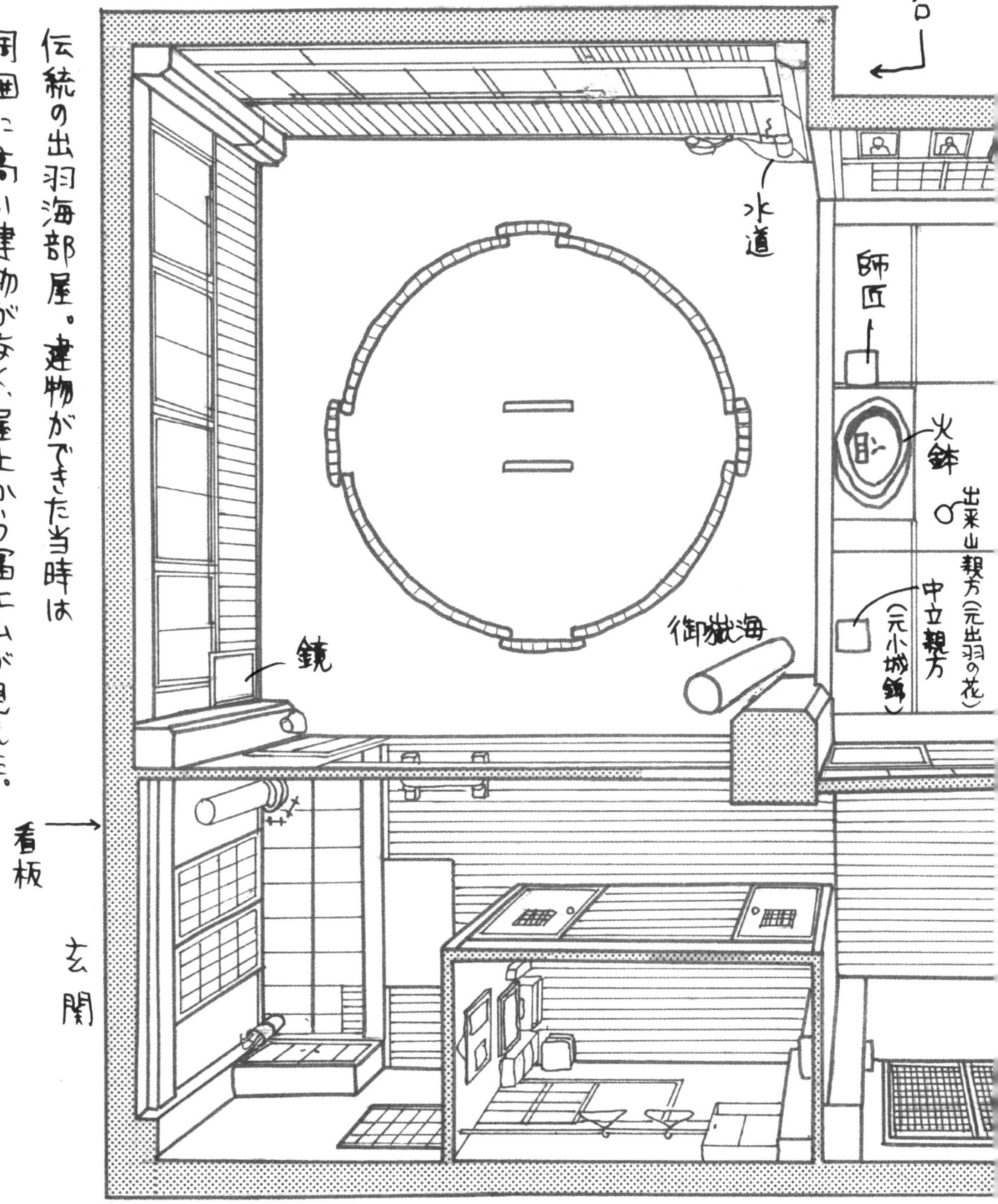

水道

師匠

火鉢

出来山親方（元出羽の花）

中立親方（元小城錦）

御嶽海

鏡

看板

玄関

通称「事務所」
稽古後、力士たちは、ここでマゲを結ってもらう。電話番は、2人が事務所に常駐。午後10時に1人が残り、ここで寝る。

 出羽海部屋◎〒130-0026東京都墨田区両国2丁目3番15号 ▷地図 P195

簡単には決断できなかった名門継承の重さ

上がり座敷の真ん中に、年代物の火鉢が置いてある。重さは100キロを優に超え、力士5、6人掛かりでやっと動く。出羽海部屋の名物だ。その右側に出羽海親方（元幕内小城ノ花）、左側の少し離れたところに師匠の実弟である中立(なかだち)親方（元小結小城錦）がそれぞれ座って稽古を見守る。

「特別話し合ったわけじゃないけど、中立は相撲がうまいし、技術面の指導は任せている。総合的なことは私が見ています」（出羽海親方）

兄弟ならではの「あうんの呼吸」で稽古場を仕切っている。

現師匠が部屋を継承したのは、平成26年2月1日。横綱9人、理事長3人を輩出した角界随一の名門ゆえ、「出羽海」を継ぐことは簡単には決断できなかったという。

「悩んだどころじゃない。何年か前、『誰が継ぐんだ?』という話になった時も『俺はやらないよ』と言っていた。具合が悪くなるくらい悩んで決めた。『出羽海』は、なくしちゃいけない名前だし、後継者を作るのも仕事かなと思いました」

部屋の建物は、現存する相撲部屋としては最古となる昭和41年8月に建てられた。以来、元幕内出羽ノ花、元横綱佐田の山、元関脇鷲羽山、そして当代と師匠が4代にわたって変わっても、この稽古場を含む建物は継承されてきた。

半世紀以上前の部屋開き当時、横綱佐田の山、大関北の冨士ら幕内7人、十両3人を含め、力士は69人。親方衆、行司、呼出し、床山も含めれば、相当な大所帯だった。ゆえに、稽古場も建物も、すべてが大きい。階段は力士3人が横に並んで歩けるほどの幅があり、ちゃんこ場も広々。当時を知る元床安の西村安士氏はこう証言する。

「私が入門した時は、100人以上が部屋にいた。だから、幕内下位の関取がサインを書いても『顔じゃない』なんて言われていた。当時の関取は、付け人を十両に上げるまではやめちゃいけなかった」

苦しみも悲しみも乗り越えてきた稽古場

この稽古場は、苦しみも悲しみも乗り越えてきた。出羽海親方は、生きのいい若手が入ると思い出すことがある。自身が幕下だったころにアマ横綱で2学年上の久嶋が鳴り物入りで入門。部屋で最初の稽古は昭和62年12月20日。久嶋にとって初めての申し合いが始まり、小城ノ花も加わったが、あっさり負けた。

「いきなり羽目板まで飛ばされて……。翌日の新聞には、『久嶋が3発で小城ノ花を飛ばした』と書かれましたよ（笑）」

悲劇もあった。平成2年2月2日、龍興山が22歳で死去。稽古場から屋外の通路に出たところで倒れた。元佐田の山の師匠が窓から慌てて飛び出して介抱した。救急車で運ばれたが、帰らぬ人となった。

出羽海親方は今も忘れない。

「ぶつかり稽古で胸を出したあとだった。前の日、雪が降ったんです。その次の日の稽古でした。暖かいところから急に寒いところに出た影響が、あったのかもしれない。龍興山とは歳も一緒。幕下も新十両も新入幕も一緒だった。どこでも隣り合わせで寝ていた。久嶋が2人の中に入ってきて、いつも3人で稽古して、いい刺激になっていたんです。龍興山が亡くなってからは、部屋全体が暗くなって、稽古にも身が入りませんでした。翌日は節分の豆まきに行く予定だったんですが……」

その後も歴史を紡いできた名門だが、近年は苦しんだ。平成22年7月場所で普天王が幕下に陥落すると、１１２年間も続いた部屋の関取が途絶えた。出羽疾風が新十両に昇進するまで、それから4年以上も要した。独立していた元久島海の田子ノ浦親方が24年2月に急死し、部屋が閉鎖。その弟子の海龍らが、本家の出羽海部屋に転籍してきた。

「久嶋の弟子を預かったのも、何かの縁。海龍をはじめ、上がってほしい。一番うれしいのは、弟子が十両に上がることなんです」

平成27年に御嶽海が入門してきてからは、一気に部屋が華やいだ。30年7月場所では、三重ノ海以来となる38年半ぶりの優勝賜杯を出羽海部屋に持ち帰った。それでも浮つくことなく、日々の稽古が続く。出羽海親方は名門の重みを背負いつつ、盟友の思いも胸に稽古場に下りている。

看板のはなし

出羽海部屋

相撲字を崩した書体で、長年使われてきた出自不明の看板

縦書きで、相撲字をやや崩したように書かれた看板で、筆者は不明。師匠が入門した当時から変わらずにあるそうで、長年使われていることは間違いないが、詳細はわからない。

東京都・墨田区

時津風部屋

師匠＝元幕内時津海

横綱双葉山が昭和16年に「双葉山道場」として設立。元横綱鏡里、元大関豊山、元小結双津竜と継承された。平成19年6月の不幸な事件で当時の師匠が解雇され、現師匠が引退して継承した。主な関取は、関脇豊ノ島、正代、小結時天空、幕内土佐豊。

大横綱双葉山が創設した「道場」。当代師匠の自主性を重んじる空気感が横綱鶴竜をはじめ、関取衆を引きつけている

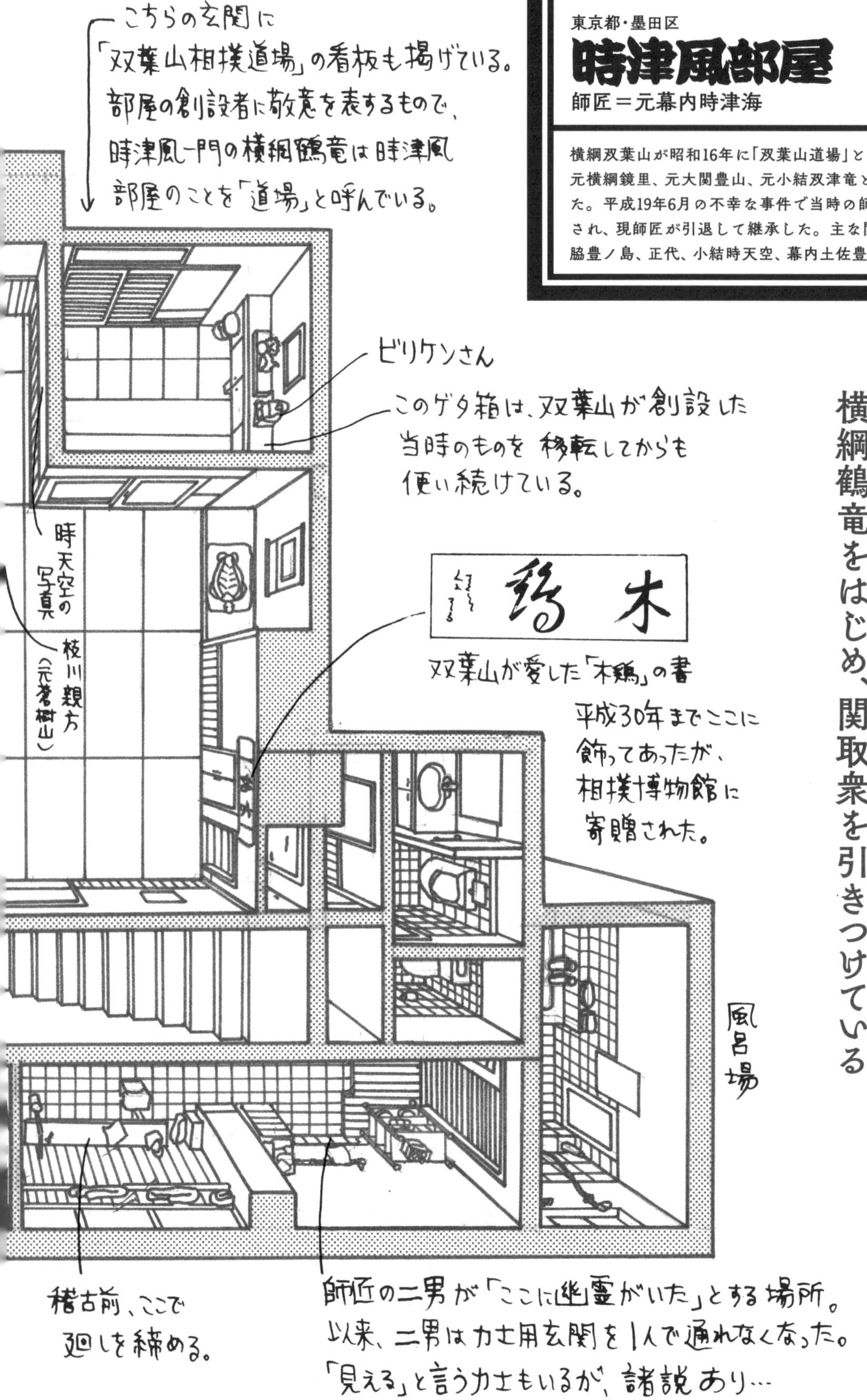

こちらの玄関に「双葉山相撲道場」の看板も掲げている。部屋の創設者に敬意を表するもので、時津風一門の横綱鶴竜は時津風部屋のことを「道場」と呼んでいる。

ビリケンさん

このゲタ箱は、双葉山が創設した当時のものを移転してからも使い続けている。

時天空の写真

枝川親方（元蒼樹山）

木鶏

双葉山が愛した「木鶏」の書

平成30年までここに飾ってあったが、相撲博物館に寄贈された。

風呂場

稽古前、ここで廻しを締める。

師匠の二男が「ここに幽霊がいた」とする場所。以来、二男は力士用玄関を1人で通れなくなった。「見える」と言う力士もいるが、諸説あり…

稽古場は広く、立地もいいため、多くの力士が出稽古に訪れる。
上階は分譲マンションで、1階は稽古場、2階が大部屋。
3階に関取用の個室4つと師匠の自宅。

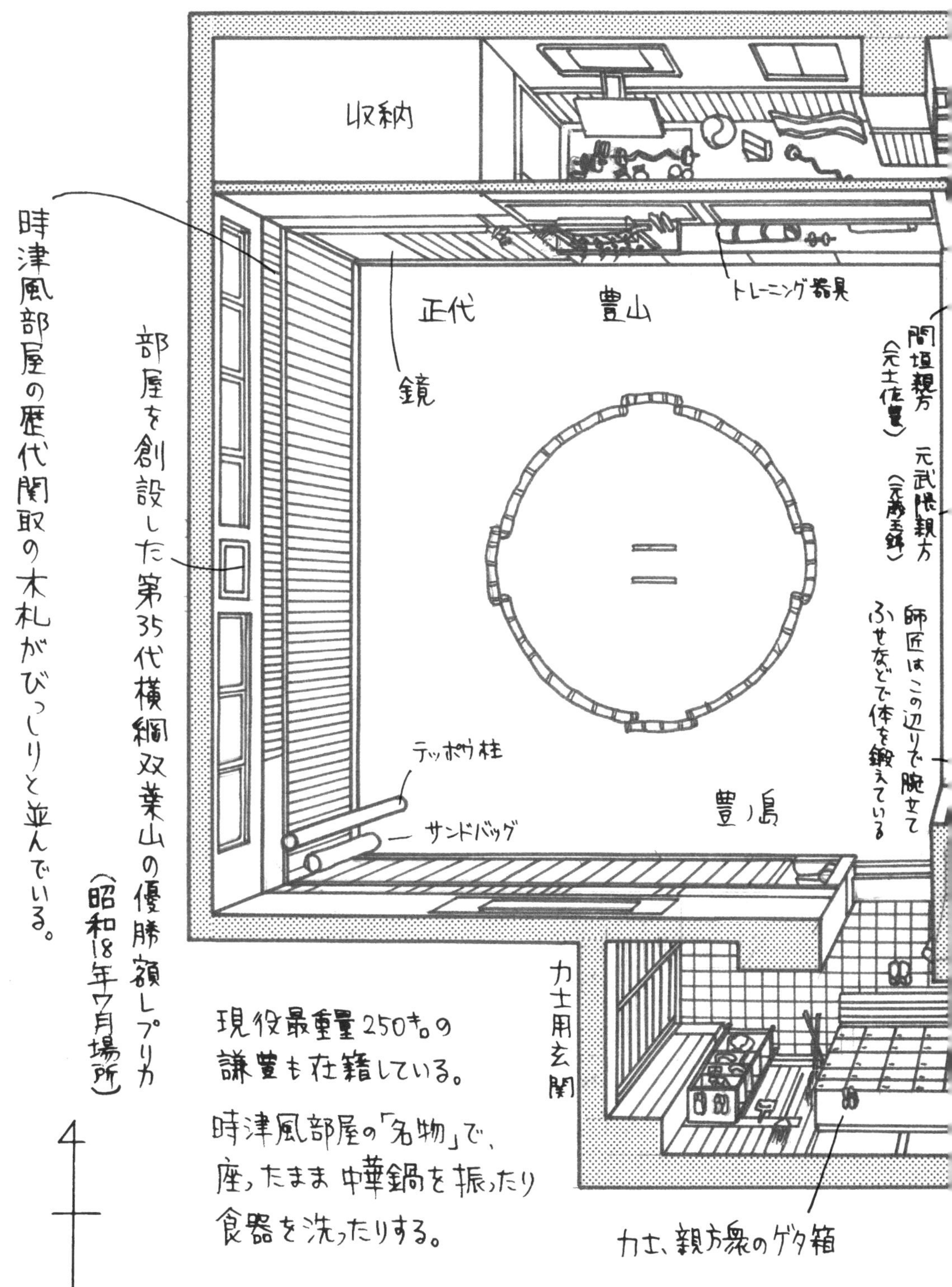

急きょ部屋を引き継いだ中で助けてくれたのは東農大の先輩後輩

元時津海の時津風親方は、部屋の風通しのよさをこう表現する。

「若い衆がめっちゃかわいいよ。怒ることはない。仲よく、友達みたいな関係で全然いい」

師匠の言うことは絶対で、弟子は安易に話し掛けられない――。そんな昔ながらの師弟関係は、ここにはない。弟子からなめられたりしないのだろうか?

「しない。若い衆もこういう関係のほうがよく考えてくれる。ガミガミ言うのは嫌なんです。大学（東京農業大学）の時は、先輩に口もきけなかった。それが嫌。ウチの部屋は、新弟子でも絡んでくるよ。普通ならなかなか口もきけないのかもしれないけど」

師弟関係がフランクであるため、稽古場に殺伐とした空気はない。各力士は自覚を持って、やることをやる。番付発表後は、時津風一門を中心に、多くの部屋から関取が出稽古に集まってくる。横綱鶴竜を筆頭に10人以上の関取が揃うことも珍しくない。JR両国駅に近いという立地のよさもあるが、師匠がうるさく言わない、自主性を重んじる空気感が、関取衆を引きつけているのかもしれない。

最初からそうだったわけではない。今の師匠は、最悪のタイミングで部屋を継承した。平成19年6月に、7月（名古屋）場所の稽古場で力士暴行死事件が発生。この事態を受け、同年10月に元双津竜の先代（平成26年に死去）が日本相撲協会から解雇された。そして、幕内力士だった時津海が急きょ引退し、部屋を引き継いだ。

新師匠として、謝罪行脚の毎日が始まった。自身はもちろん、子供も車も写真週刊誌のターゲットにされた。事件に関わった力士3人は解雇になった。部屋の代表者として謝罪する一方、将来の見通しは立たなかった。

「弟子が入るか心配だった。不安でした」

そんな中、助けてくれたのは東京農業大学時代の先輩、後輩だった。卒業後、農業高校や中学の技術科の教員になり、相撲部の指導をしている関係者が多く、頼りになった。時津風親方のことを知っているからこそ、「あの親方なら大丈夫だから」「ああいうことはもうないから」と言って、入門者を送り出してくれた。

正代（しょうだい）や豊山も東京農業大学出身。縁のない入門者はほぼいない代わりに、東農大のつながりをきっかけとする新弟子は途切れることがない。自然と、ややおとなしめで人のいい力士が顔を揃えるようになった。

あの不祥事を忘れてはいけないが、今の力士と結び付けてものを言う人はいなくなった。

横綱を出したい、出てほしい それが今後の夢

師匠自身の気持ちも、時間とともに変化があった。周囲に説得されて引退し、師匠になったあのころとは違う。

現役への未練については、「やめた直後ではなく、やめてちょっとしてから相撲を見たりした時に出てきた。バリバリ元気な時だったので。だから、柔道で全日本選手権に出ようかと思ったくらい」とふり返る。引退してからも廻しを締めて稽古場に下り、体を鍛えてきた。

「自己満足だった。鍛えてどうなるもんでもないのにね……」

平成29年5月に、ヘルニアの手術を受けてからは、土俵への未練は自然に消えたと言う。

平成29年1月には、元時天空の間垣親方が37歳で死去。稽古場を見つめるように遺影を掲げてある。土俵では自分にも人にも厳しくできた人だけに、時津風親方は、「ああいう人が1人いたら、稽古が締まる」と懐かしむ。その役割は、アキレス腱断裂から復活し、部屋の最古参力士となった豊ノ島が務めつつある。

今や時津風親方は、師匠という立場について「やりがいがありますね」とはっきり言う。今後の夢を「横綱を出したい。出てほしいな」と語る。もともと時津風部屋は大横綱の双葉山が創設し、現在の建物は双葉山に育てられた先々代（元大関豊山）が造った。

当時から、稽古場には双葉山の優勝額レプリカ（昭和18年7月場所）がある。羽目板やテッポウ柱などは、双葉山が師匠だったころの稽古場から引き継いだ。「双葉山相撲道場」の看板も掲げている。史上最多69連勝を記録した相撲の神様も、後輩たちの活躍を待っている。

看板のはなし

場道撲相山葉双

時津風部屋

双葉山が部屋を興した当時の看板も掲げられている

部屋の玄関には、「時津風部屋」と書かれた木製看板のほかに、青銅で造られた「双葉山相撲道場」の看板も掲げられている。昭和34年12月の時津風部屋完成当初から伝わるもので、独特の風合いと重みを醸し出している。

東京都・墨田区

友綱部屋

師匠＝元関脇旭天鵬

先代の元関脇魁輝が、平成元年5月に継承。24年4月に大島部屋を吸収合併した。この時移籍してきたのが現師匠で、27年7月の引退後は部屋付き親方だったが、先代の停年を受けて29年6月に継承した。主な関取は、小結魁聖（元関脇）、幕内旭大星。

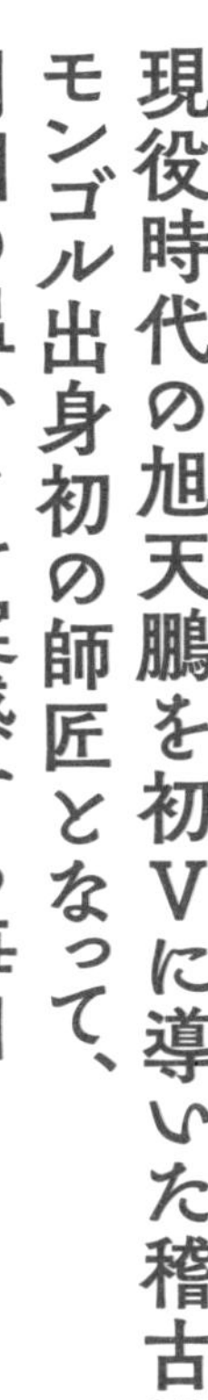

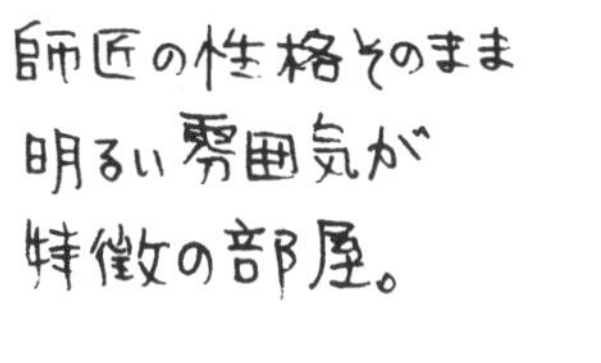

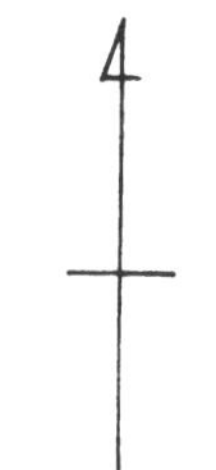

外のこのスペースは
2台とめられる
駐車場

1階は稽古場、ちゃんこ場など。
2階は師匠の自宅、3階は
大部屋と関取用の個室が2つ。
4階にも個室が2つあり、こちらは
大島部屋と合併した時に新しく
造られた。

男性用トイレ

女性用トイレ

部屋のルール
・門限は資格者午前0時
若い衆は午後11時。
・お客様の飲食は
昼は午後1時半、夜は
午後8時半まで。
※力士の休養時間に
充てるため。

玄関

← 看板。師匠交代をきっかけに
新しく掛け替えた。

調理場
ちゃんこ長は魁ノ若。

午後には旭大星や魁錦が稽古場で
四股を踏んだりして汗を流すこともある。

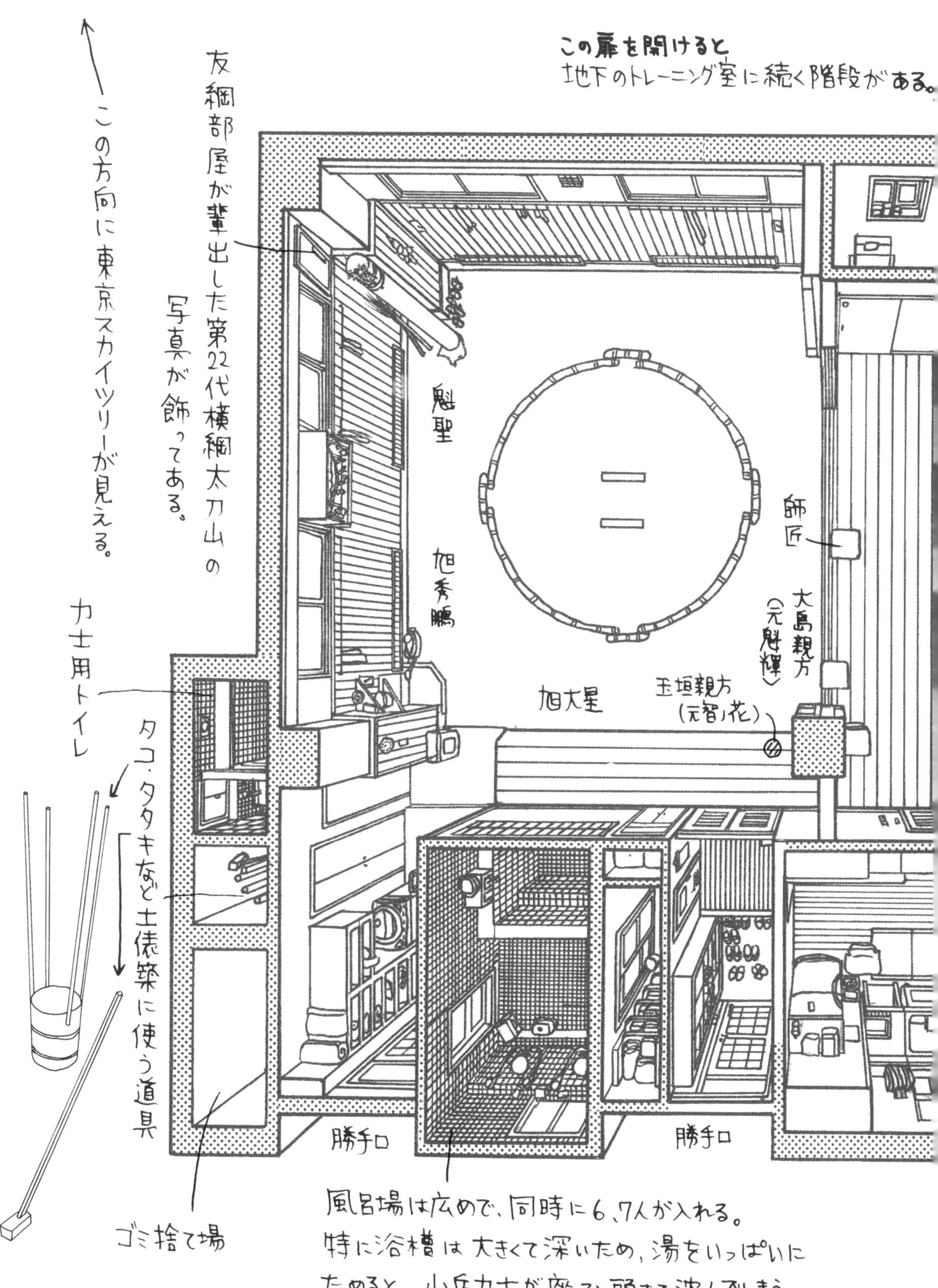

 友綱部屋◎〒130-0002東京都墨田区業平3丁目1番9号 ▷地図 P195

継承して約1年後に旭大星が新入幕を果たす

元関脇旭天鵬の友綱親方は、まだ現役だった平成24年4月、大島部屋から友綱部屋に移籍した。当時の大島親方（元大関旭國）が停年を迎えたためだった。旭天鵬が引退して部屋を継承する話もあったが、現役続行を望んで新しい環境に飛び込んだ。友綱部屋として臨んだ最初の本場所で、いきなり優勝。37歳での初Vは、今も最高齢記録として残る。この稽古場は、縁起がいいのかもしれない。

旭天鵬は、平成27年7月場所を最後に引退した。部屋付き親方をへて、29年6月に先代友綱親方（元関脇魁輝）の停年にともない、友綱部屋を継承した。人望が厚く、人脈も広いが、師匠になって今までとは違う感情もわき上がったと言う。

「悩みというよりは、不安があった。この部屋は、自分が一から作ったわけじゃない。受け継いだわけだから、（師匠が）旭天鵬に変わったらダメになったと思われることが一番怖かった。成績が落ちて、後援会も減って、そうなってしまうのが怖かった」

幸いにも、継承して約1年後の平成30年5月に、かつては付け人だった旭大星が新入幕を果たした。部屋は順調に滑り出した。

「みんなが相撲に集中していけるようにしたい。僕のためじゃない、本人のため。でも、みんながいないと部屋が成り立たない。この部屋がいいなと思ってお客さんたちも来てくれるから、そのお客さんにもそれなりの対応をしてほしいと思う。それは教えていかないといけない」

友綱部屋は特に、応援してくれる人たちを大事にする。そこには、モンゴルからの力士1期生として来日し、モンゴル出身初の師匠になったからこその思いがある。

「俺らって、こっちに地元がない。日本人の力士には地元があるから、そこに後援会ができる。外国から来るとそれがない。地元がないので、日ごろから応援してくれる人と付き合っていくしかない。十両に上がれば化粧廻しが必要になるし、結婚もするし、当然引退もする。全部1人でやれるわけじゃない。日ごろのお付き合いなしに、その時だけ『お願いします』と言ったって、協力してもらえない」

最大のファンサービスは力士が勝って番付を上げること

角界ならではの後援者との大事な関係がわかるからこそ、師匠は力説する。今でこそ、行く先々で人が集まり、誰からも声を掛けられる友綱親方だが、若いころはそれがわからなかった。

「20代のころ、人見知りが激しかった。（後援者に）相撲のことを言われると、『お前、やったことねえだろ』とまず先に思ってしまった。やってるのは俺だと。だけど、その人も、勝ってほしいから言ってくれる。だんだん、そう考えるようになりました」

今は、初めて稽古見学に訪れる人も温かく迎え入れ、相撲に親しんでいってもらいたいと願う。親しい後援者が来れば、丁重にもてなす。一方、力士が力を出せるように配慮する。稽古場の上がり座敷には「友綱部屋規則」が貼ってあり、その一部にはこう書いてある。

来客対応　お客様の飲食について
昼　13時半まで
夜　20時半まで
※力士の休養時間に充てるため

最大のファンサービスはやはり、力士が勝って番付を上げることだという点は忘れていない。そのためにどう稽古すればいいのかは、今も毎日頭を悩ませる。

「今の子は長時間の稽古はもたない。だから、短く集中してやればいいと思う。ダラダラやるより、内容のある稽古。昔と違うのは、体で覚えさせるのではなく、口で言って指導しないといけないところ。世代が違うし、世の中も変わってきているから。本当はもっと厳しくやりたいんだけど、昔のようにはできないし、厳しさには耐えられない。どこかが痛いと言ってきたら無理はさせられない。だから、明るくやっていく。もがいている最中ですよ」

心の支えになっているのは、迎え入れてくれた先代友綱親方と入門時から育ててくれた元旭國の大島親方。

「時々会いますよ。『頑張っているか？』なんて言ってくれる」

師匠になってからさらに、周囲の温かさを実感する毎日だ。

看板のはなし

友綱部屋

継承にともない心機一転。政治家が揮毫したシンプルな看板

平成29年6月の継承にともない、看板も替えた。先代時は横書きだったが、今回は縦書きに。材質はケヤキで、政治家の深谷隆司氏が揮毫した。友綱親方は「シンプルで格好いい、すごく引き立つ」と話している。

平成30年3月場所から春日龍が弓取りを務めている。白鵬や鶴竜の付け人を務める力士も多く、中川部屋は陰で横綱や協会を支えている。

神奈川県・川崎市

中川部屋

師匠＝元幕内旭里

部屋の前身は春日山部屋。当時の師匠（元幕内濵錦）が退職し、平成28年10月19日に追手風部屋預かりとなった。追手風部屋の部屋付き親方だった現師匠が29年1月26日付で中川部屋として継承した。同年5月に移転。

旧春日山部屋を中川部屋として継承。残った力士も落ち着きを取り戻し、不安は希望に変わりつつある

部屋の外にJリーグの川崎フロンターレから贈られた幟が立っている。

風呂場

玄関

もともと会社の事務所だった建物をリフォームして相撲部屋にした。
1階は稽古場、ちゃんこ場など。2階は大部屋と関取用の個室。
3階は親方の自宅。稽古場にはトラック8台分の土を入れた。

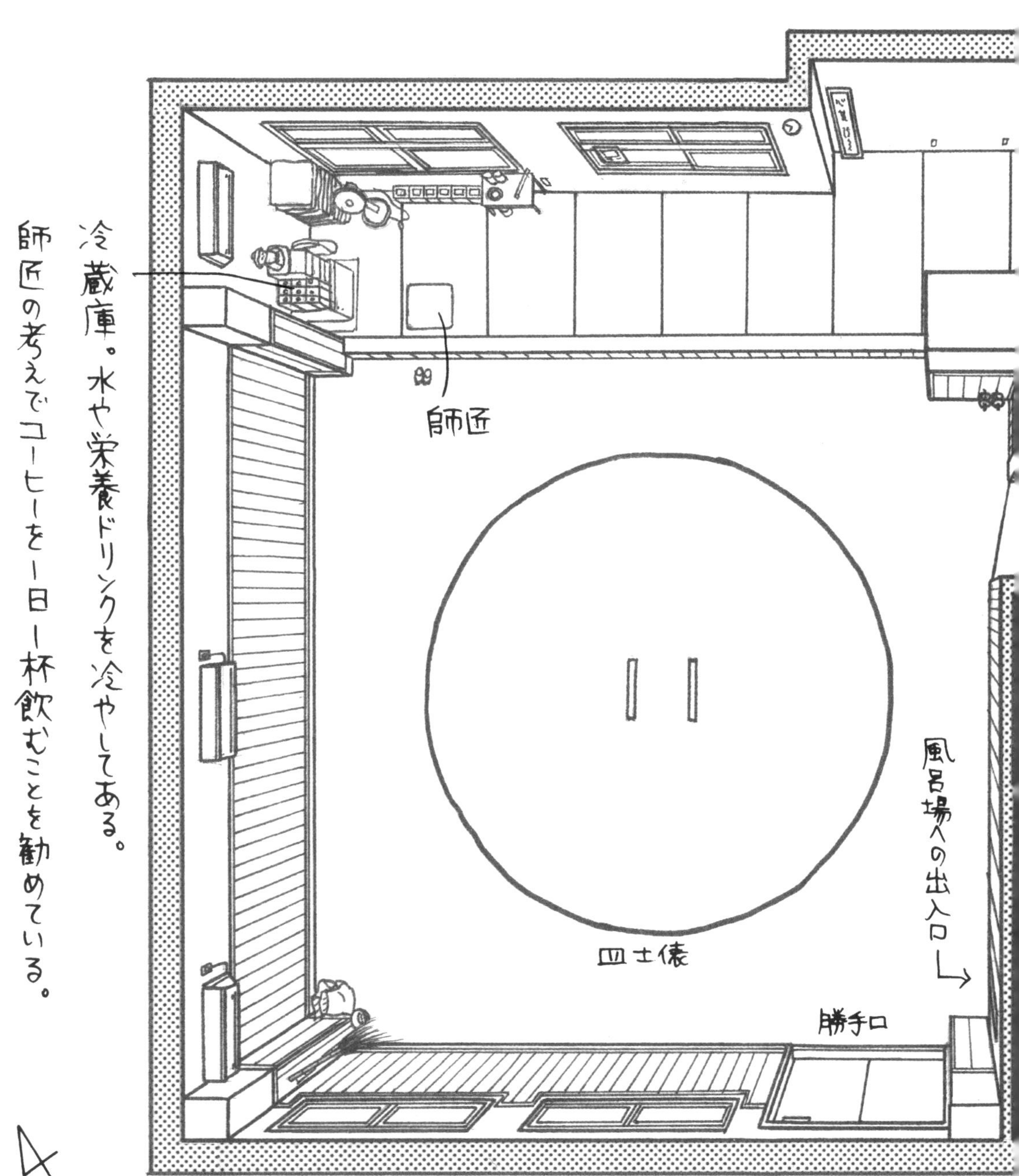

冷蔵庫。水や栄養ドリンクを冷やしてある。
師匠の考えでコーヒーを一日一杯飲むことを勧めている。
師匠
土俵
風呂場への出入口
勝手口

川崎フロンターレとの交流は春日山部屋の時から続いている。
力士がフロンターレ主催時にちゃんこ店を出したり、
フロンターレのサポーターが本場所に応援に来たりする。

元幕内旭里の新師匠のもと力士たちは関取を目指す

「いつも思うんです。人生、どこでどうなるかわからない。だから、みんなにも言うんです。まず、頑張って行こうと」

中川親方は、実感を込めて言う。中川部屋は、予期せぬ流れで誕生した。この部屋の前身は平成9年に元幕内春日富士が再興した春日山部屋だが、当時の師匠が平成24年1月場所後に協会理事に当選したあとから、予想外の事態が次々に起きた。

元春日富士は理事職に注力するため、追手風部屋の所属だった元濱錦を迎え入れて当選直後に師匠交代。自らは年寄「雷（いかづち）」として春日山部屋付き親方になった。だが同年9月、週刊誌にスキャンダルが報じられたあと、一身上の理由で協会を退職した。

部屋の継承にあたっては、金銭面などで折り合いがついていなかったため、年寄「春日山」の名跡証書は元春日富士が退職後も保持したままだった。25年11月、元濱錦は「年寄名跡の証書を退職後も不当に所持している」として、元春日富士に対し訴訟を起こした。この裁判に時間がかかり、証書がない元濱錦は28年10月に協会側から辞任勧告を受けてしまう。弟子が師匠を守るために嘆願書を出し、記者会見を開く事態にまで発展したが、協会側の姿勢は変わらず、元濱錦は師匠辞任勧告を受け入れた。部屋は追手風部屋預かりとなり、中川親方が師匠代行を務めることになった。同時に、10人以上の力士が引退し、翌年1月には元濱錦が退職。旧春日山部屋を中川部屋として継承することが決まったのは、29年1月26日の理事会でのことだった。

一連の流れを簡潔にふり返っただけでも、事態の複雑さがわかる。同年2月に裁判は和解したが、3月に元春日富士が死去するというショッキングな出来事もあった。

こうして誕生した中川部屋。巻き込まれた力士たちは、たまったものではない。落ち着かない日々を過ごし、師匠2人が協会を去り、仲間も失った。残ったのは9人の若い衆。やって来たのは、今までかかわりがなかった元幕内旭里の新師匠だった。

力士たちと毎日話し合い信頼される存在となる

中川親方は言う。

「師匠代行となった11月場所の時は、力士たちと毎日話しました。残った9人は相撲を頑張って取っていこうという気持ちはありましたが、向こうは私のことを知らない。不信感もあったでしょう。大人の事情で、師匠が2人、3人と変わったのですから。本当にいろいろあった子たちだから、心の痛みはあったと思う。『遠慮なくなんでも言ってきてくれ』と伝えました」

頼りになったのは、当時のベテラン力士4人。最古参だった春日浪（当時は春日波、平成29年11月に引退）は、これまでの後援者とのつながりにも配慮し、春日岫（当時は春日嶺）はちゃんこ長として支えた。元幕下筆頭の春日国（令和元年9月に引退）は、稽古場で後輩たちを引っ張った。春日龍は、部屋全般のことに気を配った。

稽古内容は、旧春日山部屋でのやり方を尊重した。重視したのは準備運動。空白の期間を取り戻すべく、約1時間半かけてじっくりと基礎から固めている。当初は旧春日山部屋の稽古場を使ったが、5月場所中に移転し、7月場所後から現在の部屋で稽古を始めた。

「師匠を引き受けるかどうか、すごく悩みました。中途半端な気持ちではできませんから。不安だらけでしたが、（ベテランの）4人をはじめ、人に恵まれた。早く関取を出したいし、新弟子も増やしたいですね」

神奈川県川崎市にある唯一の相撲部屋として、先代から続くJリーグ川崎フロンターレとの友好関係も再び軌道に乗せた。令和元年5月のJリーグの試合では、若い衆が各種イベントで盛り上げたが、始球式に登場したのは川崎市出身唯一の関取、友風（尾車）だった。中川親方によれば、友風に気を遣わせてしまったという。

「早く、ウチから関取が出ていれば、なんの問題もなかったんです」と苦笑いする。

今は環境が整い、稽古に集中できるようになった。

「師匠（元大関旭國）には『大変だぞ』と言われました。師匠のおかみさんが、ウチの女房の相談にいろいろのってくれて……。着物もいただいたようなんです。本当にありがたいです」

周囲のゴタゴタは過去の話になり、中学横綱の吉井が入門するなど、今は希望が見えている。

看板のはなし

中川部屋

師匠の出身地、大阪府池田市の市長による個性的な書

看板の文字は、部屋移転時に大阪府池田市の市長を務めていた倉田薫氏によるもの。池田市出身の親方が市の観光大使を務めている縁もあり、書いてもらった。大きく、個性的な書体。

東京都・墨田区
鳴戸部屋
師匠＝元大関琴欧洲

引退後、佐渡ケ嶽部屋の部屋付き親方だった元大関琴欧洲が、平成29年4月1日付で内弟子2人を連れて独立した。ヨーロッパ出身者としては、初めての師匠。仮住まいをへて、墨田区内で移転し、令和元年6月8日に新しい部屋の土俵開きを行った。

ブルガリアからやってきた鳴戸親方。進取と伝統を組み合わせ、従来はなかった相撲部屋を実現

1階は稽古場など。2階は大部屋とちゃんこ場。3階は個室3つと大部屋。4階は師匠の自宅。

これが自慢の風呂場。浴槽が2つあり、温水と冷水に分かれている。交代浴をすることにより、血流をよくして疲労回復に努めている。

テッポウ柱は太め。「お相撲さんの体は太いからテッポウ柱も太いほうがしっくりくる」（師匠）

稽古場に貼ってある目標設定シート

こちらは通りに面していて窓を大きく取っているため、外からでも稽古を見ることができる。

稽古の最後に、日本相撲協会錬成歌を全員で歌う。
これは師匠が育った佐渡ケ嶽部屋と同じ。
佐渡ケ嶽部屋より、やや テンポがゆっくり目。

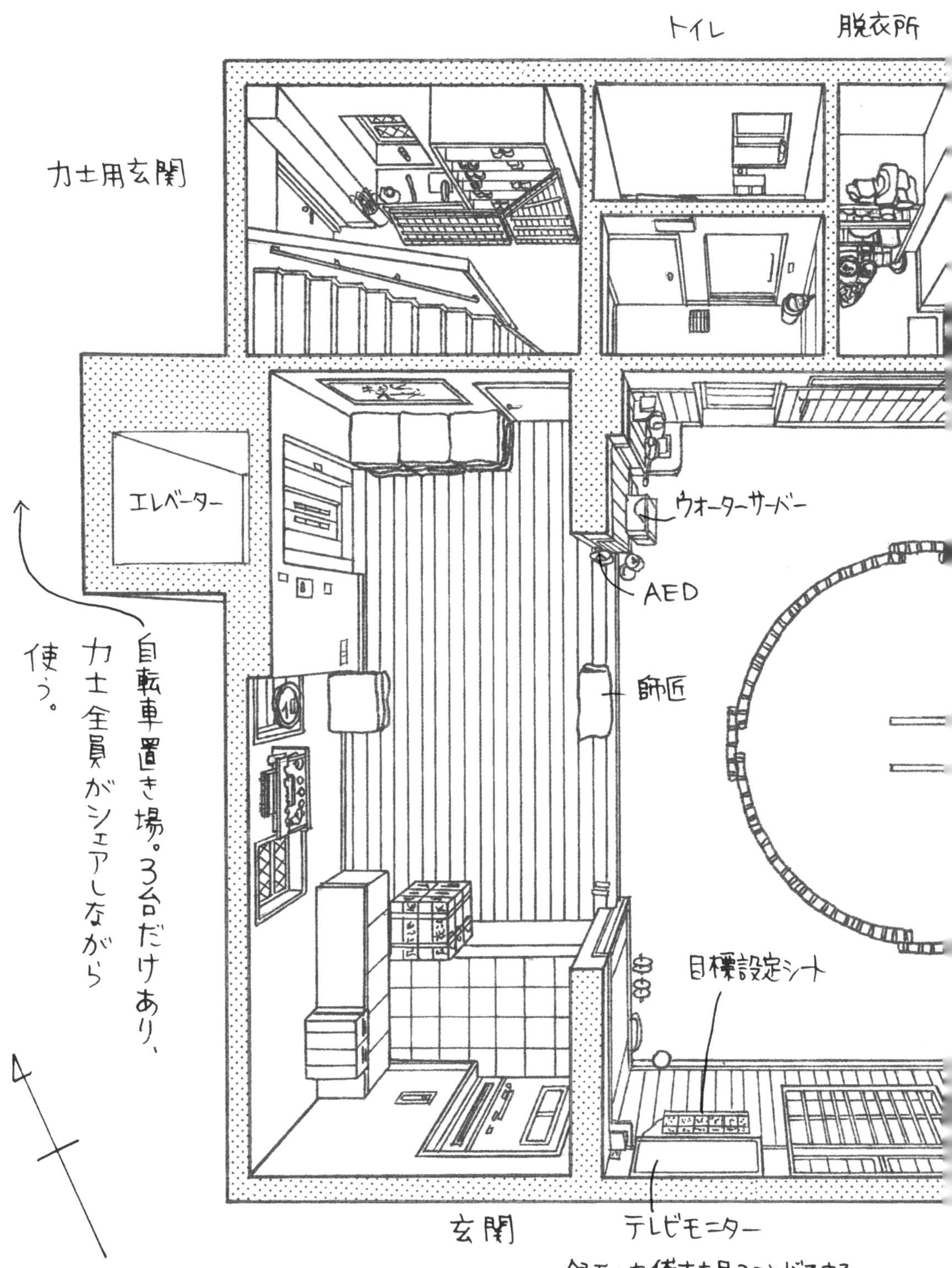

 鳴戸部屋◎〒131-0003東京都墨田区向島1丁目22番16号 ▷地図 P195

お菓子工場をリフォームして相撲部屋にしたため
鉄骨がむき出しの内壁もあった。
工場時代の名残りがあちこちにあった。

冷蔵庫には明治ブルガリアヨーグルトが大量に
常備されていた。師匠が
ブルガリア出身ということもあり
現役時代から支援を受け
CMに出演したこともある。
明治から贈られた化粧
廻しはあまりにも有名に
なった。

→ 今も毎日欠かさず
食べている。

調理場

消灯の時に
ガスの元栓
お湯のスイッチは
切ること!! 鳴戸

ここのスペースは
ガレージ兼倉庫に
なっていた。

玄関の扉は
おしゃれだった。

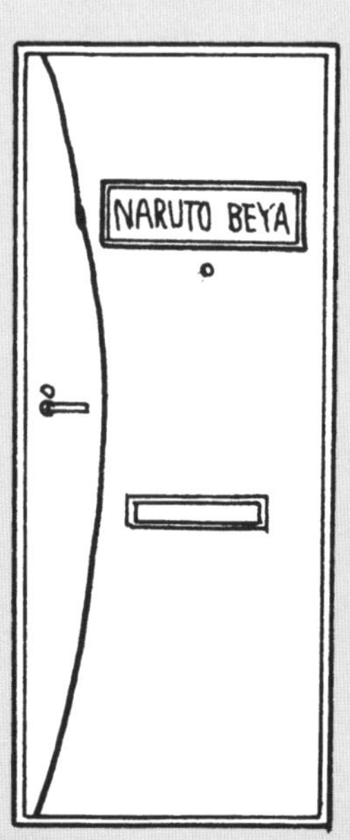

佐渡ヶ嶽部屋の伝説の
ちゃんこ長 元三段目琴吹雪が
引退後、ちゃんこを作りに
来たこともあった。

上がり座敷は8畳。
稽古後のちゃんこは、みんなで卓を囲んで
ここで食べる。

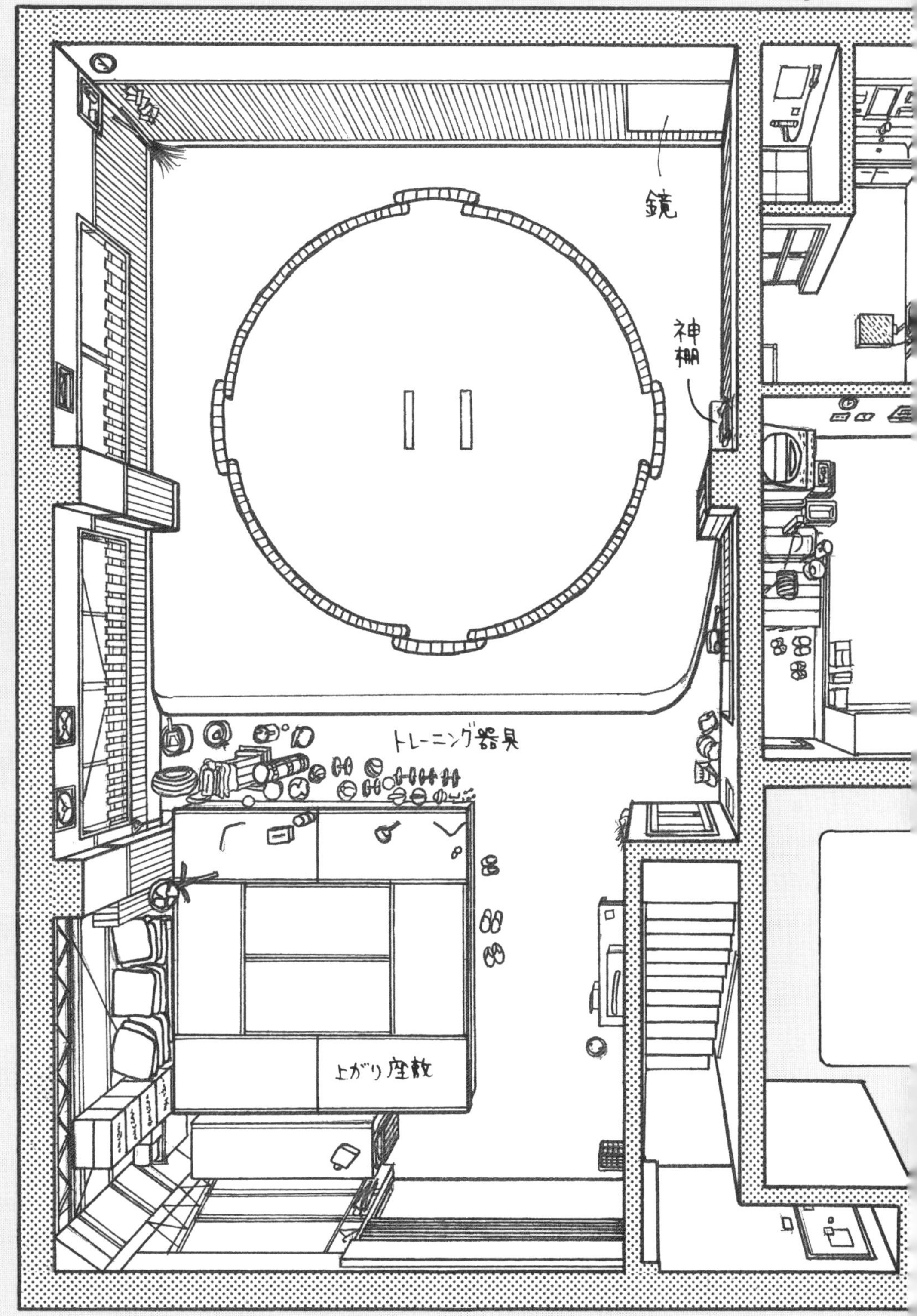
シャワールーム。浴槽がないため、全員で時々、銭湯に行っていた。
師匠は独立してからずっと廻しを締めて自ら胸を出しながら指導している。
鏡
神棚
トレーニング器具
上がり座敷
こちら側は通りに面していて、シャッターが上がっていると外から稽古を見ることができた。

師匠のこだわりが詰まった集中して稽古できる環境

東京スカイツリーから見下ろせる好立地に、新しい鳴戸部屋はできた。元大関琴欧洲の鳴戸親方は平成29年4月に独立し、約2年の仮住まいをへて、令和元年6月に部屋開きを行った。

部屋の造りにも、稽古の内容にも、師匠のこだわりがたっぷりと詰め込まれている。まずは稽古場。稽古の様子を撮影するビデオカメラが1台取り付けてある。過去2カ月分がデータとして蓄積され、稽古場にあるモニターですぐに確認することができる。

鳴戸親方は、「自分で自分の動きを見ると、気づくことがいっぱいある。自分でイメージを持っていても、映像で見てみると違うことがある。現役の時に自分の稽古を見てみたかった」と説明する。今後はカメラを8台に増やし、土俵を360度あらゆる角度から撮影することも検討中だ。

稽古は約2時間。「集中してパッとやる」ことが狙い。師匠が現役の時から取り組んでいたTRX（吊り革を長く伸ばした形のトレーニング器具）を導入し、体幹やバランス感覚の強化にも努めている。稽古中に縄跳びをやらせることもある。

「瞬発力を上げられるし、心臓も鍛えられる。ワンパターンの稽古だと筋肉は成長しないから」

テッポウ柱を通常よりやや太くしてあるのは、「お相撲さんは、太いほうがしっくりくるから」。四股、テッポウ、すり足といった基本は押さえた上で、固定観念にとらわれず、有効だと思えば取り入れる。夏場は薄めたポカリスエットを水桶に入れる。水を飲む時は、冷えたウォーターサーバーから給水する。

「夏場はすごく汗をかく。水だけでは、塩分や糖分が足りないから」

すべてが理にかなっている。

風呂場も座学も充実「目標達成シート」も取り入れた

稽古の最後には、日本相撲協会錬成歌を全員で歌う。師匠が育った佐渡ケ嶽部屋の伝統を独立後も引き継いだ。歌い終えると「神様に礼、師匠に礼、お互いに礼」という号令に合わせて頭を下げ、稽古終了。進取と伝統を組み合わせて、汗を流している。

風呂場も工夫した。浴槽を2つ設け、温かい風呂と水風呂の交代浴を勧めている。

「疲れを取るため。一流アスリートは練習のあと、氷風呂にも入るでしょう。血液の流れがよくなるんです。

水道代はかかるけど……。無理には勧めませんが、2回くらい繰り返したらいい」

座学も充実させている。メジャーリーガーの大谷翔平が高校時代に取り組んだことで有名になった「目標達成シート」も取り入れた。シートの上部に長期目標を書く。下部に9分割されたマス目があり、中央の枠に短期目標を書く。残り8枠に、短期目標達成のための行動を書く。これを本場所ごとに書き直し、稽古場に貼る。場所を終えると、反省会を開き、目標を達成できたかどうかを確認する。

「稽古場に貼ると、ほかの人の考え方が見える。私も見たい。これをやると、自分が何のためにここにいるのかを考えることになる。自分からやることが大事。本人がやる気を起こさないとダメですから」

ブルガリアからやってきて大関まで昇進した鳴戸親方は、当初は日本の伝統文化に驚き、時に疑問も持ちながら生き抜いてきた。現役時代の経験を踏まえ、師匠になってからは従来の相撲部屋にはなかった取り組みを次々に実現させている。

もちろん、すべてが順風満帆なわけではない。平成31年1月には、部屋の内部で暴力を含むいじめがあったことが発覚。ただし、明らかになった日のうちに当事者を呼んで確認。日本相撲協会に報告し、全体ミーティングも行った。師匠が多忙で目が届かない場面があったため、部屋のマネージャーを2人に増やした。

根底にあるのは、師匠の情熱だ。日本には地元がないため、スカウトは苦戦の連続。ある学校には「何しに来た?」と言われたこともある。

「稽古が休みの日は、基本的にどこかに行く。廻しを持参して、稽古をつけることもあります。私はこういう指導をしています、と見せられますから」

「先を見ると、今のことを見過ごす。1つ1つ。関取を出すには、まず幕下」

伝統に対する尊重と挑戦。興味深い取り組みが始まっている。

看板のはなし

鳴戸部屋

知人の書道家が揮毫した芸術性の高い看板

師匠は知人の書道家・澤江抱石（ほうせき）氏に指導を受け、書展に出品したことがある。この看板は、澤江氏に揮毫してもらった。芸術性の高い看板で、仮住まいから移転したあともそのまま同じものを掲げている。

東京都・台東区

西岩部屋

師匠＝元関脇若の里

平成27年9月場所前に引退した現師匠が、30年2月1日付で内弟子2人を連れて、田子ノ浦部屋から独立。浅草に部屋を構え、5月場所番付発表日の4月30日に部屋開き。横綱稀勢の里が土俵入りを行った。

独立したばかりで多忙な日が続くが、弟子たちに愛情を注ぎ、充実した毎日。日本一の部屋を目指して精進する

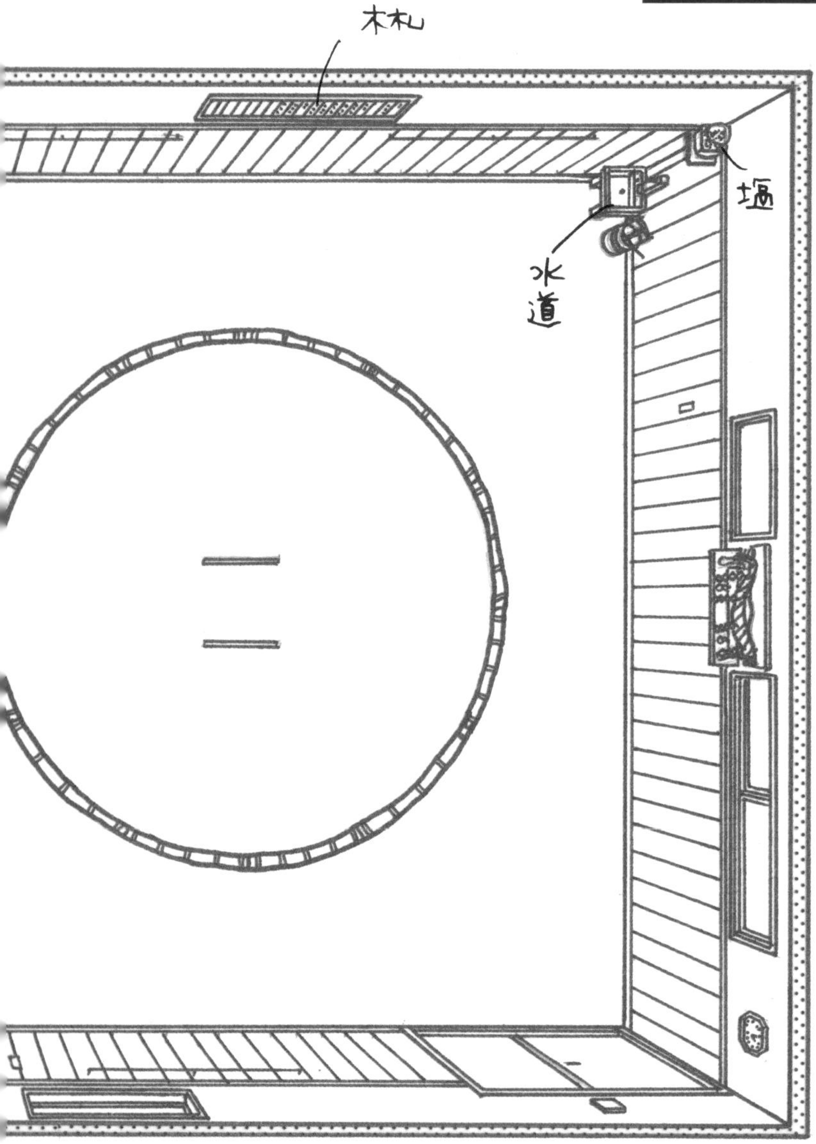

建物は5階建てのマンション。その3階までを利用している。1階は稽古場、2階は大部屋、ちゃんこ場など。3階は師匠の自宅。関取が誕生した時には、個室にリフォームできる造りにしてある。

木札

塩

水道

神棚もテッポウ柱も、師匠の故郷・青森県産のヒバを使っている。

土俵の土は国技館と同じ荒木田を入れている。（160ページ参照）

勝手口
稽古中は開放していることが多い。

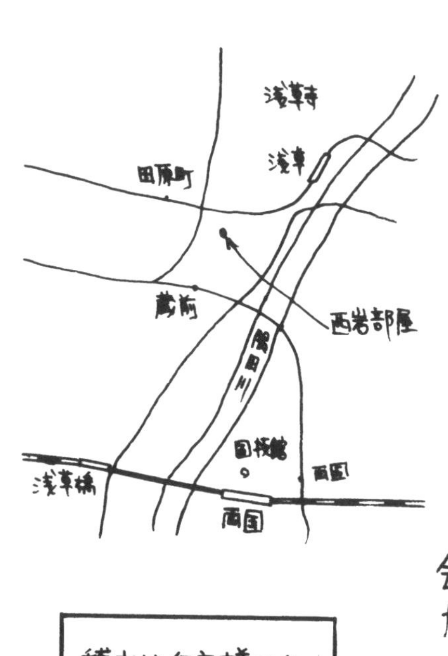

国技館まで徒歩約20分。
浅草寺が近い好立地で、師匠は地元の文化や名店、名菓なども学ぶ機会をもうけている。
元隆の里の鳴戸親方の師匠、初代若乃花の墓も近い。
部屋の前は三社祭のみこしも通る。

入口のドアに貼ってある貼り紙 → 入口

稽古は何方様でも
自由に見学できます
お静かにお入り下さい
午前八時半～十時半
動画撮影は御遠慮願います
西岩部屋

会報紙「西岩部屋新聞」が置いてある。
場所ごとに発行中。
（無料）

りんごの写真

2階の大部屋には、食の大切さについて書かれた本が置いてある。食生活には師匠はかなり留意している。

上がり座敷に青森で撮影された写真を飾っている。りんごの実がなっている木に積雪している珍しい写真。厳しさに耐え、たくましく実がついている木から、力士に何かを感じてほしいというメッセージを込めている。

目先の1勝は関係ない 人生の1勝を勝ち取れ！

稽古場の土は、本土俵と同じ「荒木田」を取り寄せて使用した。手間も費用もかかったが、力士に本場所と同じ感覚を身に付けさせたいという西岩親方の思いを土俵に込めた。部屋の看板、テッポウ柱、神棚は、師匠の故郷の木材「青森ヒバ」で造った。樹齢２００年のテッポウ柱は、「親方のためなら」と業者が無償で提供してくれた。鏡も有志からの贈り物。西岩親方への信頼、弟子たちへの愛情が、稽古場をかたち造っている。

稽古は午前8時から10時半ごろまでで、基礎運動を重視する。独立して間もないため、力士はまだ10人に満たない。申し合いでも休む間がないから、これだけでも十分な時間になる。

「タイプがそれぞれ違うので、アドバイスも違ってきます。まず、新弟子に勝ち負けは関係ありません。精一杯やって、全力を出すことが大事です。ある程度、相撲のことは言いますが、段階があります。前に出て勝つことが一番で、負けても前に出ていれば褒めます。まずは基本をしっかり身に付けさせたいですね。目先の1勝は関係ない、人生の1勝を勝ち取れと言っています」

稽古見学は本場所中を除けば自由。張り詰めた空気の中、師匠がたまに冗談を言う。すり足をしている力士に向かって、「腰が高い。若の里（師匠自身のこと）のまねをしちゃだめだぞ」。上がり座敷の見学客にホッとした空気が広がる。絶妙な緊張と緩和は、若の里を育てた鳴戸親方（元横綱隆の里）を思わせる。

ただし、自らが育った鳴戸部屋時代の稽古と同じことはしない。当時とは、時代が違うことを指導者として認識している。

「自分が入門した30年前と今は違います。私の入門時の経験と同じことをやるつもりはありません。時代に合った新しい取り組みもしていきたいです」

情報発信にも積極的 弟子を第一に考える

朝稽古、ちゃんこ、昼寝のあとに、夕方からトレーニングの時間をもうけることもある。ＳＮＳを利用した情報発信にも部屋として積極的で、親方もおかみさんもブログを書く。特におかみさんのブログは日々の力士の成長が手に取るようにわかり、涙なくして読むことができない。情報をオープンにしていることについて親方は、「親御さんに見てもらって、部屋の様子をわかってもらいたいから」と説明する。
当然、角界の伝統も大事にしている。日々のちゃんこ作りは、親方が献立を考え、買うべき材料、作り方、味付けなどを指示。一から教え込んでいる。昼も夜もちゃんこを一緒に食べる。夜に親方だけが飲みに出かけることはない。
「お誘いがあっても全部断って、『部屋に来てください』って言うんです。まだ、力士はほとんどが10代。子供たちを預かっている身として、自分だけどこかに行くわけにはいきませんから」
食材にもこだわり、大部屋の本棚には、食について学べる本が置いてある。体作りの補助となるプロテインは、部屋で購入し、誰でも飲めるようにした。無添加のものは、やや値が張るためだ。
平成31年3月から、親方は審判部に配属され、本場所中は土俵下で弟子の相撲を見ることが増えた。
「師匠の鳴戸親方が『自分で相撲を取ったほうが楽』と言っていた意味がわかりました。心臓がいくつあっても足りません。『廻し取れ！』とか『そこだ！』とか、つい、声が出そうになります。つい、体が動いてしまいます。師匠の気持ちがわかりましたね」
ともに稽古し、気持ちは一緒に戦っている。
一門の先輩にあたる尾車親方（元大関琴風）や峰崎親方（元幕内三杉磯）からは、「今、めちゃくちゃ大変だろう？　でも、60歳を過ぎてふり返ると、部屋ができたころが一番楽しかった。楽しんでやったほうがいいぞ」と言われた。指摘された通り、目が回るような多忙な日々は続くが、「毎日が充実しています。忙しいけど、やりたかったことがこれですから」と目を細める。
「故(ふる)きを温(たず)ねて新しきを知る『温故知新』の精神を持って前に進んでいきます。現代の新しい考えを取り入れ、日本一の相撲部屋を目指して精進していきます」
何をもって日本一なのか。ある面ではすでに、日本一になっているように思えてならない。

看板のはなし

西岩部屋

現存する部屋では唯一の師匠自らが揮毫した看板

西岩親方が自ら揮毫した。部屋の師匠が書いた看板は、現存する相撲部屋では唯一。樹齢200年の青森ヒバを20年乾燥させたもの。師匠が自らの手で部屋を運営していく決意が込められている。

上がり座敷が円型だったり、
稽古場が半地下だったり、
玄関入ってすぐは黒光りする石でできていたり、デザイン性の高い造りになっている。

東京都・墨田区

錦戸部屋

師匠＝元関脇水戸泉

平成14年12月、現師匠が内弟子4人を連れて高砂部屋から独立。旧高砂部屋を仮住まいとしていたが、15年12月に墨田区亀沢に新築移転。16年2月7日に土俵開きを行った。主な関取は、十両水戸龍、極芯道。

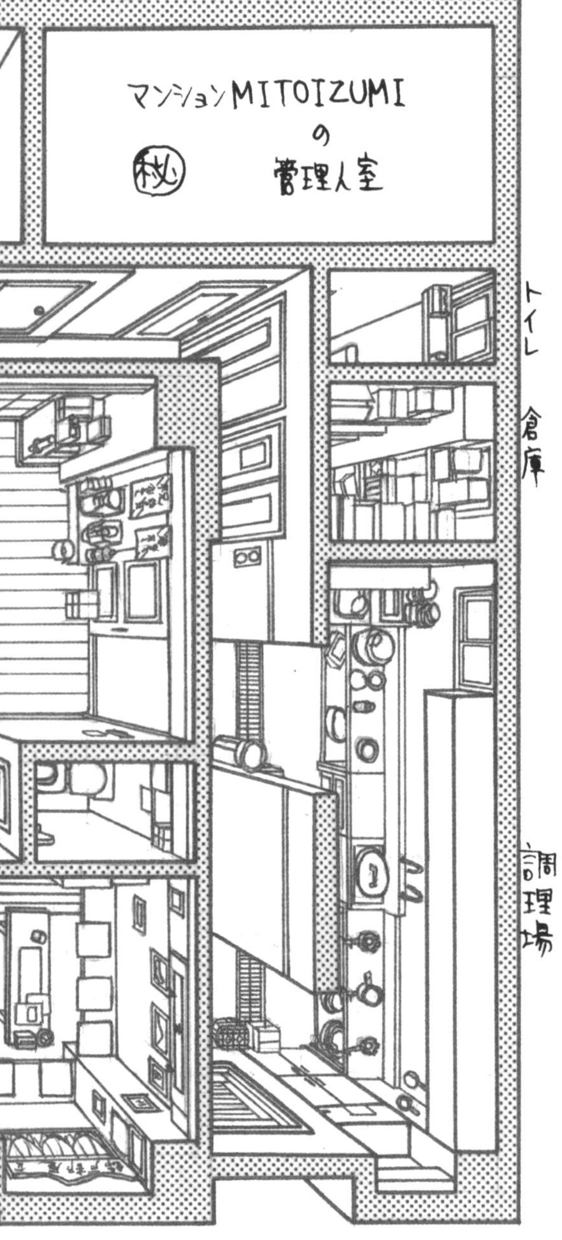

応接室。師匠の思い出の写真などが飾ってある。

錦戸部屋八訓

一、稽古は自分でするもの、させてもらうもの。
二、自分は今何をやるべきか考えよう。
三、自分の中の弱虫に勝て。
四、苦さの中から幸せが生まれる。
五、耳に痛い言葉ほど心して聞け。
六、相撲とりは天が自分に与えた職業だと思え。
七、運命の中で精一杯生きよ。
八、親のおかげ、みんなのおかげで自分がある。

独立から試行錯誤の15年をへて初の関取が誕生。遅ればせながら充実期を迎え、これからが勝負

稽古場は半地下で、1階は大部屋と関取用の個室、2階が師匠の住居、3～5階は賃貸マンションになっている。空室があれば、一般の方も力士と同じ屋根の下で生活ができます。

すぐ隣に八角部屋がある。

稽古場には、師匠の師匠、横綱朝潮が
昭和36年3月場所を制した時の
優勝額レプリカが飾ってある。

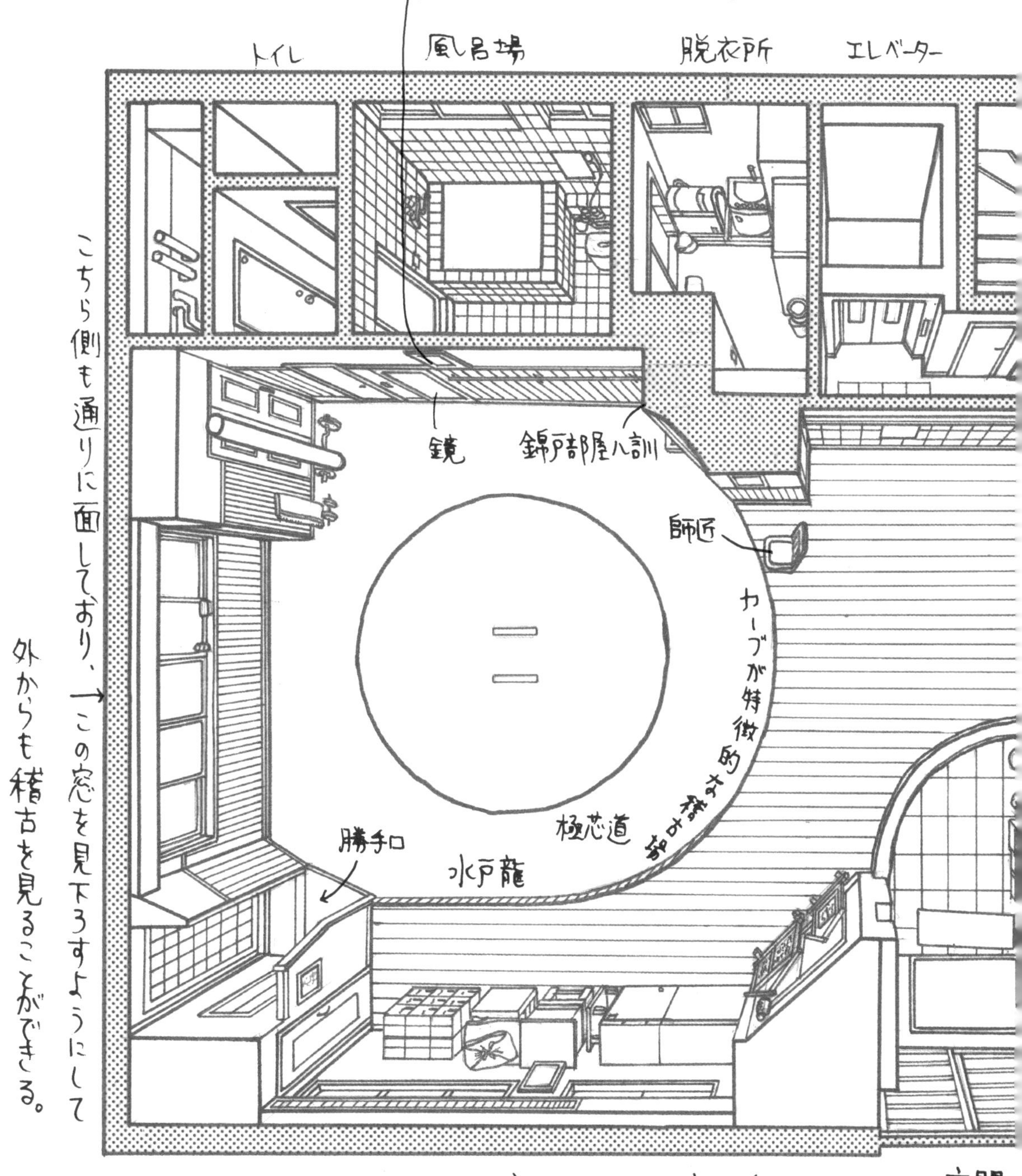

玄関入ってすぐ右に師匠が
平成4年7月場所で平幕優勝した
時の優勝額が飾ってある。

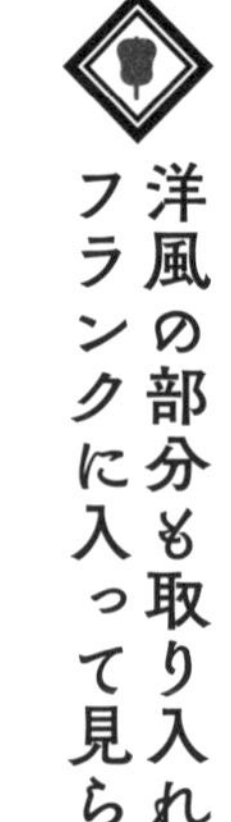

洋風の部分も取り入れてフランクに入って見られる空間に

師匠が現役時代を過ごした高砂部屋から独立したのは、平成14年。水戸龍が錦戸部屋初の関取になるまでに約15年かかった。どうやって力士を育てればいいのか――。錦戸親方にとって、それまでは試行錯誤の日々だった。

「部屋を持ってから（の当初）は、規則でがんじがらめだった。稽古の休みも少なかった。何時から何時はこれをやって、次は四股、すり足とか、昔のやり方でした。時間ばかり長くやっていたけど、ダラダラしてしまい、ケガ人が多く、なかなか強くならなかった」

当時は、幕下に上がるまでは携帯電話の所持も禁止としていたが、そもそも幕下に上がる力士が出てこない。近年は、考え方を変えた。

「新弟子の素質はそんなに違わないのに、どこがほかの部屋と違うのか考えました。出稽古に行ったりして、いろんな仕方があるんだなと。今は稽古でも口うるさく言わないようにして、自主性を持たせるようにしています。やらない子を言わなくてもやる子にする方法を考えます。嫌々やっても、ケガをするだけですから。自主性に任せたほうが結果が出ます。私も現役時代、あれこれ言われるのは嫌でしたから」

もともとは、部屋を建てた時から進取の精神に満ちていた。稽古場は半地下にあり、すり鉢状になっている。稽古場に面した通りからは、誰でも上からのぞき込むようにして稽古を見ることができる。部屋の玄関を入るとすぐに、黒光りする石でできた円形の床が広がっている。

「相撲部屋って、昔から仰々しいイメージがあったので、洋風の部分も取り入れて、フランクに入って見られる空間にしたいと思ったんです。こういう相撲部屋があっても面白いだろうねと」

地下が稽古場、風呂場、ちゃんこ場、1階は大部屋と個室、2階は師匠の自宅。3～5階は賃貸マンション「MITOIZUMI」になっており、錦戸親方はそのオーナーでもある。

日大から大物が入門しいい影響が出始めている

部屋初の関取となった水戸龍には、入門当初から期待していた。鳥取城北高校から日本大学に進み、アマチュア横綱や学生横綱に輝いたモンゴル出身の逸材。幕下15枚目格付け出しで入門した瞬間から、いきなり部屋頭になった。

師匠は当時、「ほかの力士との相乗効果がある。波動を与えてほしい。活火山のような存在になる。いい意味で期待している」と言いつつ、少し心配もしていた。カザフスタン出身の風斧山（かざふざん）（最高位幕下）が入門した時のこと。一気に番付を駆け上がり、良くも悪くも兄弟子たちに影響を与えた。

「後輩に抜かれるのが嫌だったり、後輩が一気に上がる反動で、やめてしまった子がいた。逆に、刺激にして上がった子もいましたが」

師匠の心配は杞憂だった。人柄のいい水戸龍は兄弟子たちとすぐにうち解け、周囲に好影響を与えた。水戸龍が平成30年1月場所で新十両に上がると、兄弟子の極芯道（ごくしんどう）が同年11月場所で関取になった。

「うれしいですよね。水戸龍は上がって当たり前だけど、極芯道はもう少し時間がかかると思っていました。相乗効果がありました。極芯道は鶴竜の付け人にもなって勉強になり、巡業に出て、稽古のチャンスが増えました。腐らず、一生懸命やっていました」

錦戸親方は、プラスの効果を口にした。

もちろん、水戸龍を育てる親方にもプレッシャーはある。アマチュアでの実績は申し分なく、関取に上げて当然、どこまで番付を上げられるか、という目で見られることも承知している。

「育て方、指導の仕方を考えますね。水戸龍は性格的にはおとなしく、どちらかといえば考え込むタイプ。繊細なんです。だから、あまりきつく言わないようにはしています」

錦戸親方は、平成28年に、ソプラノ歌手の小野友葵子（ゆきこ）さんと結婚。おかみさんが誕生し、部屋が華やかになった。一方、師匠は腎臓が悪く、週に3度は人工透析に通っている。公私ともども変革の時期を迎えているが、「ほかに悪いところはどこもない。指導に支障はありません」ときっぱり言う。

遅ればせながら、錦戸部屋は充実期を迎えようとしている。

看板のはなし

錦戸部屋

現役時代からの後援者が部屋の創設時に贈ってくれた

師匠の現役時代からの後援者「御本柱一之宮有志」によって部屋の創設時に贈られた。看板の裏には有志の名前が書かれており、部屋に入るとそれを見ることができる。以前はガラスケースの中にあったが、今は外に掲げられている。

千葉県・船橋市

二所ノ関部屋

師匠＝元大関若嶋津

平成2年1月場所後に、現師匠が二子山部屋から独立。松ケ根部屋として、同年2月に部屋開きを行った。25年1月場所後、二所ノ関部屋を吸収。26年12月1日に二所ノ関に名跡変更し、部屋も改称した。主な関取は、小結松鳳山、幕内若孜。

人望の厚さから、師匠は一門の総帥に。不慮の事故で師匠不在の間に、松鳳山が一山本を鍛え上げた

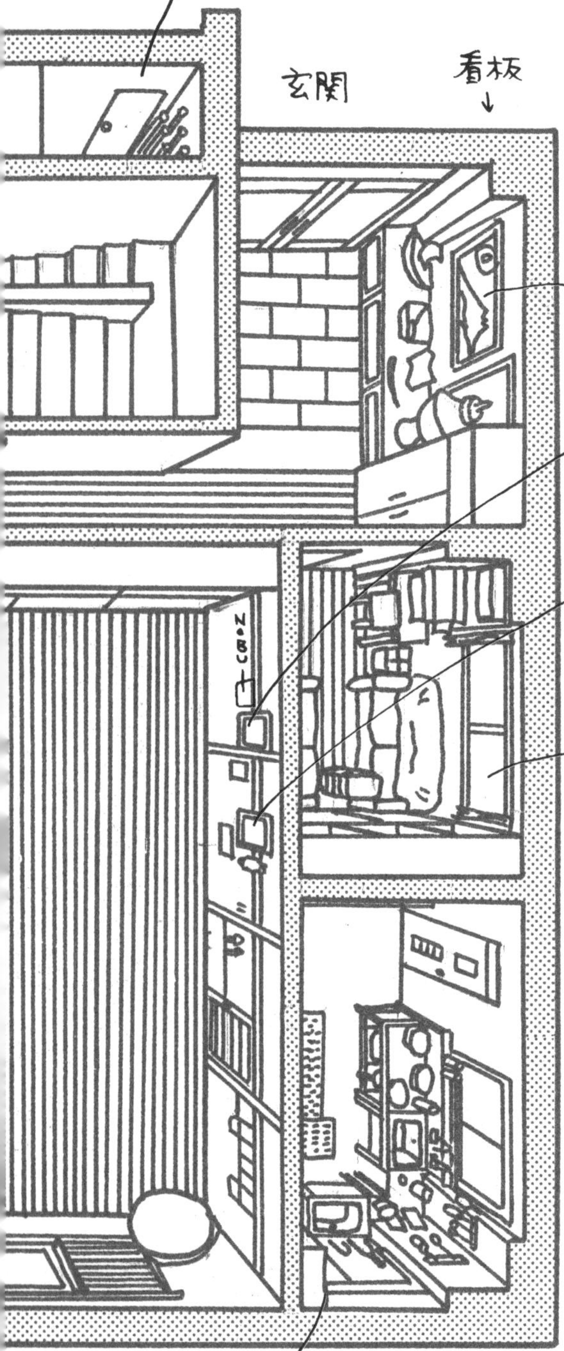

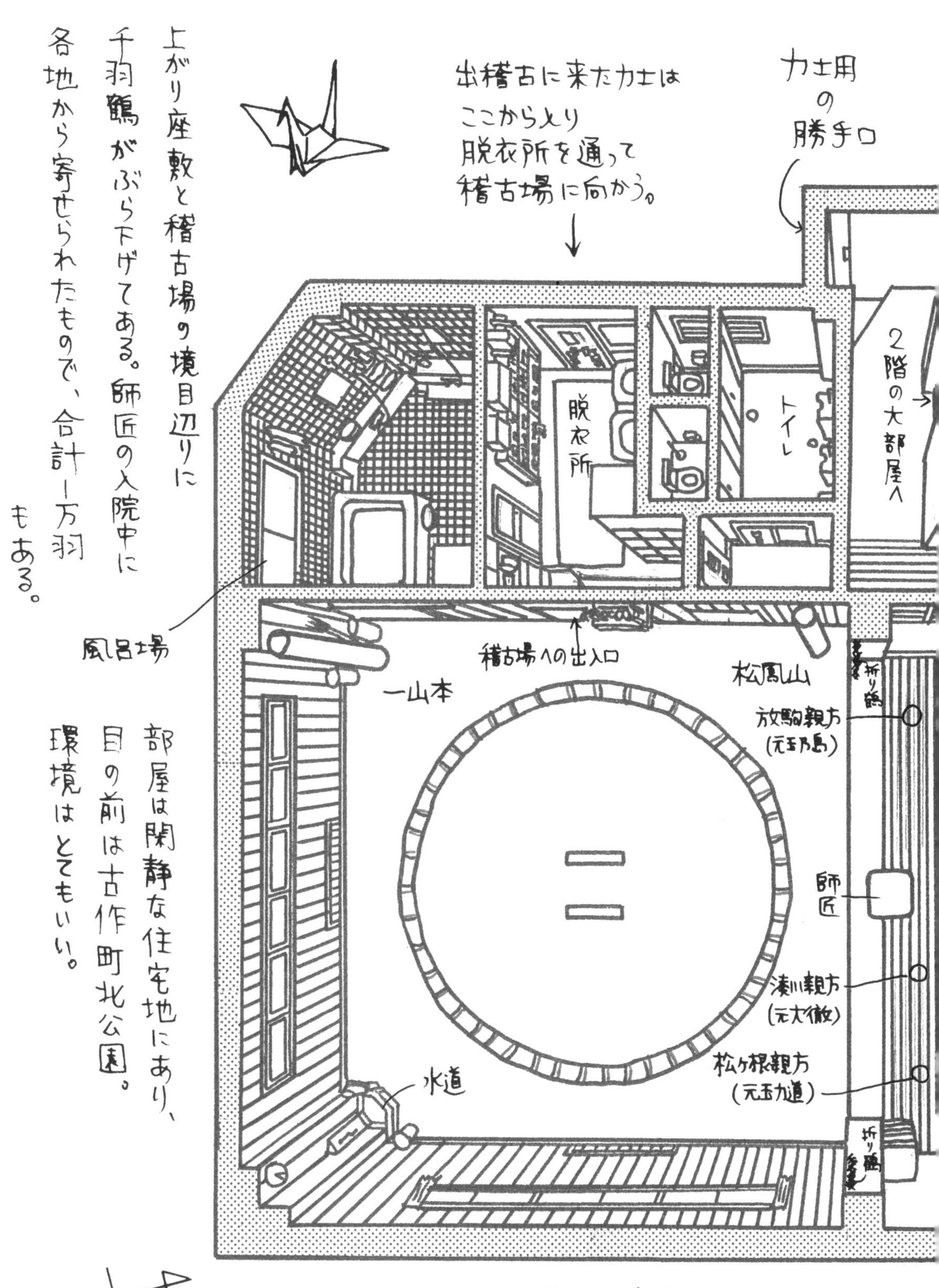
上がり座敷と稽古場の境目辺りに千羽鶴がぶら下げてある。師匠の入院中に各地から寄せられたもので、合計一万羽もある。
出稽古に来た力士はここから入り脱衣所を通って稽古場に向かう。
力士用の勝手口
2階の大部屋へ
脱衣所
トイレ
風呂場
稽古場への出入口
一山本
松鳳山
折り鶴
放駒親方(元玉乃島)
師匠
湊川親方(元大徹)
松ケ根親方(元玉力道)
水道
折り鶴
部屋は閑静な住宅地にあり、目の前は古作町北公園。環境はとてもいい。
稽古後、親方や力士らは上がり座敷でちゃんこを囲む。

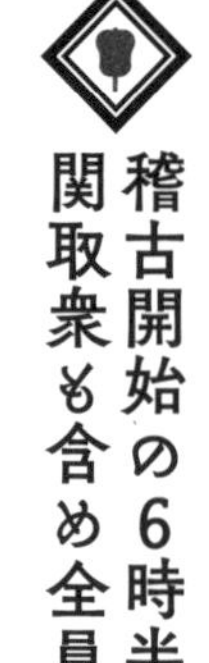

稽古開始の6時半には関取衆も含め全員集合

本場所中は午前6時、それ以外は6時半に稽古開始。これが二所ノ関部屋の決まりだ。関取衆は遅い時間に稽古場に下りる部屋も少なくない。だが、この部屋では稽古開始時の全員集合を鉄則にしている。

稽古中、二所ノ関親方は多くを言わない。

「自分の師匠もそうだったから。余計なことは言わないけど、言う時は言うよ」

〝土俵の鬼〟こと横綱初代若乃花の二子山部屋で身に付いた教え。口数は少ないが、常に目は光らせている。

「力を抜いたら、もちろん怒る。準備運動もきちんとしないとケガにつながる。ケガをさせないように、稽古場では緊張感を保つ。ケガをするとすぐに2、3カ月を棒に振ってしまうからね」

二所ノ関部屋では、「喫煙、ジュース、菓子」を禁じている。

「ジュースは糖分が多いでしょう。力士は糖尿病になる人も多いから。だから、冷蔵庫にジュースは入っていないけど、飲んでるのもいる。そこは、見て見ないふりをしてるんだよ（笑）」

適度なモラルに、人間味が加わるという古きよき相撲部屋の雰囲気が、二所ノ関部屋にはある。

その下支えにあるのが、親方の人柄だ。背中でグイグイと引っ張るタイプではない。口調はソフトで、後援者にも一般のファンにも分け隔てがない。人望が厚いからこそ、一門の総帥として二所ノ関を名乗る。先代二所ノ関親方（元関脇金剛）の退職後、看板が重すぎて誰も継承しようとしなかった名跡を一門の親方衆から推されるかたちで引き受けたのだ。

元歌手・高田みづえだったおかみさんも、こんな親方の人柄に惚れて相撲部屋に入った。千秋楽パーティーなどでは、自らのヒット曲『硝子坂（がらすざか）』『私はピアノ』などを歌い、後援者らを喜ばせる。部屋の力士たちは、入門するまでおかみさんの前歴を知らない者も多いが、土俵の外でその明るい人柄に癒やされている。師匠も「裏で（力士と）いろいろ話をしてくれるのはいいこと。悩んでいる時とかね」と、力士の母としての役割を頼もしく感じている。

若い衆を引き上げるのも関取としての松鳳山の仕事

こんな温かい部屋だからこそ、アクシデントは全員で乗り越えた。平成29年10月19日、サウナからの帰り道、自転車に乗っていた師匠が転倒して頭部を強打。

一時は意識を失って入院し、手術を受けた。部屋頭の松鳳山（しょうほうざん）らは巡業先から急いで千葉に戻ったが、集中治療室にいる師匠は面会を禁じられるほどの重傷だった。

師匠不在となって最初の11月場所。松鳳山は「絶対に勝たなきゃいけない」と肩に力が入った。師匠のために、と思えば思うほど硬くなった。結果は東前頭3枚目で3勝12敗。

「勝たなきゃいけないと思うほど、ドツボにはまりました。その後は、そういうことを考えても仕方がないと思い直しました」

思い返したのは、高校時代に聞いた教訓。

「誰のために相撲を取るのか、ということです。自分のために相撲を取って、それで結果を残せば周りが喜んでくれる。勝たないと、勝たないとと思って相撲を取ってもいいことがない。だからこそ、初心に戻りました」

次の平成30年1月場所からは3場所連続で勝ち越し、7月場所で4年ぶりに三役に復帰。師匠は5月に退院し、翌場所では皆勤できるまでに回復していた。

師匠不在の間、部屋付きの湊川（元小結大徹）、松ケ根（元幕内玉力道）、放駒（元関脇玉乃島）の3親方らが稽古を見守った。この間、松鳳山は新弟子の一山本（いちやまもと）を鍛え上げ、十両に引き上げた。

その一山本は、「関取（松鳳山）と相撲を取っていたら、ほかの人の立ち合いが遅く感じるようになった」と感謝を口にする。一方の松鳳山は「今までは残せたところで、残せなくなってきた」と弟弟子の成長を実感する。師匠が待望していた松鳳山の次の関取は、本人の努力に加え、部屋全体の力で誕生した。

今や師匠も稽古場に下り、かつての部屋の光景が戻ってきた。松鳳山は、「師匠はやさしくなりました」と入門当時と比較して言う。しかし、こうも続ける。

「師匠が稽古場に来たら、雰囲気が変わります。いるといないのとでは全然違う。自分の気持ちも引き締まります」

看板のはなし

二所ノ関部屋

名跡変更にともない掛け替えられた、式守錦太夫による純然たる相撲字

師匠の名跡が松ケ根から二所ノ関に変更されるとともに看板も掛け替えられた。純然たる相撲字で書かれた文字は、部屋の行司・12代式守錦太夫によるもの。看板は、部屋の後援者から贈られた。

東京都・墨田区

八角部屋

師匠＝元横綱北勝海

平成4年5月場所前に引退した横綱北勝海が、5年9月場所後に年寄八角を襲名し、内弟子4人を連れて九重部屋から独立。師匠だった元横綱北の富士の旧九重部屋の建物を譲り受けた。主な関取は、関脇北勝力、隠岐の海、小結北勝富士。

「稽古の虫」と呼ばれた現師匠が汗を流した稽古場が現在の八角部屋。この部屋への優勝パレードを夢見る

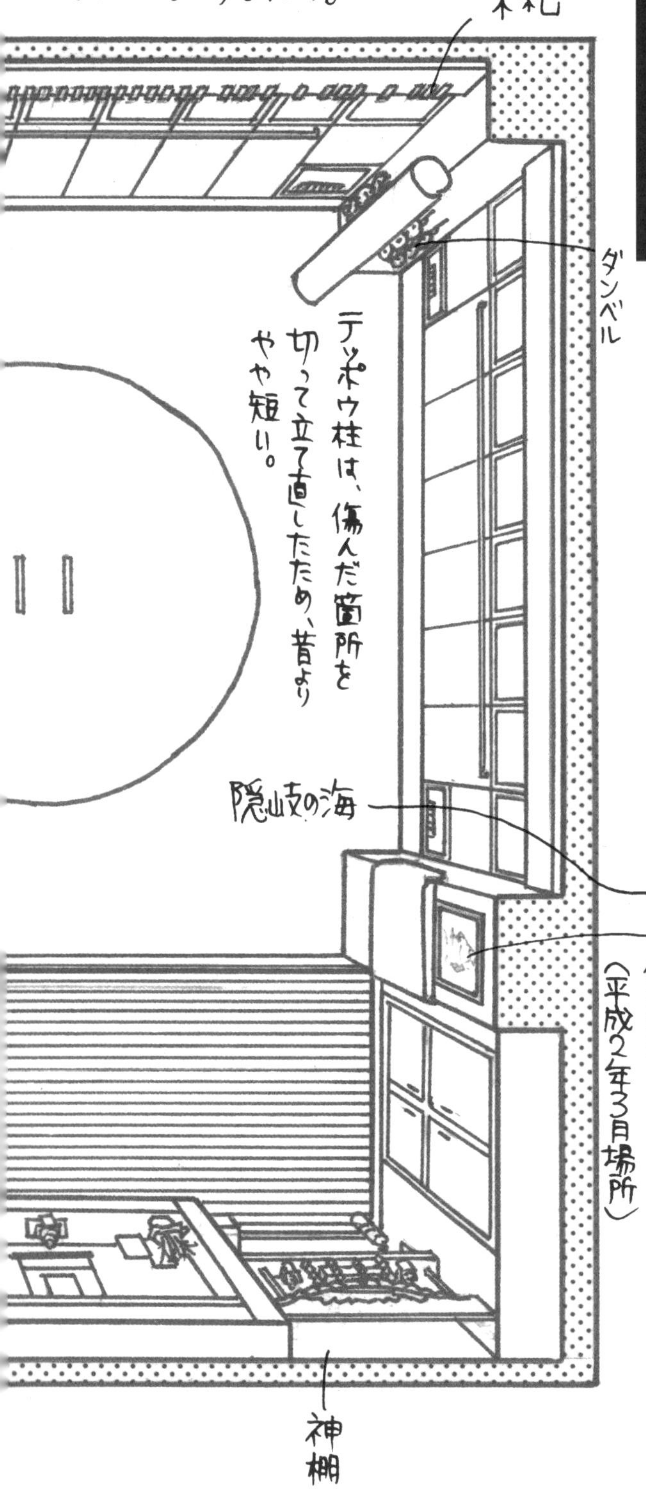

旧九重部屋時代には千代の富士、その後は北勝海が定位置として四股を踏んでいた場所。今は隠岐の海がここにいる。

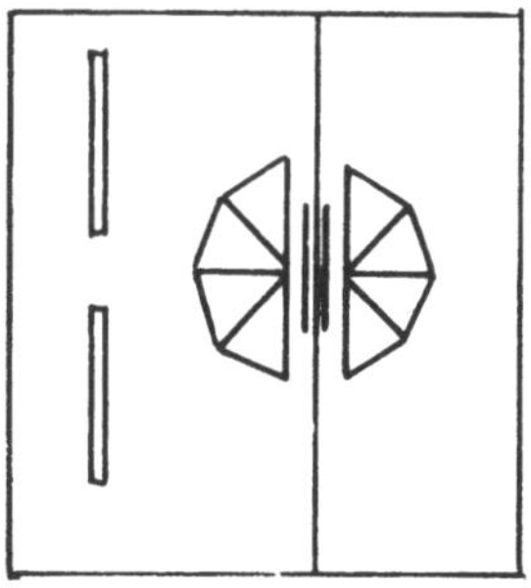

俵は入れず、皿土俵にしてある。転がった時の打撲などケガをしないようにするため。

木札

ダンベル

テッポウ柱は、傷んだ箇所を切って立て直したため、昔よりやや短い。

隠岐の海

師匠の優勝額レプリカ（平成2年3月場所）

神棚

↑部屋の入り口 八角形がデザインされている。

1階は稽古場など、2階は大部屋と個室、3階が師匠の自宅。

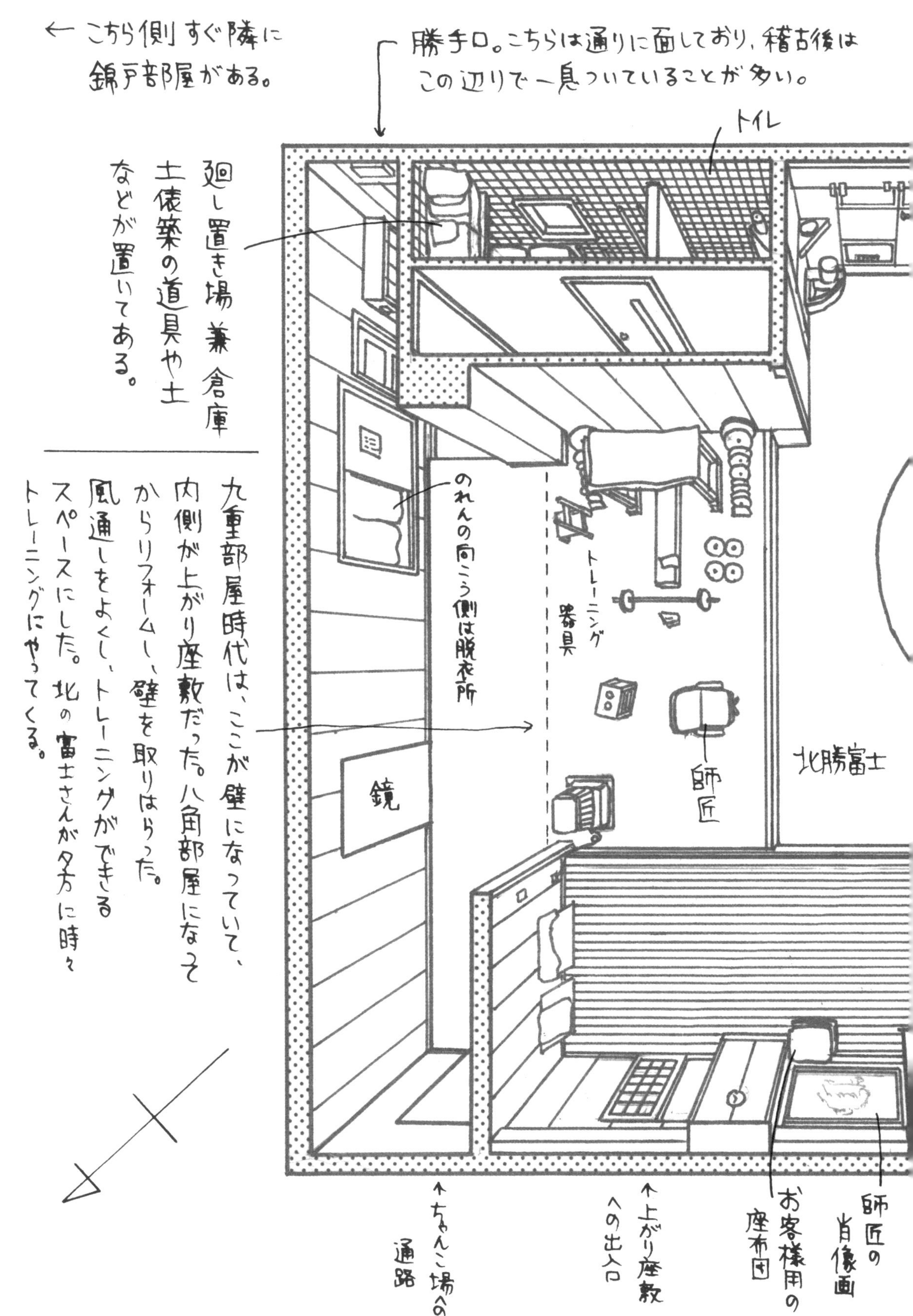
← こちら側すぐ隣に
錦戸部屋がある。
勝手口。こちらは通りに面しており、稽古後は
この辺りで一息ついていることが多い。
トイレ
廻し置き場兼倉庫
土俵築の道具や土
などが置いてある。
九重部屋時代は、ここが壁になっていて、
内側が上がり座敷だった。八角部屋になって
からリフォームし、壁を取りはらった。
風通しをよくし、トレーニングができる
スペースにした。北の富士さんが夕方に時々
トレーニングにやってくる。
のれんの向こう側は脱衣所
トレーニング器具
師匠
北勝富士
鏡
↑ちゃんこ場への通路
↑上がり座敷への出入口
お客様用の座布団
師匠の肖像画

旧九重部屋の建物を譲り受け八角部屋とした

平成4年5月8日。横綱北勝海は引退を決意した。九重部屋2階の大広間で行った記者会見で、「印象に残る一番は?」と聞かれ、こう答えた。

「いろいろあったけど、九重親方(元横綱千代の富士)に稽古をつけてもらったのが、一番の思い出」

思い出の一番を聞かれながら、稽古のことを口にした辺りが北勝海らしい。千代の富士が引退するまで、横綱同士の三番稽古やぶつかり稽古は、九重部屋の名物だった。当時の師匠(元横綱北の富士)は、「(見学者に)料金をもらわんといかんな。こんなにいい稽古を見せたんだから」と半分本気で言ったほど。そんな「稽古の虫」とも呼ばれた北勝海が汗を流した稽古場、それが現在の八角部屋だ。

北勝海は引退後、部屋付き親方となり、翌年9月に年寄八角を襲名して独立。平成5年6月に新九重部屋が移転したあとで、元横綱北の富士が建てた旧九重部屋を譲り受け、八角部屋とした。八角親方が現役時に息苦しさを感じていたため、上がり座敷の一部の壁を取り壊し、リフォームをして、風通しをよくした。

現役時代から腰痛に苦しんだ八角親方は、弟子たちに「腰痛体操」に取り組ませている。稽古の最後には必ず、上がり座敷や羽目板に手をつき、腰を上下させる。腹筋と背筋を鍛え、腰痛を予防する補強運動だ。

現在の稽古場では、北勝富士(ほくとふじ)と隠岐の海が関取として若い衆を引っ張っている。隠岐の海は入門当時について、「師匠は怖かった。稽古場も殺伐としていた。羽目板にぶつけられるなんて当たり前だった」とふり返る。

北勝富士は、「十勝海さん(幕下、28年9月限りで引退)にぶつかり稽古でよく胸を出してもらった。圧力が強くて、これがプロかと。あの人がいたから馬力がついた」と話す。

そんな2人は「正々堂々」を信条とし、立ち合いで変化したことがない。隠岐の海は、「変化しないことは、兄弟子から言われてきました」と言い、北勝富士は「生まれてこのかた、変化したことはない」と言う。

八角親方は、弟子たちにプロとしての相撲を取ってほしいと願っている。

「変化してはいけない、というルールはない。でも、お客さんは、勝った負けただけではない、相撲を見に来ている。力士が力を出し合っているところを見て、お客さんは感動するんだ。相撲を見せていることを意識しないといけない」

ことあるごとにこう説き、完全に浸透させた。

幕内の優勝力士を出したい 師匠の夢を叶えるのは誰？

平成27年12月に日本相撲協会の理事長に就任してからも、八角親方は、稽古場での顔を変えていない。本場所のない平日なら、朝稽古後に散歩に出掛け、ヨーグルトなどの軽食を摂ってから、15〜30分程度昼寝。午後1時には協会に向かう。

「協会は協会で大変。でも、稽古はいつもと同じようにやる。協会に来ると切り替える」

協会内に問題が起これば、理事長は矢面に立つ。

「弟子は、ここが理事長の部屋だとわかっている。世の中からは思った以上に厳しく見られているわけだから、自覚を持って行動せいと言っています。申し訳ないと思うけど仕方がない。理事長として、協会を引っ張っていかないといけないと思っているから」

弟子もわかっている。師匠について隠岐の海は「ストレスはたまっていると思いますよ。でも、稽古場に来たらいつも通り。辛さをここには持ってこない」と言う。北勝富士は、「食事の時、『疲れるんだよね』とポロっと言ったことがあるけど、それは人間ですから。稽古場では弟子にそういう顔を見せません。みんな、親方を信じてますから」ときっぱり言った。

そんな師匠には、独立当初からの夢がある。

「幕内の優勝力士を出したい。そのためには15日間、力を出せる体を作らないといけない。それができて初めて優勝力士になれる。粘り強くやっていくしかない」

かつて、千代の富士や北勝海が国技館から何度も優勝パレードを行い、たどり着いたこの部屋。

「ここはゲンがいい」と信じて、建物を継承した。その師匠の夢を叶えるのは、隠岐の海か、北勝富士か、それとも将来の関取か。

理事長として公の場に出ることが多い八角親方だが、師匠として喜ぶ顔もいつか見せたい。

看板のはなし

八角部屋

相撲部屋の看板らしい、どっしりした書体が特徴

どっしりとした書体で、相撲部屋の看板にぴったりの雰囲気。八角親方によると、独立した当時の後援会長の知り合いだった書家・長谷川耕心氏に書いてもらったという。「角」の字の真ん中の縦棒が下まで伸びているのは、名跡証書の字に倣っている。

埼玉県・所沢市

二子山部屋

師匠＝元大関雅山

現師匠は、平成25年3月場所限りで引退し、藤島部屋の部屋付き親方となった。内弟子を入門させてきたが、28年3月から2年間は評議員を務めていたため、独立を控えた。30年3月場所後に年寄に戻り、4月1日付で内弟子6人を連れて独立した。

後援者の縁があって所沢で独立。人間教育を第一に考えながら弟子を指導。有望力士が多く、関取誕生は目前だろう

二子山部屋教訓

一、国技相撲を習得する力士は衆人の模範となる様心掛ける事

一、社会道徳一般常識に欠ける言動、行動に注意する事

一、相撲は礼に始まり礼に終わるのできちんと挨拶をする事

一、部屋は仲間でありライバルでもあるので助け合いや常に番付を負けない精神を持つ事

一、常に全部勝ち優勝を目指すが勝ち越し負け越しそれからの積み重ねが大事なので一番の重要さを忘れない事

一、努力はその時に結果に表れなくても嘘はつかないと信じて努力を続ける事

一、服装を正す事

↑稽古場に掲示してある二子山部屋教訓。稽古の最後に全員で唱和する。先代武蔵川親方（元三重ノ海）の教えをもとに師匠が考案した。

もともと倉庫だった建物を改装して稽古場を造った。

土俵の土は国技館と同じ「荒木田」を入れている。

平成30年4月1日付で藤島部屋から独立。同年4月21日に土俵開きを行った。

※荒木田（あらきだ）　粘りがあり、速乾性にもすぐれている。東京・千住の旧荒川沿岸（現隅田川）の荒木田原で取れたことが名前の由来。

稽古見学は一般の方も可。
ただし子供も含め私語禁止です。

稽古場は独立した建物になっている。
ちゃんこ場、風呂場を含めた住居は、
同じ敷地内の別棟にある。

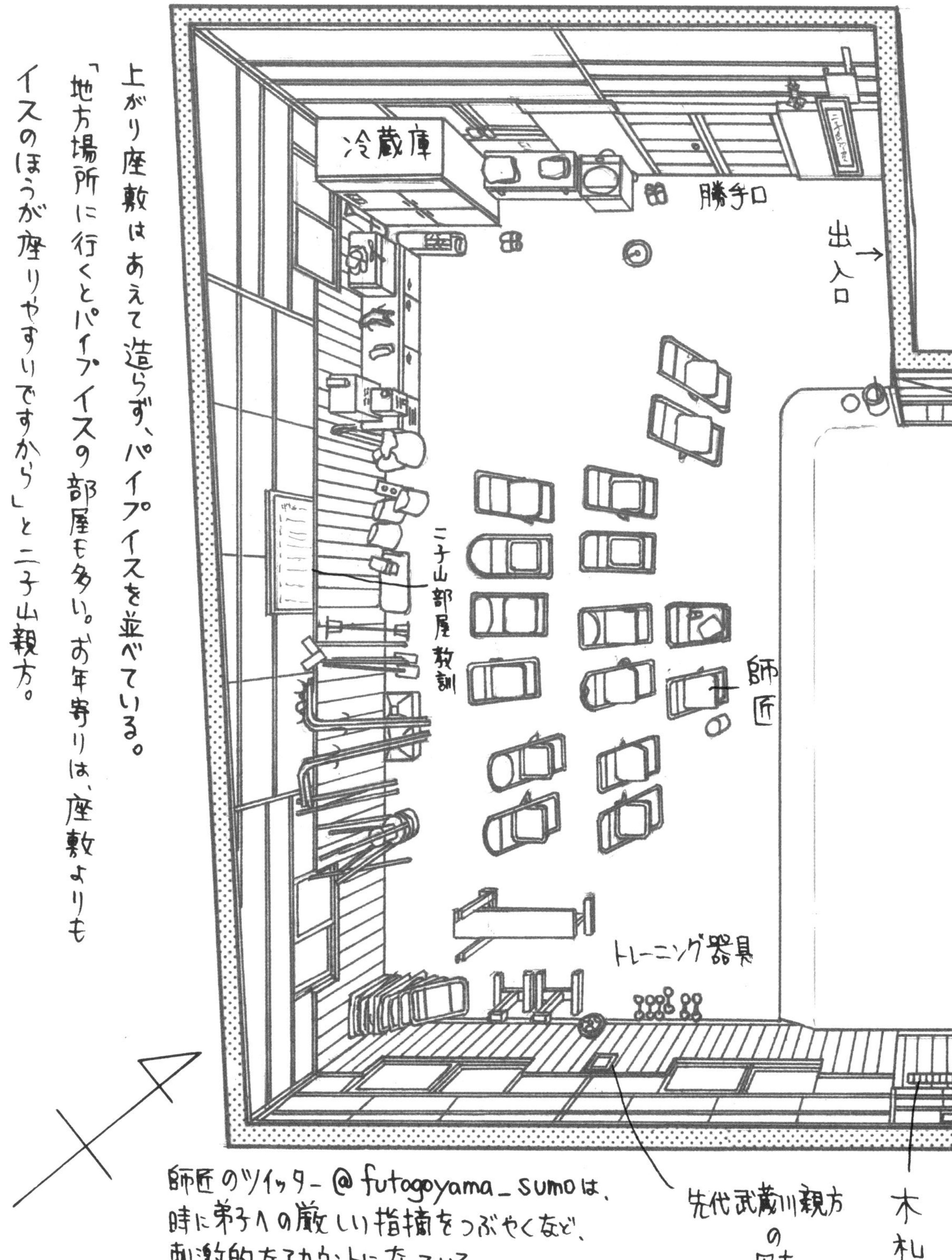

覚悟を決めて平成30年に独立
二男の死で決意が固まる

二子山親方は覚悟を決めて、平成30年4月に藤島部屋から独立した。師匠になろうと思った理由は2つある。1つは、年寄名跡「二子山」を継承したこと。貴乃花、若乃花らを輩出した旧二子山部屋はあまりに有名だ。

「二子山は相撲をよく知らない人も知っている。そうした中、部屋付き（親方）では終われない。一時代を覚えてもらっているのはプラスだと思っています」

「二子山部屋」を興すことを使命ととらえた。

もう1つは、天国に旅立った息子がきっかけだ。現役を引退した約3カ月後の平成25年6月、二男雅高くんが1歳で急死。直後、親方名を二子山雅人から二子山雅高に改名した。

「息子を1人亡くしてしまったので、もう1回、頑張らないといけないという気持ちでした。息子同様に（弟子を）育てたいという気持ちです。きつかったし、さびしかった。まさか、我が子を亡くすということが自分の身に起きるとは思いませんでした。そんな中、相撲部屋というのは、親御さんから大事な子を預かって、親として息子同然に育てていくんです」

息子の分まで生き、弟子を息子として育てる決意が固まった。

こういう背景があるからこそ、将来の夢も明快だ。

「ただ相撲を強くするのではありません。弟子をお預かりしているわけですから。上に上がる上がらないは、時の運もある。相撲界、二子山部屋に預けてよかったなと言われる人間作りをしたいんです」

平成30年の7月場所3日目のこと。序ノ口で颯雅が、89連敗中だった服部桜に敗れた。決まり手は腰砕けだった。まさかの敗戦に二子山親方は、まず、ほかの弟子たちに連絡を入れ、こう告げた。

「いいか、絶対に颯雅のことを馬鹿にしちゃだめだぞ」

颯雅の気持ちを思いやっていた。

「いい勉強になりました。相撲に絶対はないんです。本人も頭が真っ白だったと思います。服部桜も一生懸命稽古をして、強くなっている。だから、颯雅も恥じることはない。周りの兄弟子たちも、何も言わなかった。次の場所でリベンジしたらいいんです。本人はリセットして、修正しました。1勝3敗から3連勝して、勝ち越したんです。その修正能力はすごいと思います。この勝ち越しはうれしかったですね」

こんなところにも、息子同然に弟子を育てる師匠の思いがにじみ出ていた。

力士と一緒に汗をかき奮闘する毎日

稽古場には、「二子山部屋教訓」が掲げられ、稽古の最後に全員で唱和する。先代武蔵川親方（元横綱三重ノ海）の教えをもとに、二子山親方が自らの思いを加えた。7項目のうち、次の2つに強い思い入れがある。

一、常に全部勝ち優勝を目指すが、勝ち越し負け越してからの積み重ねが大事なので、一番の重要さを忘れない事

一、努力はその時に結果に表れなくても嘘はつかないので、信じて努力を続ける事

「現役時代、『勝ち越したからいいや』というような声にいつも疑問を持っていました。逆に4連敗しようが、そこから3つ白星を積み重ねることで、番付があまり落ちずにすむ。絶対に優勝するという気持ちで、土俵に上がってほしいと思っています。もう1つは、（アテネ五輪柔道金メダルの）阿武教子（あんののりこ）氏の言葉。努力は嘘をつかないという哲学を持っている方なんです。この2つは、特に大事にしていきたいですね」

あくまで人間教育を第一に考えている二子山親方だが、部屋には有望力士が多い。初の外国出身高校横綱となった狼雅（ろうが）を筆頭に、関取誕生までに、あまり時間はかからないだろう。

後援者の縁があって部屋を構えた所沢市。同じ敷地内に、住居と稽古場の建物が独立して建っている。気持ちを切り替えやすい環境でもある。

「稽古場はピリッとするところ。稽古が終わったら、リラックスする。スイッチのオンオフができる。ここはのどかで環境がいい。所沢の皆さんも一丸となって応援してくれています」

どんな部屋になっていくのか——。力士と一緒に汗をかき、奮闘する毎日。そんな二子山親方の姿を空から雅高くんがきっと見守っている。

看板のはなし

二子山部屋

書家の大原蒼龍氏が揮毫、右肩上がりの文字が部屋の勢いを表す

書家の大原蒼龍氏が揮毫した。後援者とつながりがあり、師匠が「お任せします」とお願いしたところ、部屋の勢いそのままに右肩上がりの文字で書かれたこの看板が出来上がった。稽古場にも同氏が揮毫した書が飾られている。

東京都・墨田区

陸奥部屋

師匠＝元大関霧島

平成9年12月に8代陸奥親方（元幕内星岩涛）が退職し、現師匠が名跡と部屋を継承。同時に部屋を現在地に移した。12年9月場所後に立田川部屋、令和元年9月場所後に井筒部屋を吸収した。主な関取は横綱鶴竜、小結白馬、幕内敷島。

部屋の閉鎖危機から一転、横綱鶴竜らを受け入れることも決まり、部屋のムードは確実に上がっている

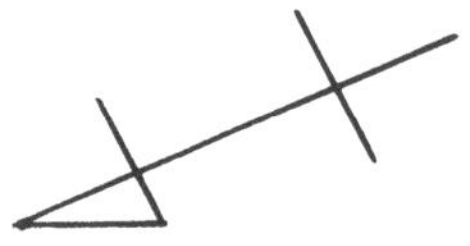

2階からの避難ばしごを設置している。

師匠の優勝額レプリカ。平成3年1月場所でのもの。3日目に小結安芸ノ島に敗れたが、13日目から横綱（旭富士、大乃国、北勝海）に3連勝して初優勝を決めた。大関昇進5場所目のことだった。

般若の面。歌手の竜鉄也氏（故人）から贈られた。知恵と憤怒を表している。

鶴竜

霧馬山

木札

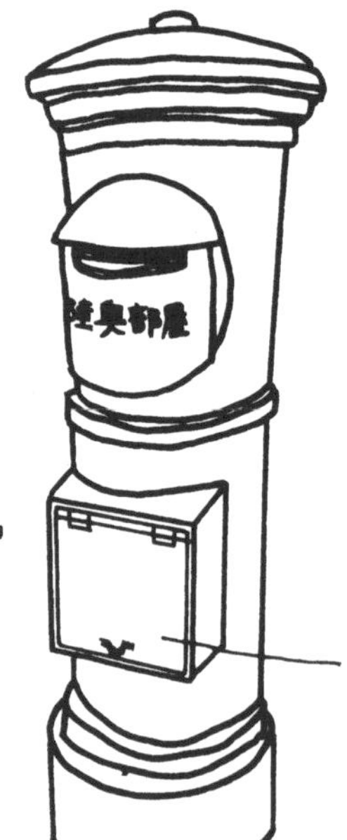

部屋の玄関前に置かれている郵便受け。石でできているが、郵便ポストそっくりなので、以前は間違えて投函する人も多かったとか。陸奥部屋の名物の一品。

ここを開けて郵便物を取り出す。

神棚の横には師匠の師匠に当たる先代井筒親方（元鶴ケ嶺）の写真が飾ってある。

↖ こちらの方向に国技館がある。陸奥部屋は全相撲部屋の中で国技館に最も近い。徒歩1、2分で、国技館の正面入り口まで225歩。通りを挟んだ向かい側が「ちゃんこ霧島」

玄関　◎郵便受け（右下参照）

予備校だった建物をリフォームして相撲部屋にした。1階は教室だったらしい。そのため、もともとあった柱を避けるようにして土俵が造られている。

立田山親方（元薩洲洋）

師匠

浦風親方（元敷島）

稽古場への入口

エレベーター
ドアは手動式

トイレの入口

神棚

トイレ

2階はちゃんこ場、風呂場、3階は大部屋、4階は関取用の個室、5階は師匠の自宅。

八百長問題で看板力士が引退 部屋再建の道のりは険しかった

「あの時は、もう部屋をやめようかと思ったんですよ」

陸奥親方がふり返るのは、八百長問題の影響で白馬、豊桜、十文字、霧の若が角界を去った時のことだ。

「部屋の人数が少なくなったし、残った兄弟子たちもやる気がないように見えて、部屋を閉めてしまおうかと弱気になったんです」

そんな思いを払拭できたのは、もっと若い力士たちの姿だった。

「下の子たちが一生懸命やっている姿を見て感じたんです。この子たちをやめさせるわけにはいかないと」

しかし、部屋再建の道のりは険しかった。部屋の看板力士がいなくなり、一部の後援者は離れていった。

「みんなに強くなってもらいたいと思って指導しています。自分の現役の時の相撲を見せたりして、気づいてくれればいいんですが。ぶつかり稽古がきついのはわかっているけど、あともう1歩が出ない。後押ししてやるにはどうしたらいいか……」

親方は現役時代、努力に努力を重ねて大関までたどり着いた。ウエイトトレーニングはご法度とされていた当時、独自の工夫を続けてきた。

「親方に隠れてジムに行きました。トレーニングウエアを隠して、走っていったんです。兄弟子にも負けたくなかったから、自由時間にテレビを見ている人を横目にジムへ行った。それが自信にもなった。弱いところは自分でわかるし、何より太れなかったので、筋肉を付けて体重を増やす目的もあったんです。本場所中でも負けて悔しいとジムに行きました。巡業に行ったら、まずジムを探しました。もちろん、ジムだけでは強くならない。そこまでやるのは、今の子には難しいかもしれません」

弟子たちにジム通いを強制してはいない。あくまで自主的にやらなければ、強くなれないと考えるからだ。昔とは違う気質の弟子たちに合わせた指導も考えている。稽古時間を短くし、その分、集中させる。時には集合をかけ、力士たちの気持ちを聞く。

「若い衆が頑張れるような環境作りをしたい」という気持ちが強い。

霧馬山の話題が 兄弟子たちの発奮材料に

そんな時、部屋の雰囲気を変える有望な新弟子が入った。白馬が引退して以来、モンゴル人力士を積極的に取るつもりはなかったが、後援者のつてで4人の入門志願者が平成26年10月に来日し、稽古場にやってきた。3、4日間、体験入門をさせた。全員がやる気に満ちあふれ、1、2時間やってもばてなかった。どの子も有望だった。

当初、入門させるつもりはなかったが、彼らの姿勢を見て、考えが変わった。一度帰国してもらい、1人を選んだ。それが、現在の霧馬山（きりばやま）だ。

「もっと大きい子も、もっと若い子もいました。でも4人の中で一番、相撲のかたちになっていたのが霧馬山でした」

当時、本人は「2年以内に関取になります」と言い、平成27年5月場所で初土俵を踏んだ。期待は、四股名にも表れた。霧島の「霧」、モンゴルを象徴する「馬」、「山」は時津風一門の大横綱双葉山から取ったほどだ。一時は幕下で壁にぶつかったが、平成31年3月場所で念願の関取になった。「日馬富士関のような横綱になりたい」と夢を語り、陸奥部屋を明るく照らした。

師匠の狙いは、本人が強くなることだけではない。

「兄弟子たちへの刺激。それを一番期待しています。負けた兄弟子たちが『クソー!』って思ってくれればいい。強くなるかどうかは、素質のあるなしではないんです」

令和元年9月場所後には、井筒部屋の横綱鶴竜らを受け入れることが決まった。本場所中に、元関脇逆鉾の井筒親方が死去。時津風一門内で話し合った結果、井筒部屋出身で、井筒親方の兄弟子でもある陸奥親方が引き受けることでまとまった。

井筒部屋は力士3人の小所帯だったこともあり、鶴竜は新天地について、「力士がやることは1つ。それに専念していきます。力士の数が増えるから、ぶつかり稽古も多くなる」と前向きだ。

陸奥部屋としても、現役横綱の転籍は大きな刺激になる。陸奥親方も「そうなればいいですね。期待しています」と話している。令和2年1月場所で霧馬山が新入幕を果たすなど、部屋のムードは確実に上がっている。

看板のはなし

陸奥部屋

師匠現役時代の整体師による揮毫 バランスの取れた見事な書

陸奥親方が現役時代にお世話になった山梨県甲府市の水谷スジ整体研究所の整体の先生、水谷逸也氏の書。引退間際にケガをした時に親身になってくれた縁もあり、看板への揮毫を依頼した。バランスの取れた見事な看板が、部屋の入口に飾られている。

湊部屋のルール

- 携帯電話の所持は三段目に上がってから。
- 門限は午後11時。

埼玉県・川口市

湊部屋

師匠＝元幕内湊富士

昭和57年12月に、元小結豊山が時津風部屋から独立。埼玉県に部屋ができたのは、戦後初のことだった。平成22年7月場所後に、部屋付き親方だった現師匠が、名跡を交換して部屋を継承した。主な関取は、関脇逸ノ城、十両仲の国。

今はじっくり力を蓄える時。
相撲が強くなるよりも先に
人としての成長を求める

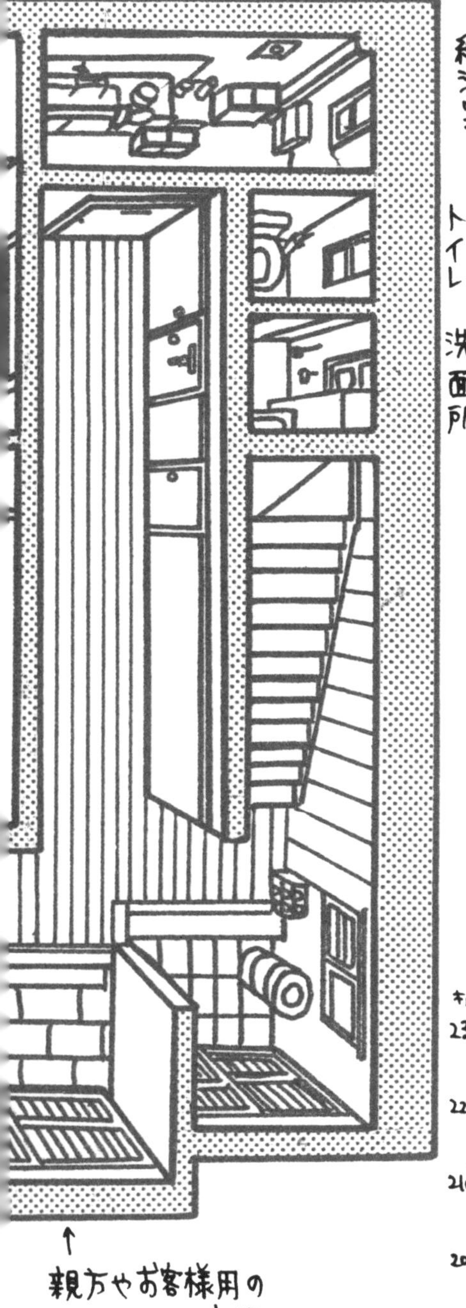

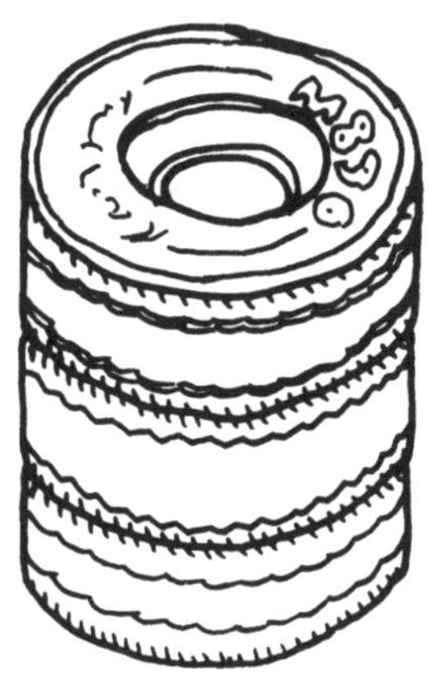

トレーニングに使うタイヤが稽古場に置いてある。1つ50キロあり合計150キロ。これを腰を落として押す。平成28年3月場所前から取り入れ、大阪から埼玉の部屋まで運んできた。

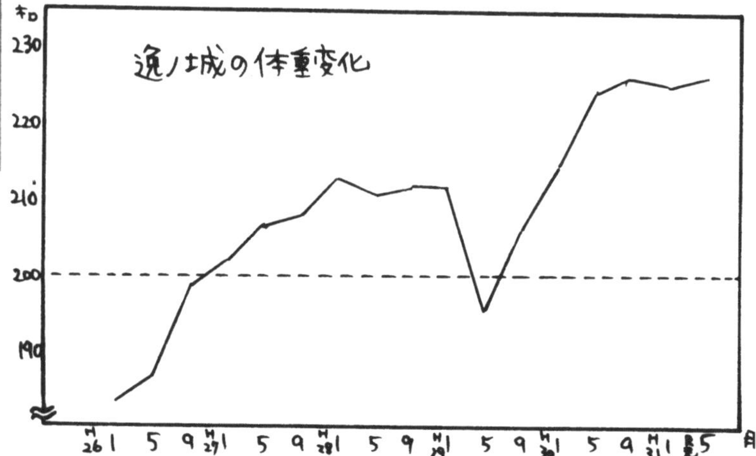

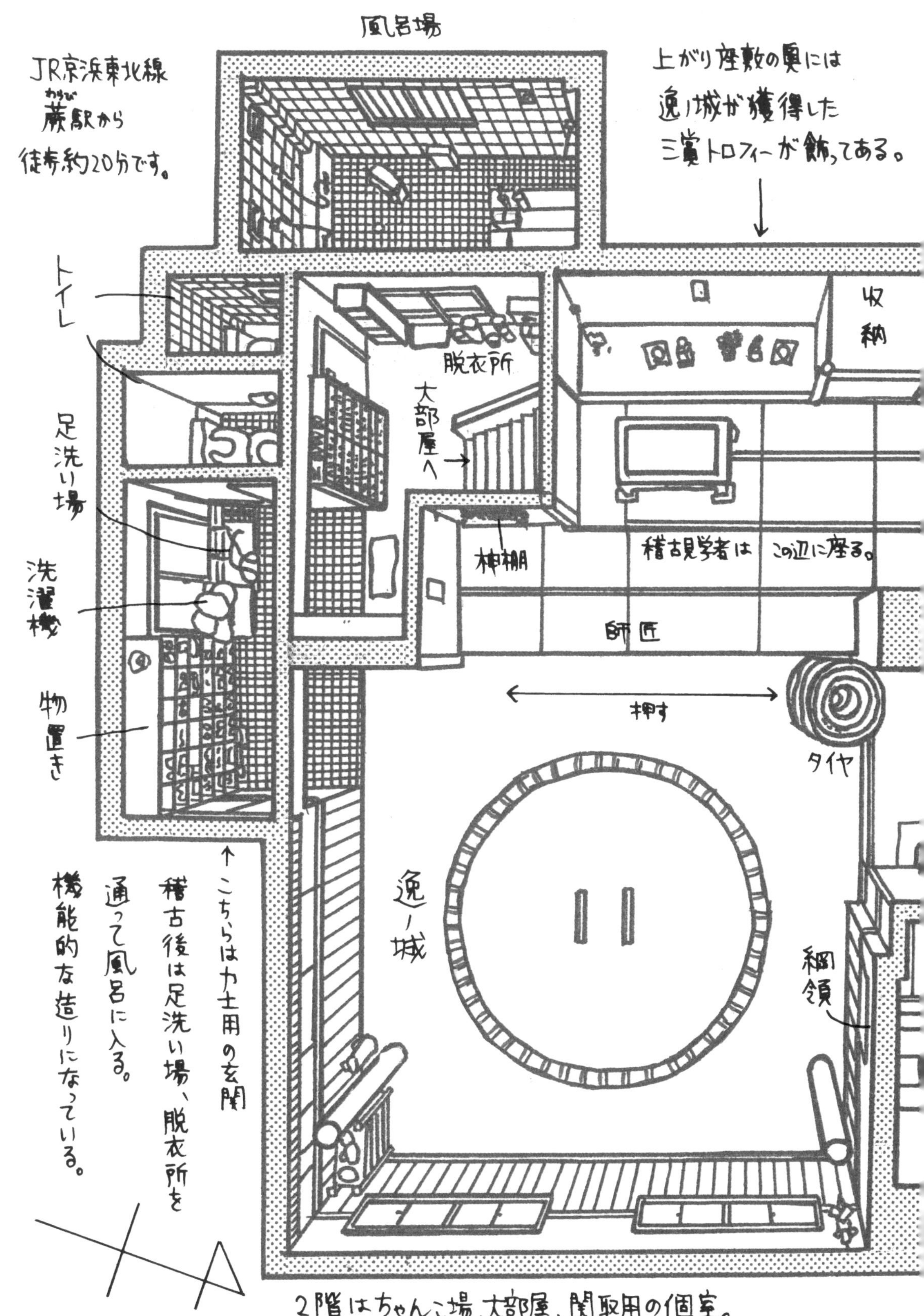

 湊部屋◎〒333-0847埼玉県川口市芝中田2丁目20番10号 ▷地図 P205

逸ノ城の活躍によって千秋楽パーティーが盛況に

平成26年9月場所。新入幕の逸ノ城（いちのじょう）が大暴れした場所として多くの人が記憶する。東前頭10枚目で快進撃を続けた逸ノ城は、終盤には上位と対戦。1横綱2大関を倒し、13勝2敗で殊勲賞と敢闘賞を受賞した。

その場所の千秋楽パーティーは、人があふれて会場に入り切れなかった。湊親方は、あの時のことをこうふり返る。

「初めての経験でした。スターが1人できると、こんなに変わるんだなと思いました」

当時、逸ノ城が大関や横綱に昇進するのは時間の問題とも思われた。だが、三役の常連になりかけたところで低迷期に入った。平成27年9月場所から30年1月場所まで、15場所連続で平幕。上位と下位を行ったり来たりした。このころ師匠は、「体重が増えて太りすぎ。どうしても後ろに体重がかかってしまうので、体をしぼらせたい」と言っていた。

平成28年3月場所の前からは、タイヤ押しを稽古の一環として取り入れた。合計150キロの巨大タイヤを腰を落として押す。体幹トレーニングも始めた。錣山部屋が専門のコーチを招いて土俵外のトレーニングなどに取り組んでいると聞き付けると、逸ノ城は泊まり込みで学びに行ったこともあった。このころ、仕切りも変えた。両手を相手より先について待ち、腰をより割れるようにした。試行錯誤の日々だった。

徐々に厳しい声も出始めた。「稽古不足」「工夫が足りない」など、大相撲中継内でも辛口の評が飛び交った。湊親方は当時、こう言っていた。

「稽古をまったく見に来ずに言う人もいる。何がわかっているのか。体がでかいから、イメージで言われるのではないか。でも、結果がダメだとそう言われてしまうんです。今に見ておけと思って頑張りますよ」

逸ノ城は、負けて引き揚げる花道でやじられることもあった。

「『モンゴルに帰れ』って言われることもあります。なんでそんなこと言われるんだろうと、気にしていたこともありました。でもおかみさんに『言いたい人には言わせておけばいい』と言われ、気にしないようにしています」

そう胸の内を明かしたこともあった。

夢は優勝力士を出すこと 大関、横綱になる力士を育てたい

潮目が変わったのは、平成31年3月場所。西前頭4

枚目で優勝次点の14勝1敗とし、殊勲賞を獲得した。全勝の白鵬に優勝をさらわれたが、本来なら優勝してもおかしくない堂々たる成績。200キロを超える超えないといった体重の話題は過去のものとなり、たぐいまれな巨体を操れるようになった。

湊親方も今はダイエットの必要性を口にしない。

「体重というより、動ければいい。動けるにはどうすればいいか。それは筋力の問題だったりする。準優勝は自信になればいい。もっと経験を積んで、ここ一番の集中、この一番にかける動きを硬くならずにできるようにしたい。気持ちの持っていき方が課題かもしれません」

安定性が身に付けば、三役定着、大関昇進が視野に入る逸材であることは、誰もが知っている。朴訥とした口調と、おおらかなキャラクター、スケールの大きな相撲は、多くのファンを引き付けている。

「いろんな人から期待の声を聞きます。(師匠として)どうにかしないといけないというプレッシャーがありますが、楽しみもある。実は、逸ノ城が入って、ほかの弟子たちが変わってきました。頑張って追いつこう、近づこうと、あまり言わなくても考えてやるようになりました。やはり、自分で考えることが大事。これは相撲だけじゃなく、その後の人生にもかかわってくることなんですよ」

湊親方は、相撲が強くなるよりも前に、人としての成長を弟子に求めている。

「相撲が強いだけではダメ。偉ぶらず、謙虚でいてほしい。偉そうにしたら許しません。みんなが応援したくなるような人間を育てたいんです」

ゆえに、弟子の人数は増やしすぎず、1人1人に目が届くようにしておきたいという。

「夢は優勝力士を出すこと。大関、横綱になる力士を育てること。優勝パレードができたらいいですね」

今は焦らず、力を蓄えようとしている。

看板のはなし

湊部屋

部屋の創設時に先代が自ら制作、白色で書かれた豪快な書体が個性的

先代(元小結豊山)が部屋を興した時からの看板をそのまま引き継いでいる。篆刻をやっていた先代が自ら制作した。太く豪快な字で書かれており、文字が白く塗られている個性的な看板。

漫画「のたり松太郎」のモデルになった部屋。
作者のちばてつや氏が取材に来たことがある。

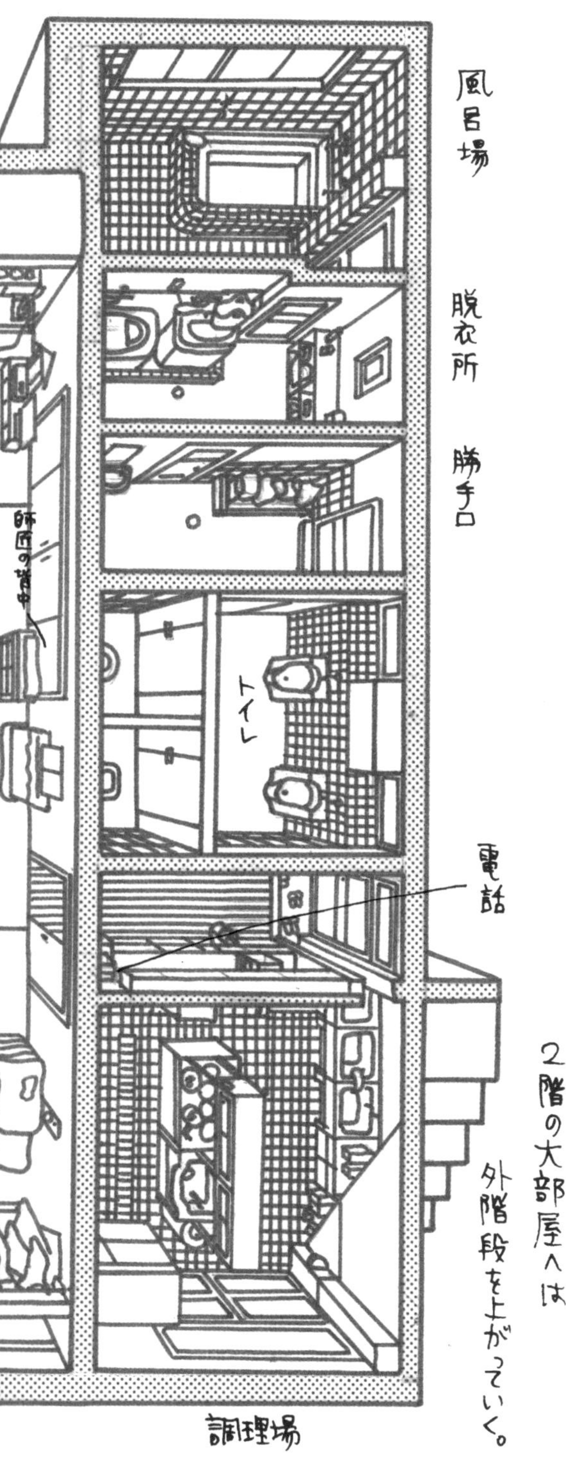

一部の若い衆や電話番は1階の上がり座敷で寝るため、布団が置いてある。

東京都・練馬区

峰崎部屋

師匠＝元幕内三杉磯

昭和61年9月場所を最後に引退した現師匠は、放駒部屋の部屋付き親方だったが、63年12月に独立。平成24年5月場所後、花籠部屋を吸収合併した。花籠部屋から移籍してきた荒鷲が、24年9月場所で再十両入りを果たし、部屋初の関取が誕生した。

師匠の停年まで残りわずか。裏方を含め、部屋一丸となって師匠を盛り立てようとしている

東京・練馬区にある唯一の相撲部屋。周囲は住宅地で最寄り駅は有楽町線副都心線の地下鉄赤塚。師匠は、ゆったりした街の雰囲気を気に入っている。

部屋の電話は公衆電話。緊急時のために10円玉が積んである。

師匠(おやじ)の背中

ハァードスコイ～～
あの日の出会いが夢の始まりヨ～
ハァ～不器用だけど繊細で
純粋なのに隙がない
新弟子時代はただ怖く
駆け込み寺はおかみさん
ちゃんこの味がしみた頃
少しずつだが見えてきた
二人の息子と隔てなく
注ぐ愛情惜しみ無し
親方として人として
時には心を鬼にして
孤独を闘い日々努力
普段は見せぬ泣き顔も
弟子の全勝優勝や
引退断髪 止め鋏
堪えきれずに溢れるは
思いのこもった結晶よ
悪いことも良いことも
心を見透かす
「師匠(おやじ)の目」
押さえつけられ 引きずられ
守ってくれた
「師匠(おやじ)の手」
立ちはだかった高い壁
気づけば
砦に成っていた
相撲の道も人生も
男の修業と微笑んで
全て飲み込み
全てを語る
「師匠(おやじ)の背中」が
ヨ～ホホホイ
ハァ～道標ョ～
ハァ～ドスコイ～

詞 弘行

↑平成28年4月29日 峰崎親方の六十歳を祝う会で披露された相撲甚句。作詞は呼出し弘行。

玄関

収納

収納

神棚

大量の米。シートをかぶせて保管している。

二

師匠

鏡

荒鷲

四土俵

土俵の四方は珍しく、丸い柱で囲われている。2階は大部屋と間取の個室、3階は親方の自宅。テッポウ柱は木曽ヒノキ。腐ってしまい立て直したことがある。

4

師匠の師匠である花籠親方(元大ノ海)の写真。色あせて、ほとんど見えなくなってしまった。

稽古場への出入口

今はほとんど使わないカラオケ機器

あえて口うるさくし弟子の奮起を期待する

峰崎親方は、あえて力士にとって口うるさい師匠であろうとしている。

「相撲部屋の親方は怒ってなんぼ。怒る師匠でありたい。私は憎まれてもいいんです。（力士が）『見返してやるわい』と奮起してくれれば。その分、おかみが一生懸命フォローしてくれますから」

弟子の気持ちを奮い立たせるにはどうすればいいかを考える日々。稽古熱心として知られた親方には、現役時代、信念があった。

「私は親孝行をしたい一心でした。あとは、兄弟子にかち食らわせるには、土俵で返すしかありませんでしたから。当時はやめたら、路頭に迷うしかない。誰も助けてくれなかったんです。今とは環境が違いますね」

多くの師匠と同じく、自身の現役時代と現代の力士との気質の違いに頭を悩ませている。

「第一に気迫。常に土俵に気持ちが向くようにしてやりたい。普段から競争心を持たせるようにもしたい。今は学校の運動会でも順位をつけない時代ですから」

昭和63年末に独立してから、四半世紀以上がたった。平成24年5月場所後に花籠部屋を吸収合併し、移籍してきた荒鷲（あらわし）が同年9月場所で再十両に。これが峰崎部屋としての初の関取となり、26年5月場所には新入幕を果たした。部屋全体が祝福ムードに包まれたが、今は違う。部屋頭だからといってちやほやせず、厳しく指導する。

「もっともっと、関取はすごいってところを稽古で見せてほしい。稽古すれば、もっと強くなれる」

奮起を促すために、荒鷲の目の前にニンジンをぶら下げたこともある。師匠の停年が近づいたこともあり、一時は部屋の後継者として考えた。日本相撲協会の規定では、十両と幕内通算30場所以上で年寄名跡取得の条件を満たせる。

「30場所（関取の座を）維持できたら、部屋を譲ってもいいよと言ったこともあるけど、食らいついてこないんだよな」

出稽古は芝田山部屋へ互いの部屋を行き来する

もちろん、ぼやいてばかりもいられない。力士たちを強くするため、場所間は同じ二所ノ関一門の芝田山部屋と1週間から10日ごとに互いの部屋を行き来する。稽古開始は午前6時。芝田山部屋へ出向く時は、午前4時過ぎに起床し、5時10分の始発電車に乗る。東京の練馬区から高井戸まで約1時間。互いの部屋が競い合って、鍛えている。200キロを超える巨漢との稽古は、交流があってこそ体感できる。荒鷲にとってもいい腕試しになるため、「いろんなタイプの力士がいるので、いい稽古になりますね」と歓迎している。

こんな部屋を下支えするのは、力士のフォロー役となるおかみさんのほか、所属する行司、呼出し、床山の裏方たち。特に行司の木村銀治郎と呼出しの弘行は、親方が「100%信頼している」と頼りにする存在だ。

新弟子獲得のため、銀治郎はあの手この手を尽くしてきた。プロ野球の戦力外通告を受けた選手が集う合同トライアウトで、勧誘のチラシを配ったこともある。入門には至らなかったが、高い身体能力を持つプロ野球選手に目を付けたのは、峰崎部屋が初めてだった。また、デザイナーに依頼して相撲人生をすごろくにしたチラシを用意したこともあった。弟子集めに苦労してきた部屋の一助になった。

「相撲部屋は1つのチームなので、僕らがかゆいところに手が届く存在でないと、部屋にいる意味がない。師匠がいて、弟子がいて、何か1つでも欠けちゃいけない」と銀治郎。弘行は平成28年4月29日に行われた峰崎親方の還暦祝いに際し、相撲甚句「師匠(おやじ)の背中」を書いた。

(詞) 相撲の道も人生も　男の修行と微笑(ほほえ)んで
　全て飲み込み　全てを語る
　「師匠(おやじ)の背中」が　道標(みちしるべ)よ

裏方も含め、部屋が一丸となって師匠を盛り立てようとしている。

峰崎親方は、残り少なくなった師匠としての時間、その目標をこう語る。

「今の若い衆をしっかりした気持ちを持った大人にしてあげたい。そうすると自然に相撲も伸びてきますから。洗濯にしてもそう。たわいもないことだけど、それがきちんとできるようになると強くなるんです」

看板のはなし

峰崎部屋

師匠の出身地である青森県の住職に書いてもらった書

知人のつてをたどり、師匠の出身地である青森県の寺の住職に書いてもらった。独特の書体で、力強く、躍動感がある。地方3場所の看板も同じ住職が書いたもので、看板に統一感がある。

東京都・墨田区

宮城野部屋

師匠＝元幕内竹葉山

平成元年6月に元小結廣川が死去し、部屋付き親方だった元幕内竹葉山が継承。16年8月から元十両金親が師匠を務めたが、22年12月から現師匠が再び継承している。27年9月に墨田区緑から現在地へ移転。主な関取は、横綱白鵬、幕内石浦、炎鵬。

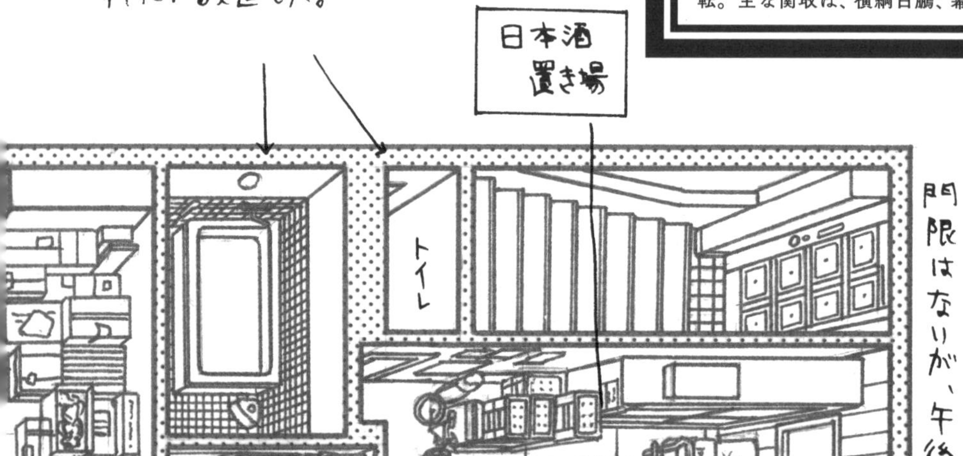

平成27年に墨田区緑から八広に移転。圧倒的な実績を残してきた白鵬が、黙々と汗を流し、背中で模範を示す

もともとバイク店だった建物を相撲部屋にリフォームした。
その際、風呂場とトイレは新たに設置した。

コーヒーメーカー

焼酎置き場

大横綱が在籍していることもあり、常に差し入れがいっぱい。
米、飲料が所狭しと置かれている。特に日本酒や焼酎は大量にあり、ケースが山積みされている。

バイク店だった名残りで天井からクレーンのフックが吊られている。

稽古場の壁には、羽目板でなく、クッション性の素材を取り付けてある。このイラストではわからないが、稽古場の4分の3くらいが吹き抜けになっていて、2階から土俵を見ることができる。
2階はちゃんこ場、3階は大部屋、4階は師匠の自宅。

力士心得
一、我々は力士の本分である礼儀を重んじます
二、我々は先輩の教えを守り稽古に精進します
三、我々は服装を正し体の清潔に心掛けます
四、我々は暴力を排除し自覚ある行動を心掛けます

木札の下に掲げている力士心得。稽古の最後に全員で唱和する。

白鵬の優勝額レプリカ(平成26年5月場所)

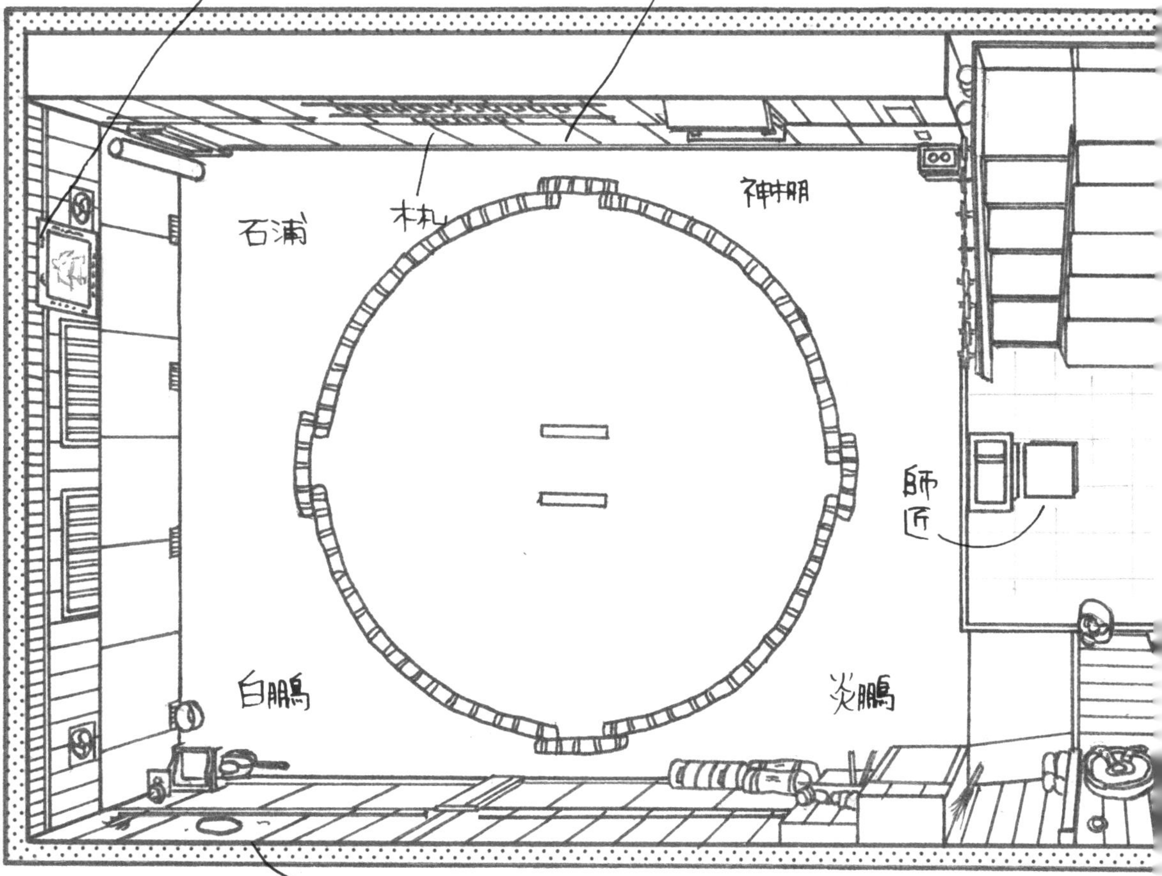

木札
石浦
神棚
白鵬
炎鵬
師匠

宮城野部屋の力士の行きつけで有名になった「カフェのらくろ」が明治通りをはさんだ斜め向かいにある。徒歩1分。

稽古場に掲げている日の丸には白鵬直筆の「夢」「目指せ!!東京オリンピック2020」

白鵬にこの稽古場での思い出を聞いた。

「きつかった時の稽古です。この土俵でぶつかり稽古を45分間もやった記録が残っていますからね。三段目の時です」

「終わってからしんどかったのを覚えています。でも心臓の鼓動は最初の15〜20分くらいで慣れましたね」

→ そのぶつかり稽古で胸を出していたのは白鵬の兄弟子の元幕下荒若。現在、東京・新宿区のちゃんこ店「心山」の店長を務めており、当時をこうふり返る。

「あのころ、(白鵬は)砂まみれになりながら毎日泣いていました。強くなろうという気持ちが強かったので、倒れてもすぐに立ち上がってきました。今はいい思い出ですが、当時は『何だこいつ』と思われていたかもしれません(笑)たまに部屋に顔を出すと『あの時、胸を出してもらってよかったですよ』と言ってもらえるのはうれしいですね」

当時、荒若の足袋は、2、3日で穴があいてしまったそうだ。

風呂場は狭く、洗い場に1人、浴槽に1人入るだけでいっぱいだった。

玄関を出てすぐ右にホースの付いた水道があった。若い衆はここで体に付いた土を流してから風呂場へ行く。屋外なので冬場は辛そうだった。

旧宮城野部屋は、元小結廣川が部屋を継承し、昭和55年9月に墨田区緑に移転。平成27年9月に墨田区八広に移転するまで、約35年間使われた。

この間、師匠は廣川→元幕内竹葉山→元十両金親→竹葉山と継承された。

最後は建物の耐震構造上の問題が判明し、この部屋を離れた。

白鵬は入門から横綱昇進まで、この部屋で育った。

稽古場には羽目板でなくオレンジ色のクッション性の素材が取り付けられていた。

神棚

白鵬

木札は移転先に引き継がれた。

師匠

石浦

このテッポウ柱は移転した部屋で再利用している。

移転する時、白鵬はこう言った。

「恋人と別れる…。青春ってそういうことだね」

40回超えの優勝を果たした白鵬大横綱の場所前の稽古は？

前人未到の優勝40回超え。横綱白鵬は、勝ち星にまつわる記録のほとんどに名を連ねている。30歳を超え、若いころに比べて稽古量は減っているかもしれないが、稽古場での準備が強さの下支えになっている。大相撲史に残る大横綱の場所前の稽古を記しておきたい。

▽平成30年3月場所　1月場所、左足親指を痛めて5日目から休場。3月場所は全休。

▽春巡業　4月1日の巡業初日から参加。9日に父ムンフバトさんが死去したため、11日にモンゴルへ戻り、15日に再来日。16日から巡業に合流も、発熱で20～23日まで離脱。27日に巡業終了。

▽4月30日　5月場所番付発表。

▽5月1日　部屋で綱打ち。綱が出来上がるまでの約1時間、土俵脇で四股やすり足を繰り返して汗を流した。午後は国技館で力士会に参加。協会主催の赤ちゃん抱っこ撮影会にも協力した。

▽2日　部屋で稽古。午後は国技館で協会の研修会。

▽3日　国技館で横審稽古総見。御嶽海と遠藤を指名して17番取り、16勝1敗。

▽4日　宮城野部屋で稽古。若い衆と10番。

▽5日　宮城野部屋で稽古。若い衆と13番。午後は東京・光が丘公園で行われたモンゴルの祭り「ハワリンバヤル」に参加し、モンゴル相撲の表彰式プレゼンターを務めた。

▽6日　休養。

▽7日　伊勢ケ濱部屋で行われた伊勢ケ濱一門の連合稽古。幕内の魁聖、宝富士、旭大星、十両の誉富士、照強を相手にして13勝負けなし。

▽8日　前日と同様。魁聖、宝富士に11勝負けなし。

▽9日　時津風部屋へ出稽古。この日は苦戦。逸ノ城に2勝4敗、正代に5勝0敗、豊山に1勝5敗、合計8勝9敗だった。

▽10日　友綱部屋へ出稽古。魁聖、旭大星に13勝負けなし。

▽11日　休養。

▽12日　国技館での土俵祭に出席。

▽13日　夏場所初日。

稽古量の減った白鵬だが準備運動はしっかりと行う

この中でも特に、平成30年5月2日の稽古を詳細にふり返ってみたい。

◆午前8時30分ごろ　午後に研修会を控えていたた

め、ほかの力士たちは稽古終了。
◆午前9時37分　白鵬が稽古場に登場。目薬を差し、ストレッチを始める。
◆9時41分　コーヒーメーカーでいれたコーヒーをカップ1杯飲み干した。股割り、ストレッチ。
◆9時45分　立ち上がり、四股を18回。
◆9時50分　土俵に入り、四股を17回。土俵の中で土をかみしめ、足踏みを繰り返す。四股20回。
◆10時0分　小さくジャンプを20回。四股20回。足踏み30回。すでに体は汗だく。
◆10時7分　蹲踞（そんきょ）、四股17回。テッポウ柱を使ってストレッチ。
◆10時14分　テッポウ98回。
◆10時19分　土俵の周囲をすり足。汗が吹き出してきた。ケトルベルを後ろ手に持って、スクワットをしながらすり足。
◆10時30分　塩をまいて土俵へ。1人で立ち合いの動きを確認。土俵外ではすり足。
◆10時41分　稽古廻しを外す。
◆10時42分　腹筋。終了。

稽古場にいたのは1時間10分ほど。時間は短いが、動きに一切の無駄がなく、1人で黙々と体を動かした。相撲を取る稽古の時も、入念な準備運動を怠らないことが、白鵬の強さの源でもある。

もちろん、稽古場での目に見える動きだけが本場所につながっているわけではない。休養、食事、治療、研究、睡眠などがすべて絡み合って相撲に表れる。時には夕方に1人、稽古場に立つことも少なくないという。

宮城野部屋が現在地に移転する前も今も、横綱の実力からしてみれば、稽古相手に恵まれてきたわけではない。稽古場も決して広くない。それでも圧倒的な実績を残してきた。「（土俵の）15尺があれば、強くなれる。関係ないですから」との言葉には説得力がある。

同年の9月場所で幕内1000勝を達成。誰も経験のない道を歩んでいる。

看板のはなし

宮城野部屋

有名書家による移転前からの看板を200万円かけて修理

宮城野親方によると、有名な書家に書いてもらった字だが、作者は不明。移転前から掲げられていたもので、移転後、文字の部分に金箔を貼り、表面に防水加工を施した。部屋の後援者が約200万円かけて修理した。

師匠が米国出身なので
英語圏からの来客が多い。

東京都・江戸川区

武蔵川部屋

師匠＝元横綱武蔵丸

平成15年11月場所限りで引退した元横綱武蔵丸が、25年2月3日に年寄武蔵川を襲名した。藤島部屋の部屋付き親方だったが、4月1日付で独立。すでに閉鎖されていた旧中村部屋に転居した。

コツコツと全国に足を運び、集めた弟子とは信頼関係を結ぶ。関取誕生の日は確実に近づいている

この建物は、平成24年まで元関脇富士櫻の中村部屋だった。受け継いだ際、風呂場、トイレなどをリフォームし、武蔵川部屋としてスタートした。1階は稽古場、2階は大部屋、3階は師匠の自宅、4階は「ホテルみたいな」小部屋がある。

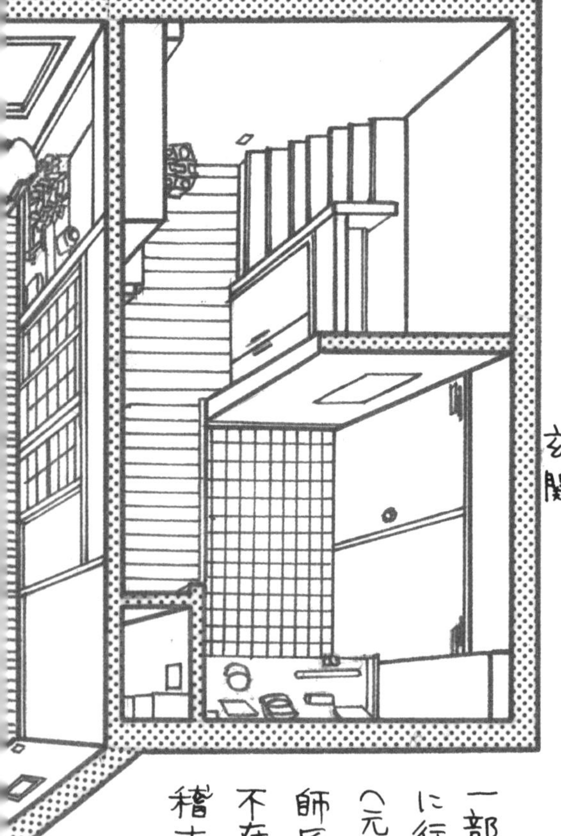

一部の力士が出稽古に行く際は、雷親方（元垣添）がついていく。師匠がスカウトなどで不在の時は、雷親方が稽古を仕切る。

上がり座敷の隅に置いてある師匠専用のイス。太い切り株のような形の特注品で、師匠の体がちょうどおさまるサイズ。頑丈にできていて、師匠によると「小錦が座っても壊れないよ!!」

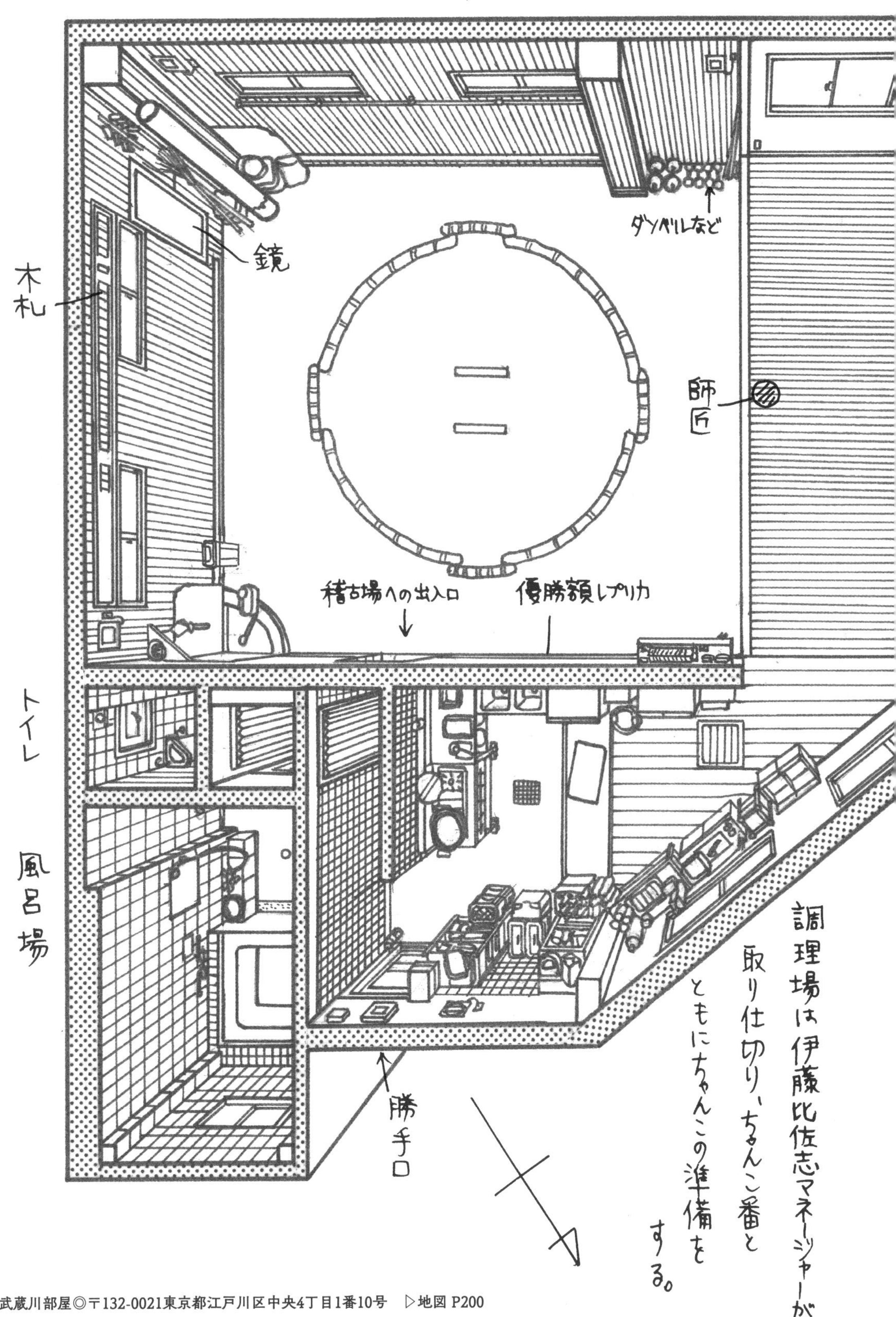

 武蔵川部屋◎〒132-0021東京都江戸川区中央4丁目1番10号 ▷地図 P200

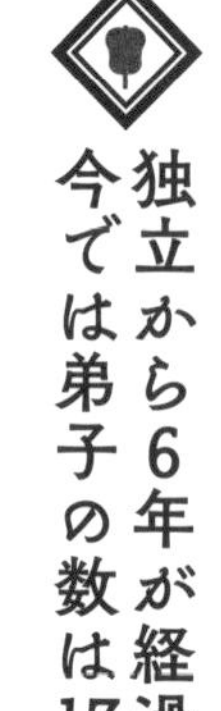

独立から6年が経過し今では弟子の数は17人

平成25年4月1日付で独立してから、6年以上がたった。武蔵川親方は、「ここまで弟子が増えるとは思わなかったので、びっくりしている」と言う。3人の内弟子を引き連れて部屋を興し、令和2年1月場所現在17人となった。どの部屋も新弟子獲得に苦労している昨今、この増え方は著しい。師匠がコツコツと全国に足を運んだ成果だ。

「場所休み中もあちこちに行く。休みはないくらい。（日本に）地元がないから、相撲界に入れるためのパイプがない。ハンディがあるよね。だから、まず人に会う。自分のことを知ってほしいんだ。信頼関係は会話から始まるから、コミュニケーションを取りにいく。1回、2回と足を運んで、子供の気持ちを理解しないといけないから。自分にパイプがないのは、最初からわかっていたこと。協会の中で、一番あちこちに行っているんじゃないかなぁ……」

武蔵川親方のフットワークは軽い。なんの縁もない土地に、元横綱が訪れることに驚く中学や高校の関係者は多い。あの朴訥とした口調で、話を盛ることもなく、誠実な思いを伝えていく。信頼関係が成り立った上で、入門してくる。だから、逃げ出してやめた弟子はいない。1人1人としっかり向き合ってきたからこそ、活気のある稽古場の雰囲気が出来上がった。

先代に教えられた稽古をアレンジして武蔵丸流に

稽古時間は決して長くない。集中させるため、午前8時から約2時間半で終える。門限と消灯は午後10時半。この時刻になると、部屋全体のセキュリティーが作動し、アラームが鳴る。

「稽古に集中してほしいから、長くはやらない。ダラダラやっても仕方がない。人数がもっと多くなったら変わるかもしれないけど。始める時間も、早くやっても仕方がない。例えば、朝5時半に始めて、3時間稽古して終わったら、そのあと何する？　悪さするもん（笑）」

約2時間半の間には、オリジナルの稽古も取り入れている。例えば、バスケットボールと同じくらいの大きさだが、もっと重いメディシンボールを使い、腰を下ろした姿勢で2人1組になってチェストパス（胸の前から押し出すように投げるパス）を繰り返す。親方が現役時代から取り組んでいたトレーニングで、「押し」を強化する狙いがある。また、4人が土俵の東西南北に位置し、ものすごい速さで土俵をぐるぐるとすり足で回る。内側を向いて1周、逆回りでもう1周。次は外側を向いて同様に回る。攻める時も守る時も、丸い土俵をうまく使えるようにと、体に覚え込ませる。ほかの部屋ではあまり見られない稽古だ。師匠が現役時代に先代武蔵川親方（元横綱三重ノ海）から教えられた稽古を基本に、武蔵丸流にアレンジして、今の時代に合ったものを考えているという。

すべてが順調なわけではない。甥の武蔵國は令和元年9月場所いっぱいで引退し、24歳でハワイに帰った。最高位は幕下26枚目。あと少しの壁を破れなかった。一方、次なる関取候補は順調に育ってきている。

稽古場には英語圏からの来客も多く、国際色は豊か。師匠の人脈は広く、いつも稽古場はにぎわっている。横綱武蔵丸を育てた先代武蔵川の石山五郎さんは、東京場所前に一度くらいやってくる。かつて〝鬼の武蔵川〟だった時の顔は、今は見せない。口出しはせず、孫弟子たちを静かに見守っている。

「指導はもっと厳しくてもいいんだけど……。今の武蔵川の性格も考えもある。それはそれでいい」

日本相撲協会を停年となった石山氏は現在、相撲博物館の館長を務めている。年に数回だが、稽古を見に行くことを楽しみにしている。

「俺が行くと、マル（武蔵川親方）がちゃんこ（の仕込み）をやっているみたいなんだよな」と言って、目を細めた。

武蔵川親方は、「新弟子には任せられない。それは当然のこと。失礼になってしまうから。今も緊張するのは変わらない」と言い、雷親方（元小結垣添）も「（先代が）部屋にいらっしゃると、現役当時のことを思い出します。（稽古場に）座るだけで緊張感があります」と話す。

先代にも見守られながら、武蔵川親方は弟子を育ててきた。有望力士は多い。誰が壁を破ってくるのか。その時は、確実に近づいている。

看板のはなし

武蔵川部屋

どの部屋の看板にも似ていない完全オリジナルの独特の書

名古屋在住のデザイナー・左右田薫氏に、独立する時に書いてもらった。横書きは少数派だが、独特の書体で、力強く勢いが感じられる名書。どの部屋の看板にも似ていない完全オリジナルの仕上がりだ。

1階は稽古場、ちゃんこ場など。
2階は大部屋と個室が3つ。
3階は師匠の自宅。

移転前は2階にちゃんこ場があったためちゃんこ番は廻しを締めたまま上がらなくてはならなかった。移転後は、その不便さを解消した。

東京都・江東区

山響部屋

師匠＝元幕内巌雄

昭和60年1月限りで引退した横綱北の湖が、一代年寄として、三保ケ関部屋から同年12月1日付で独立。平成27年11月20日に急逝し、部屋付きだった山響親方が同23日付で継承。29年4月29日付で移転した。主な関取は、幕内北太樹、北磻磨。

平成29年に東砂に移転し、地域と密着。先代北の湖親方の教えを伝え、独自の考えも加えて関取誕生を目指す

国技館まで車で約15分。最寄り駅の東京メトロ東西線・南砂町までは徒歩約10分。部屋近くのバス停から国技館前まで直通の路線バスがある。

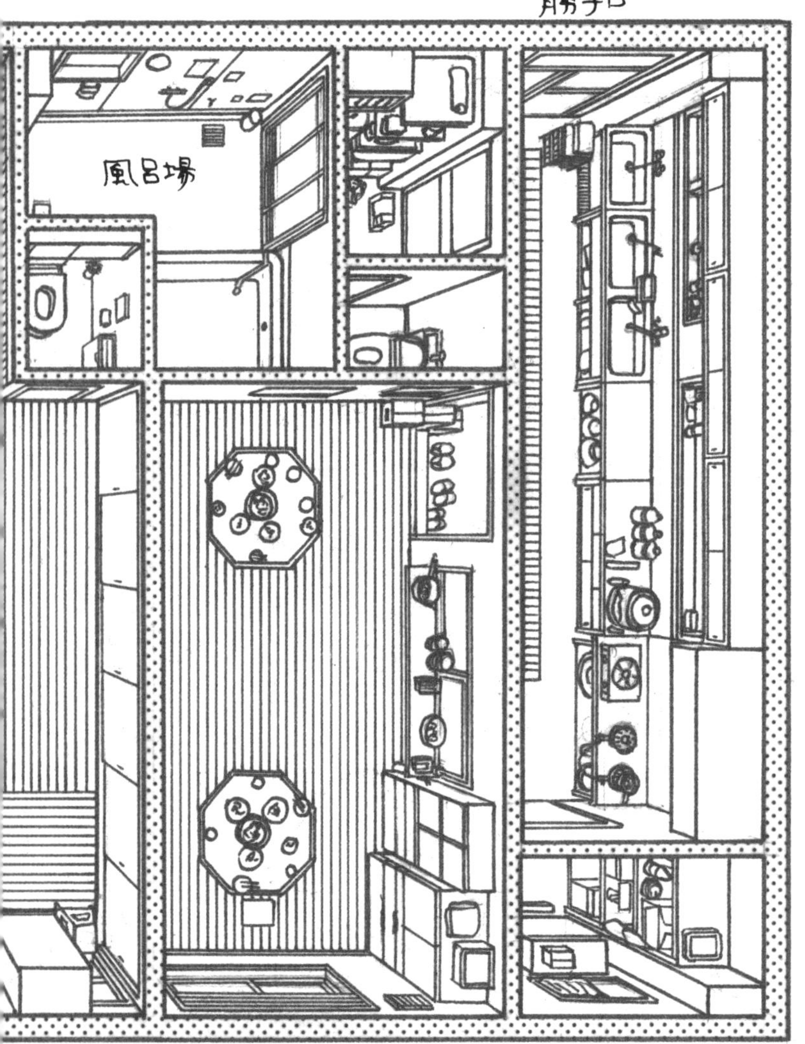

角界最重量292.6キロを記録した大露羅（おおろら）は平成30年9月まで在籍していた。

マグロの解体ショーを行い、地元の人たちと交流をはかったこともある。

山響部屋のマーク

おかみさんの知り合いのデザイナーが考案した。部屋のウェブサイトなどで用いられている。師匠は「一発で気に入った!!」

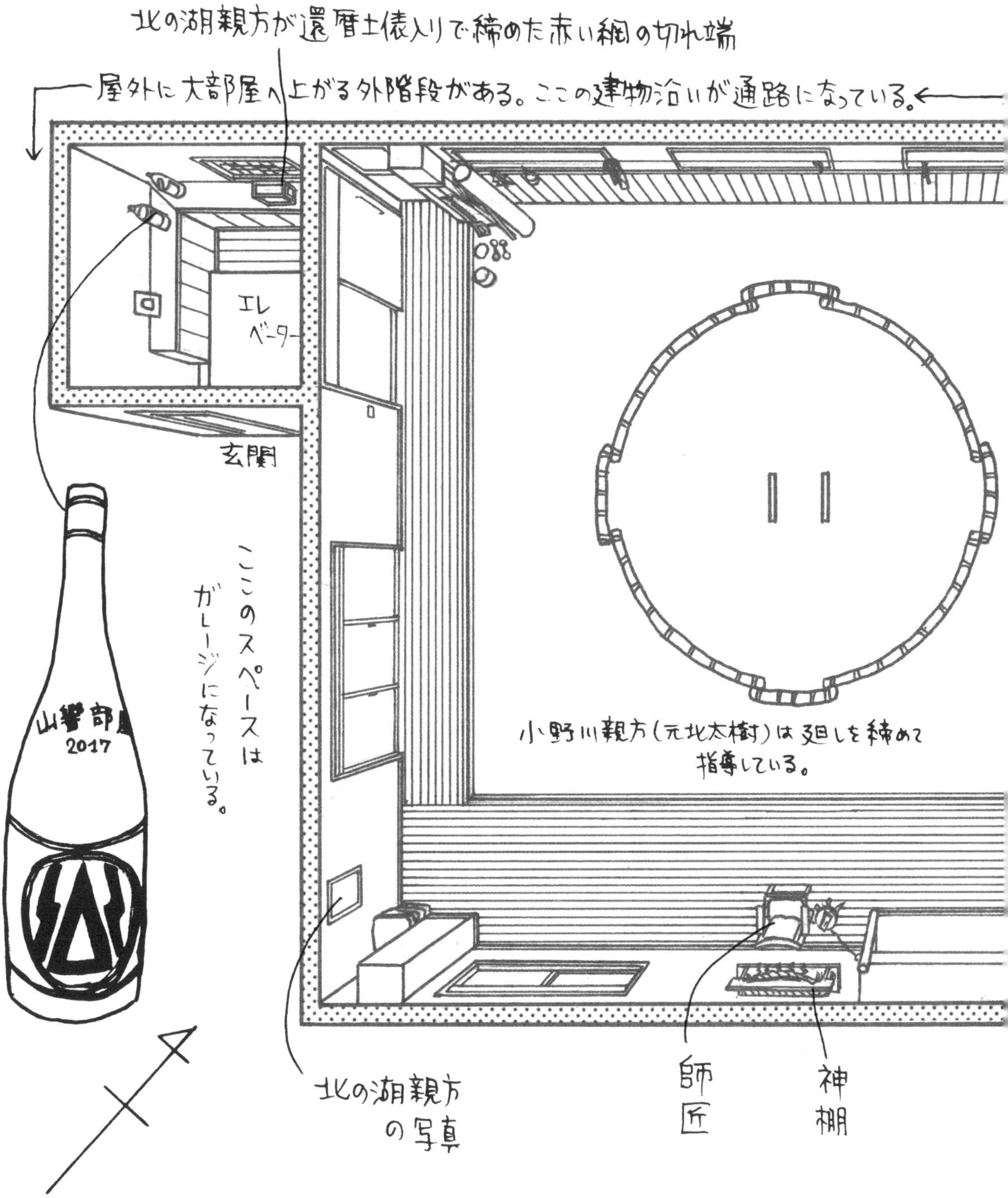

北の湖親方が還暦土俵入りで締めた赤い綱の切れ端

屋外に大部屋へ上がる外階段がある。ここの建物沿いが通路になっている。

エレベーター

玄関

ここのスペースはガレージになっている。

山響部屋
2017

小野川親方(元北太樹)は廻しを締めて指導している。

北の湖親方の写真

師匠

神棚

旧
山響部屋

北の湖親方（元横綱）が平成27年11月20日に急逝し、同23日付で、部屋付きだった山響親方が継承した。

平成29年4月に移転するまで約1年半、この稽古場を使った。

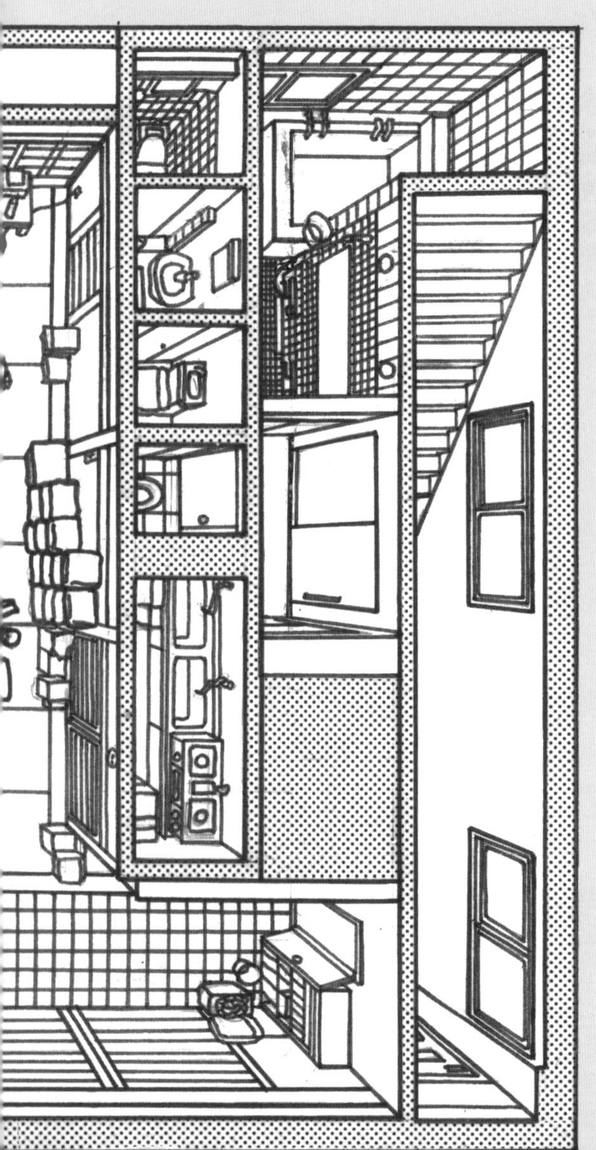

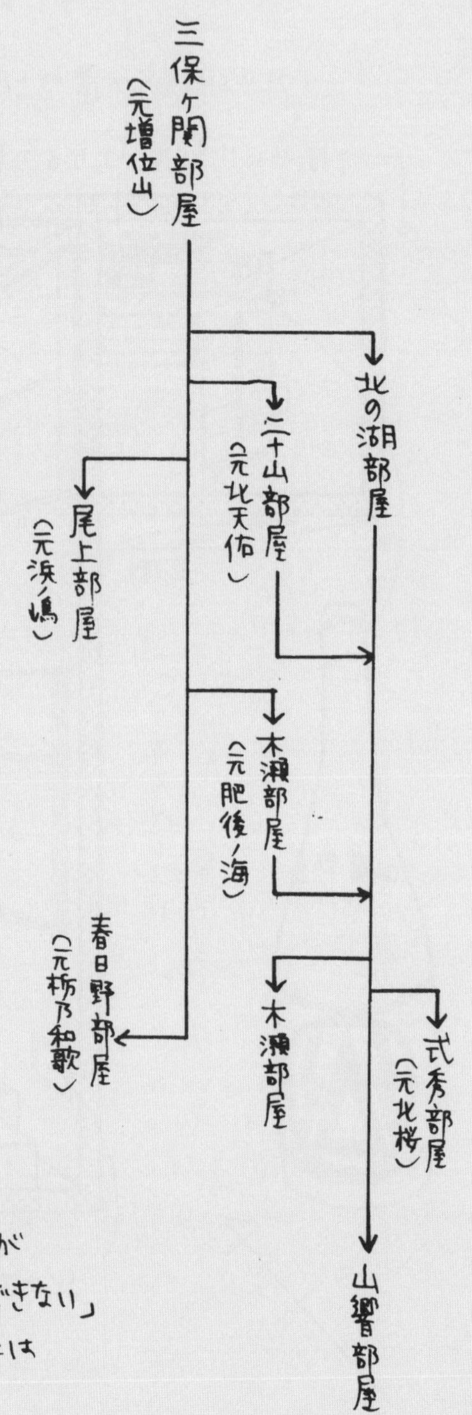

北の湖部屋の時から門限なし。前師匠が「自分が守れないのに、弟子に守らせることはできない」と言ったとか。それでも午後11時ごろには全員揃って消灯していた。

北の湖親方が独立した際、「育った部屋と同じ稽古場にしたい」という考えで、三保ヶ関部屋と似た造りにした。特に土俵をL字に囲む造りはそっくり。

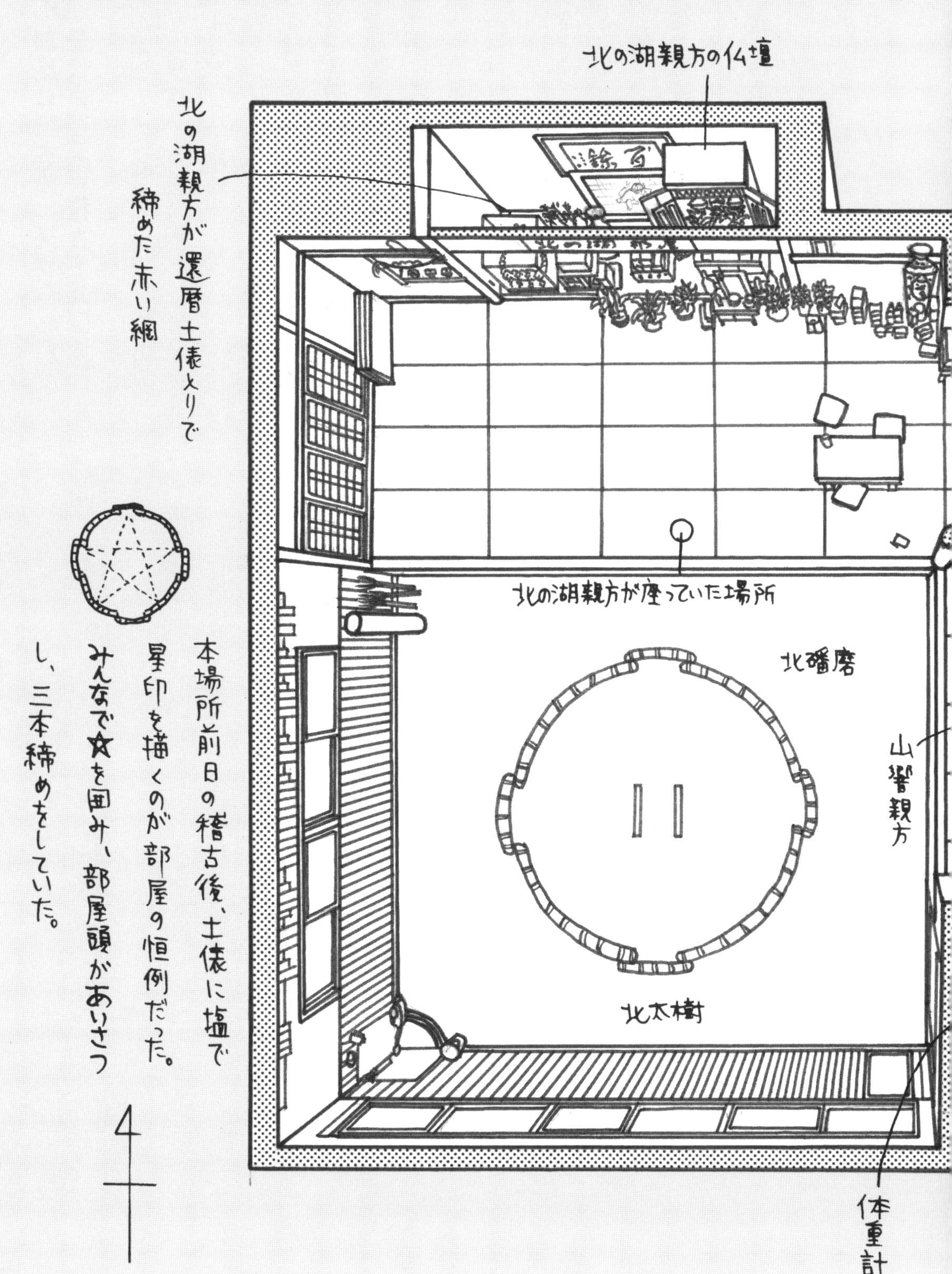

部屋の稽古場に掲げられた先代の写真が稽古を見守る

北の湖親方（元横綱北の湖）の急逝後、部屋付きだった山響親方（元幕内巌雄）が部屋を継承し、平成29年4月29日付で移転させた。

稽古場には、北の湖親方の写真を掲げている。あの鋭いまなざしが、いつも弟子たちを見守っている。玄関には、北の湖親方が還暦土俵入りで締めた赤い綱の切れ端が飾ってある。北の湖部屋の一番弟子だった山響親方は、「写真があるから、今でもピリッとする。オヤジとおかみさんあっての僕なんで。15歳の時に迎えに来てもらって、育ててもらった。稽古の方針は変わりません。北の湖親方に教えてもらったことを伝えていきます。四股、すり足、腰おろし、テッポウはきちんとやる。基本動作ができないと、ケガをしますから」と話す。

先代の影響を強く受けているが、移転後は山響親方の考え方も少しずつ加えてきた。午前7時からの稽古は、まず四股を300回踏むことから始める。力士に疲れが出ていると思えば、予定していた次の日の稽古を思い切って休みにすることもあるという。

「これは前の部屋ではなかったかもしれない。疲れがたまって集中力を欠くと、ケガにつながってしまう。あくまで稽古を見てからですが、疲れていると思ったら休むこともある。ケガを予防することも大切ですから」

ケガが気力に影響することを意識した上で、慎重に見極めている。

移転にともない、力士が快適に過ごせる環境も整えた。ちゃんこを食べる部屋には、座布団に座れない若い衆のためにクッション性のある柔らかい素材を床に用い、エアコンも設置した。建物は1階だけで稽古、風呂、ちゃんこを完結でき、2階の大部屋には稽古場の砂を持ち込まない造りにした。トイレ、通路などの電灯はセンサーが反応してオンオフが自動になった。これまでの部屋よりも両国からは遠くなったものの、近くのバス停から国技館前まで1本で通える利便性はある。

地元との関係も良好だ。後援者の協力も得て、部屋でマグロの解体ショーを行い、マグロ丼やちゃんこ鍋を無料で振る舞ったこともある。

「近所の方々にも喜んでもらえた。寒い中、500人も集まってくれたんです。町内の皆さんも応援してくれています」（山響親方）

時には商店から差し入れがあり、近所で食事をしていると、よく声を掛けられるという。短期間で自然なかたちで地元に溶け込んでいった。

引退間もない小野川親方が廻しを締めて直接指導

稽古場の空気にも少しずつ変化がある。就職場所といわれる3月場所で、平成30、31年と2年連続で2人が入門。いずれも有望株で、師匠は「部屋の雰囲気が違う。活気が出てきた」とうなずく。

長く部屋頭だった北太樹が平成30年1月に引退して、年寄「小野川」を継承し、部屋付き親方になった。引退して間もないため、今は連日、廻しを締めて若い衆に胸を出す。技術指導などは、体を使って直接行うことができる。

小野川親方はこう言う。

「現役の最後のほうは、自分のことで精一杯でした。今は、これまで以上に若い衆のことをよく見ることができる。本場所中は、自分が相撲を取っていたころよりも、部屋の力士の相撲に力が入る。現役時代はよく、お客さんに『応援するのも疲れる』と言われましたが、その気持ちがやっとわかりました。北磻磨の相撲なんて、特に疲れますね（笑）。まずは、北磻磨と鳰の湖を関取に戻したいと思います。感覚を言葉にするのは難しいですが、体を動かして伝えられますから」

幕内も経験した北磻磨と鳰の湖はともに真面目な性格で知られ、地道に復活の道を探っている。彩の湖も次世代の関取候補として実力を付けてきた。

一方で、山響親方は人間教育にも力を入れている。

「お相撲さんは誇り高い職業でありたい。立ち居振る舞いをしっかりさせて、きちっとあいさつができるようにしたい。協会の研修もしっかり受ける。正しい方向に向かっていけるようにしたいですね」

11月20日は、北の湖親方の命日。毎年、滞在先の九州で、山響部屋の全員が黙とうする。偉大なる横綱の教えを胸に、山響部屋の力士は土俵に立っている。

看板のはなし

山響部屋

移転後に一新、師匠が尊敬する書家に依頼

移転前は部屋の行司・木村勘九郎が書いたものを使っていたが、移転後に一新。師匠が尊敬する書家に揮毫を依頼した。部屋のモダンな建物にしっくりくる、品のある看板になっている。

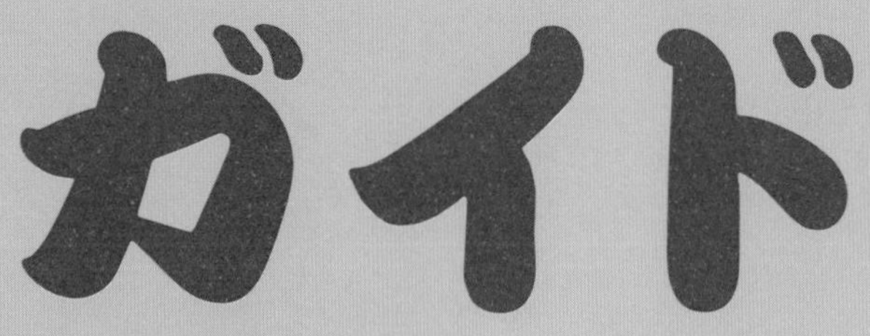

部屋の見学に訪れたいという人のために、部屋が地元滞在時の師匠など部屋関係者の見解を掲載しました。ただし、情報は取材時のもので、将来的には方針が変わる可能性があります。見学時はあくまで部屋の指示に従ってください。

部屋名	稽古見学に関する部屋のコメント	地図番号	
浅香山	前日までに電話連絡し、確認の上、お越しください。連絡先は部屋のウェブサイトに記載。	1	①
朝日山	基本的に後援者のみ。事前に連絡して条件が合えばOKです。	14	
東関	見学可能。団体の場合は事前に連絡をください。連絡先は部屋のウェブサイトに記載。本場所中の一般の方の見学は不可です。	2	
荒汐	後援者を対象に本場所前に見学会をやっています。窓が広く、通りに面しているので、外から見学できます。	1	②
伊勢ヶ濱	基本的には後援者を優先していますが、子供連れや外国から来ている方はOKです。	1	③
伊勢ノ海	本場所前に後援者を対象とした稽古総見をやっています。それ以外は電話で連絡をもらい、状況が合えば受け入れます。	3	
入間川	見学できます。稽古が休みの日、不在の日もあるので、その旨ご了承ください。見ていただいて興味を持っていただければと思います。	17	
追手風	見学は基本的に後援者のみです。	18	
阿武松	ウェブサイトに電話番号を記載しているので、事前に電話連絡をお願いします。	15	
大嶽	基本的にOKですが、事前に電話でお問い合わせください。連絡先は部屋のウェブサイトに記載。	1	⑤
尾車	静かに見ていただければOKです。ただし、入り切れない時があります。	1	⑥
尾上	OKです。相撲が好きで、稽古を見てみたい人はどうぞ。稽古場のドアが開いていれば、外からも見えます。	4	
春日野	予約は承りません。部屋の都合によってお断りすることがあります。	1	⑦
片男波	今は後援会の方だけを対象にしています。	1	⑧
木瀬	事前に連絡をください。9人も入ればいっぱいなので、状況を見て、師匠が判断します。	1	⑨
九重	ホームページを見て、事前に予約してください。後援者が来る時はお断りすることがあります。	1	⑩
境川	基本的にOKです。インフルエンザが流行している時期などはお断りすることがあります。	5	
佐渡ケ嶽	後援会会員以外の稽古公開はお休みさせていただいています。	14	
式秀	基本的にOKです。	21	

鏡山	協会に電話をして、事前に予約をしてください。団体で来られると入れないことがあります。	1	⑪
芝田山	後援会員が優先。一般の方は土日不可。平日の見学は、お問い合わせください。	6	
高砂	一般の方もOKです。事前に部屋まで連絡をください。	1	⑫
高田川	基本的に後援会の方のみです。	1	⑬
田子ノ浦	基本的に後援会の方が優先になりますが、一般の方もOKです。	7	
立浪	部屋まで連絡をください。連絡先は部屋のウェブサイトに記載。	22	
玉ノ井	どなたでもOKです。	8	
千賀ノ浦	力士に集中してやらせたいので、見学は受け入れていません。	9	
出羽海	状況によりますが、後援者の方を優先しています。	1	⑭
時津風	一般の方もOKですが、事前予約は受け付けていません。当日稽古が行われていれば先着順になります。	1	⑮
友綱	自由です。稽古を見て、相撲を好きになっていただければと考えています。	1	⑯
中川	事前に連絡をいただければ基本的に受け入れます。後援会の方はいつでもOKです。	13	
鳴戸	見たい方はどうぞ。外から見ることもできます。	1	⑰
西岩	どなたでもOKですが、席に限りがあります。本場所中はご遠慮ください。	1	⑱
錦戸	基本的にOKです。出稽古が多いのでご注意ください。	1	⑲
二所ノ関	いつでもOKです。本場所中は午前7時には終わります。	16	
八角	ウェブサイトを通じて事前に予約してください。	1	⑳
二子山	一般の方も見学は可能ですが、後援会員が多い場合はお断りすることがあります。	19	
陸奥	狭くて入り切れなくなるので、基本的には後援会の方のみです。	1	㉑
湊	番付発表前は連絡していただければOK。番付発表後は後援者のみです。	20	
峰崎	出稽古に行っていることがあるので、事前にメールで連絡をください。	10	
宮城野	後援会の方のみです。	1	㉒
武蔵川	事前に連絡をください。	11	
山響	事前にアポを取っていただければOKです。	12	

下段の地図番号は、194～206ページに掲載した番号を示しています。

稽古場所在地マップ

①浅香山部屋	⑫高砂部屋
②荒汐部屋	⑬高田川部屋
③伊勢ヶ濱部屋	⑭出羽海部屋
④旧井筒部屋	⑮時津風部屋
⑤大嶽部屋	⑯友綱部屋
⑥尾車部屋	⑰鳴戸部屋
⑦春日野部屋	⑱西岩部屋
⑧片男波部屋	⑲錦戸部屋
⑨木瀬部屋	⑳八角部屋
⑩九重部屋	㉑陸奥部屋
⑪錣山部屋	㉒宮城野部屋

1 両国周辺

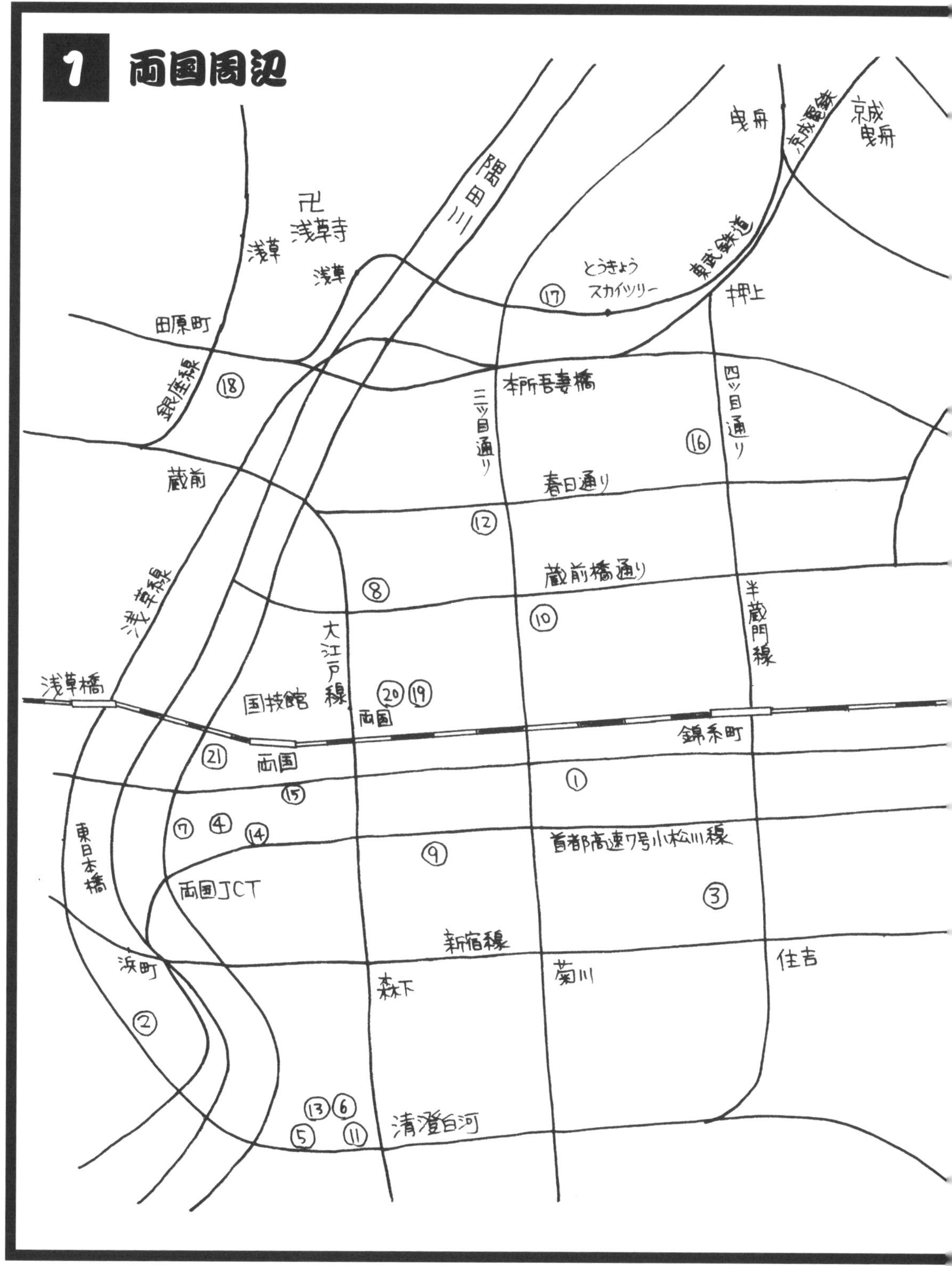
浅草寺
浅草
浅草
田原町
銀座線
蔵前
浅草線
浅草橋
東日本橋
浜町
隅田川
とうきょう
スカイツリー
東武鉄道
京成電鉄
曳舟
京成曳舟
押上
本所吾妻橋
三ツ目通り
四ツ目通り
春日通り
蔵前橋通り
大江戸線
国技館
両国
両国
錦糸町
半蔵門線
首都高速7号小松川線
両国JCT
新宿線
森下
菊川
住吉
清澄白河

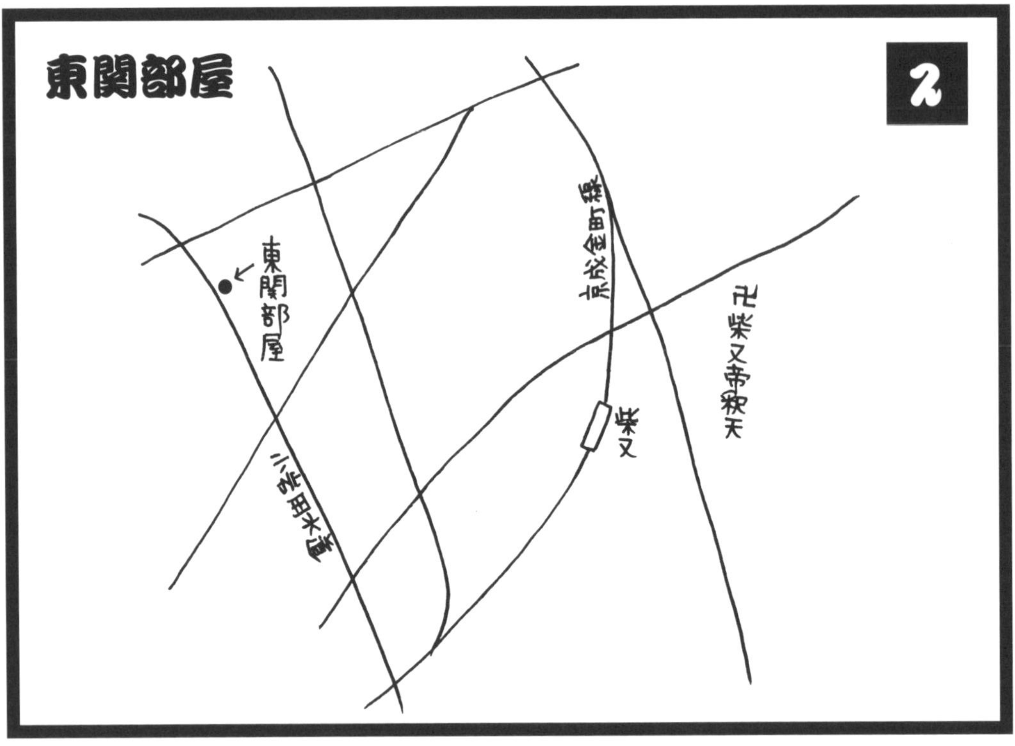

東関部屋◎〒125-0052東京都葛飾区柴又2丁目10番13号

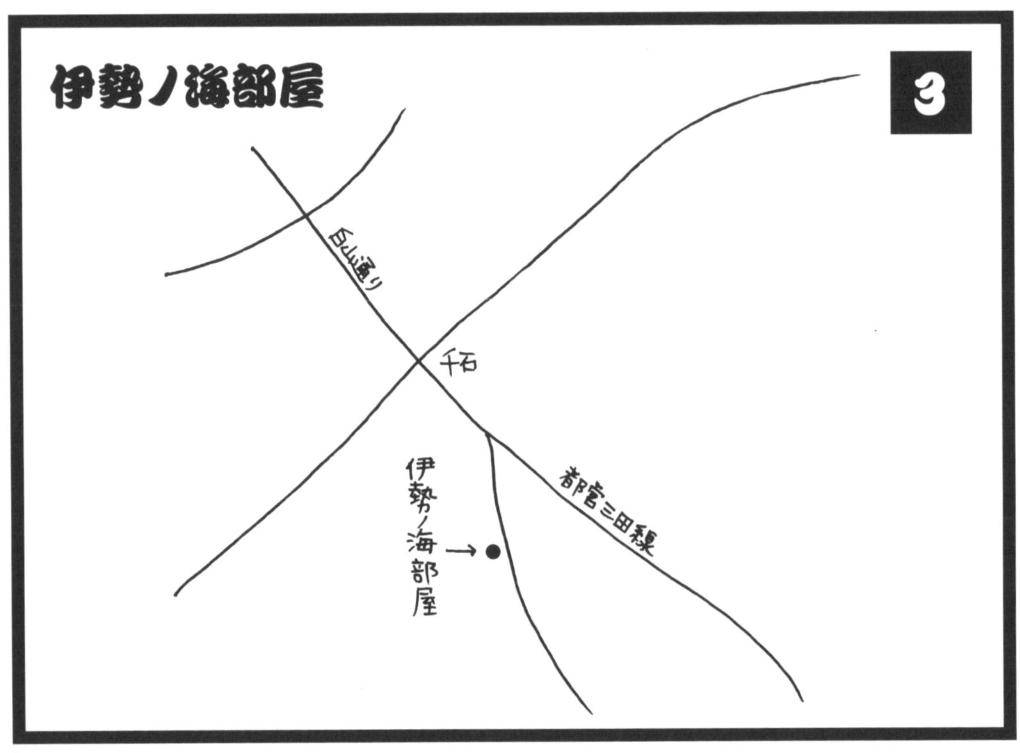

伊勢ノ海部屋◎〒112-0011東京都文京区千石1丁目22番2号

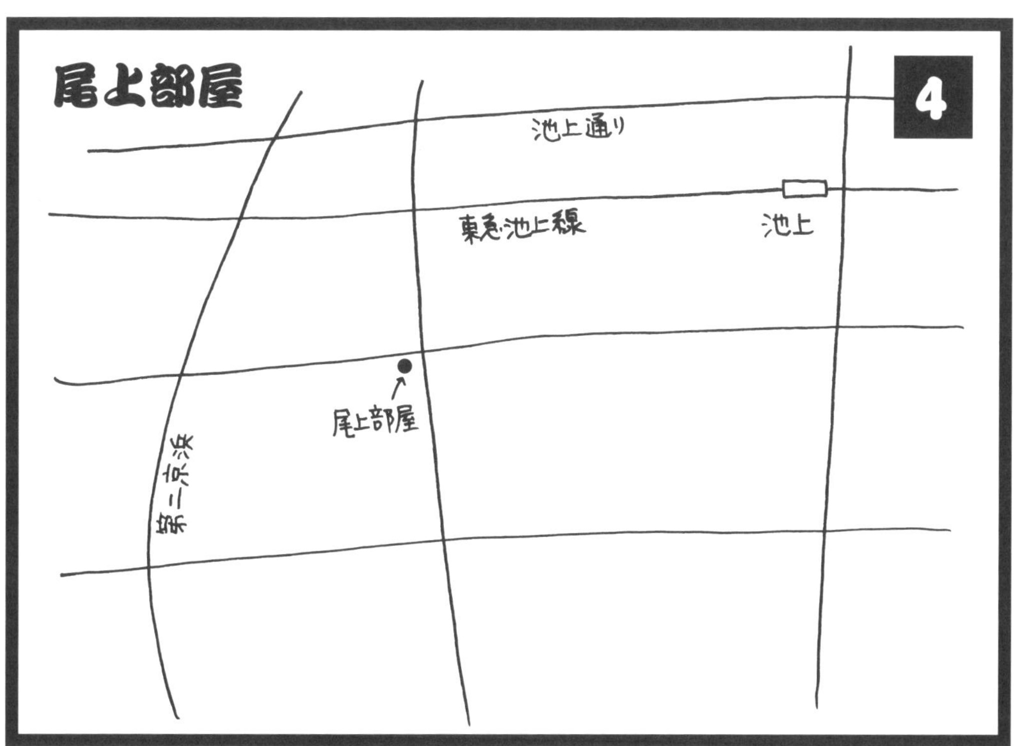

尾上部屋◎〒146-0082東京都大田区池上8丁目8番8号

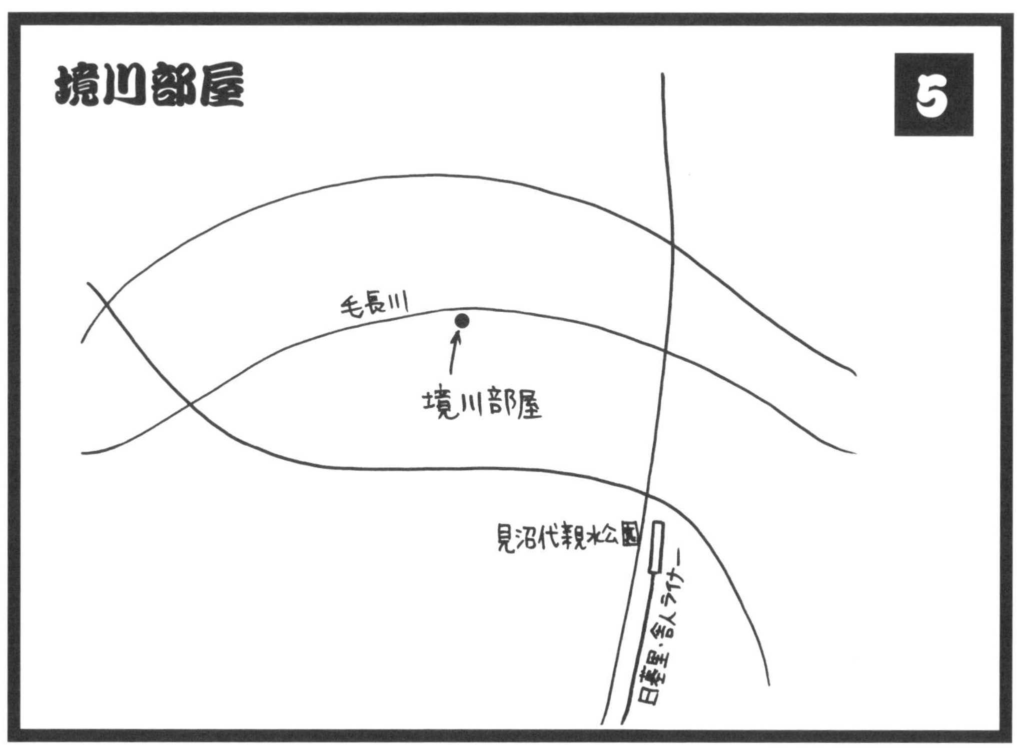

境川部屋◎〒121-0831東京都足立区舎人4丁目3番16号

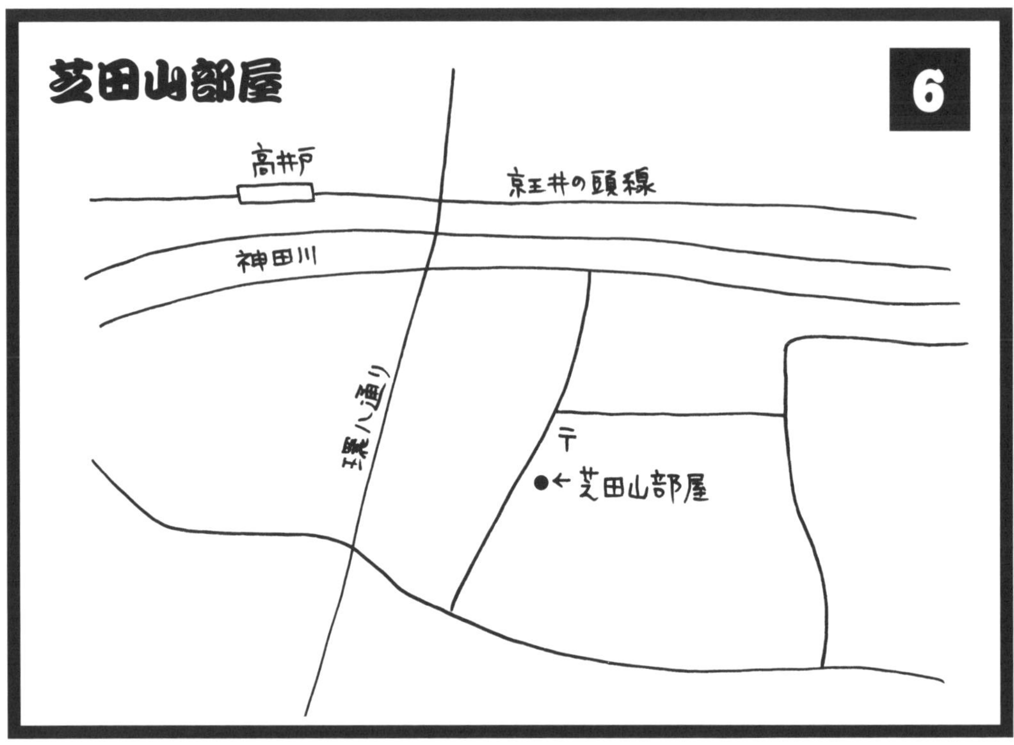

芝田山部屋◎〒168-0072東京都杉並区高井戸東2丁目26番9号

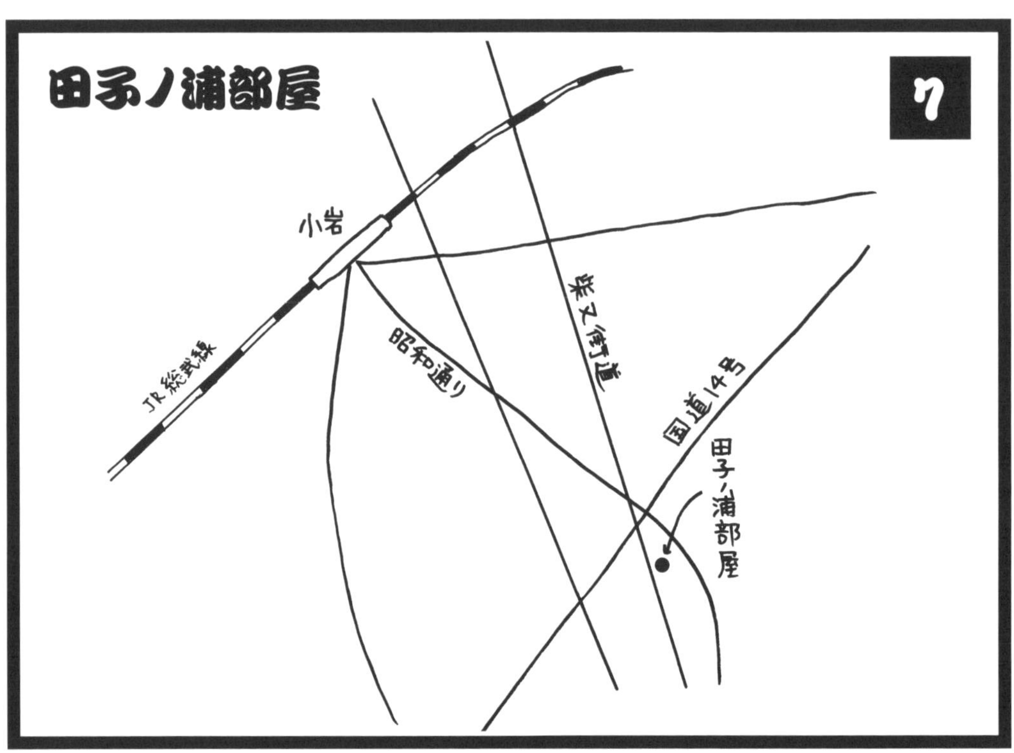

田子ノ浦部屋◎〒133-0052東京都江戸川区東小岩4丁目9番20号

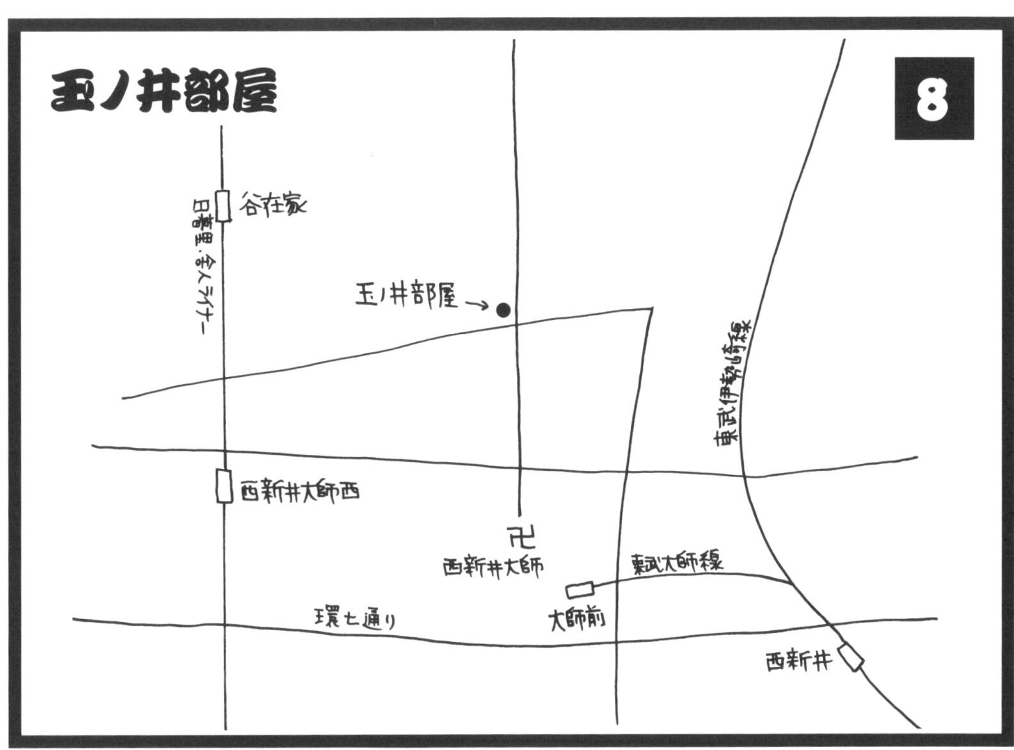

玉ノ井部屋◎〒123-0841東京都足立区西新井4丁目1番1号

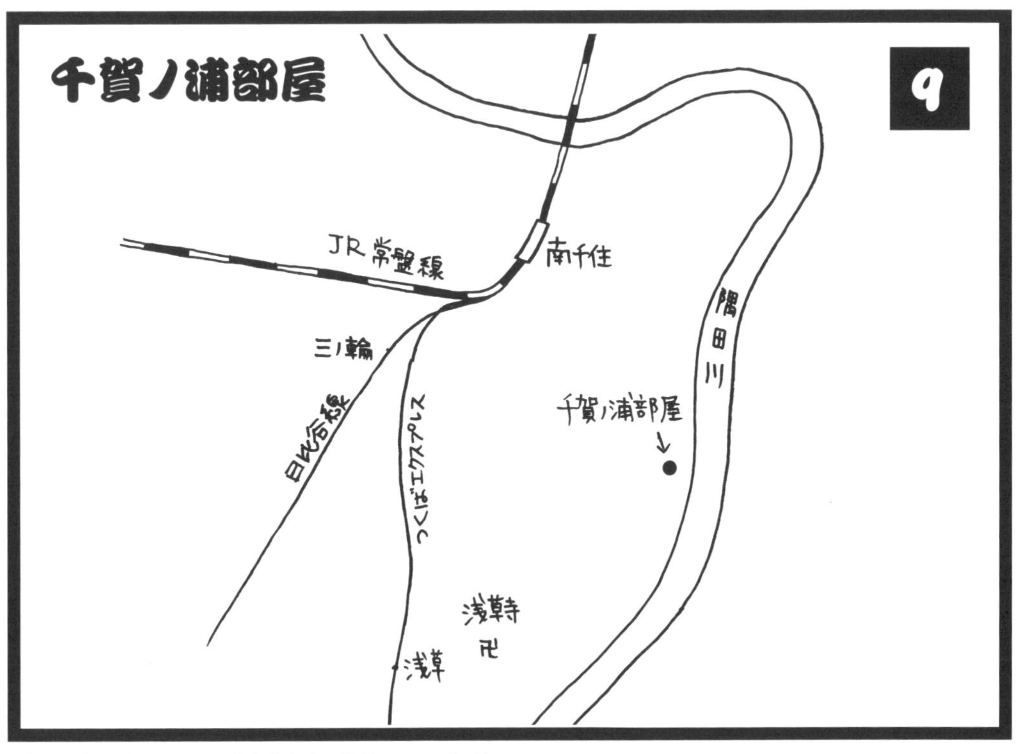

千賀ノ浦部屋◎〒111-0023東京都台東区橋場1丁目16番5号

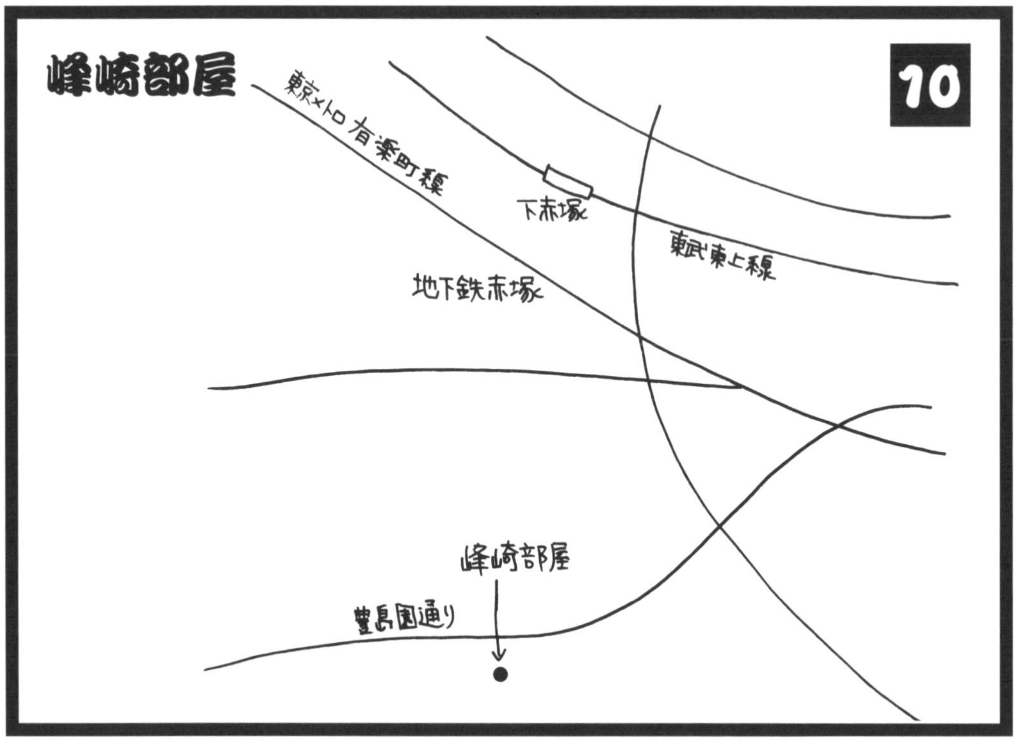

峰崎部屋◎〒179-0073東京都練馬区田柄2丁目20番3号

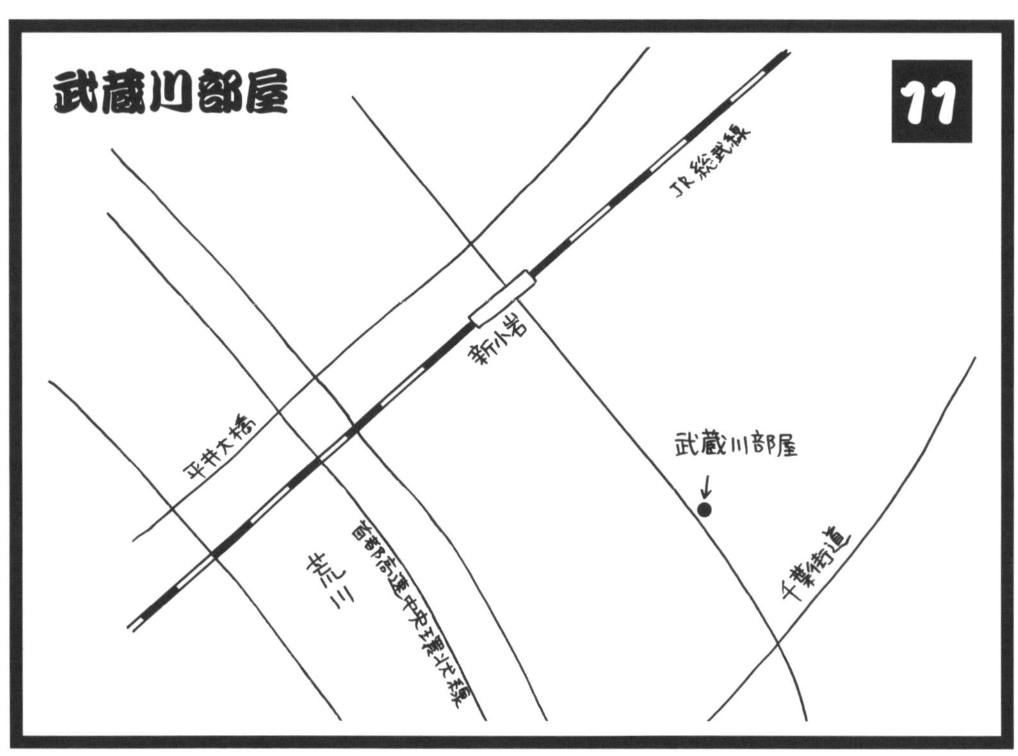

武蔵川部屋◎〒132-0021東京都江戸川区中央4丁目1番10号

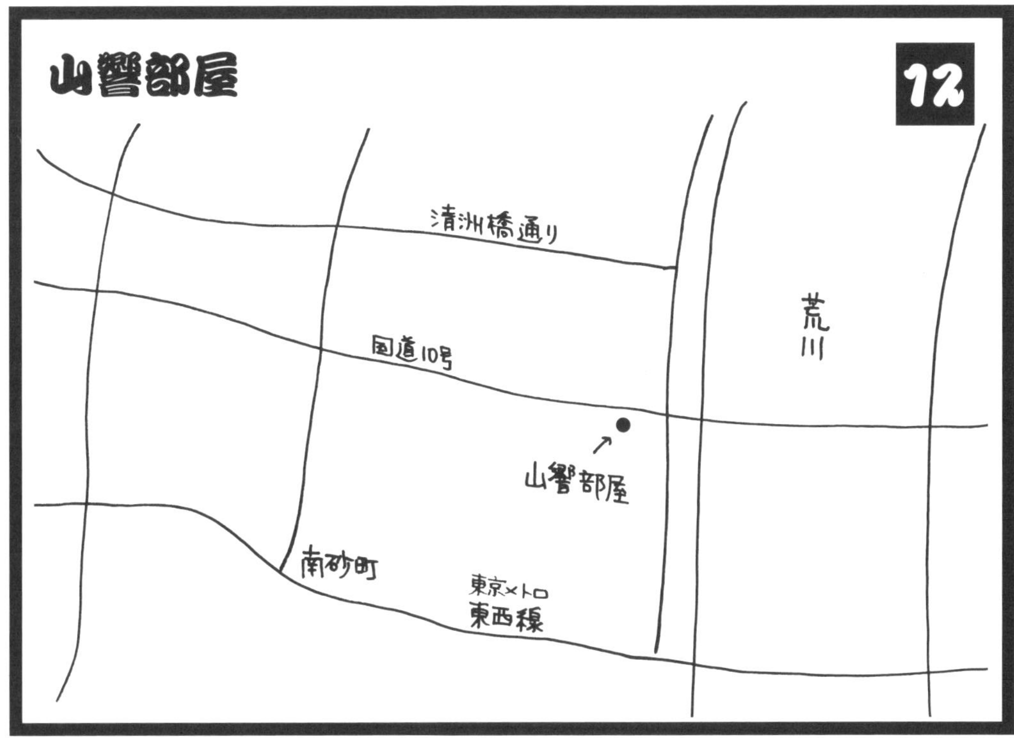

山響部屋◎〒136-0074東京都江東区東砂6丁目6番3号

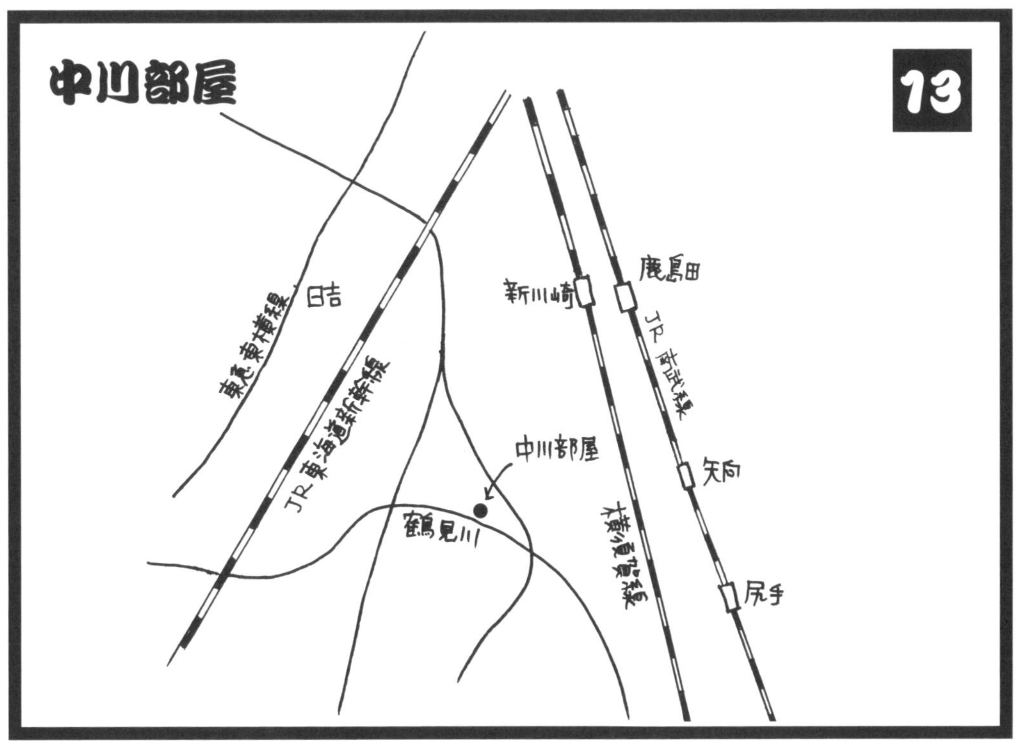

中川部屋◎〒212-0055神奈川県川崎市幸区南加瀬5丁目7番2号

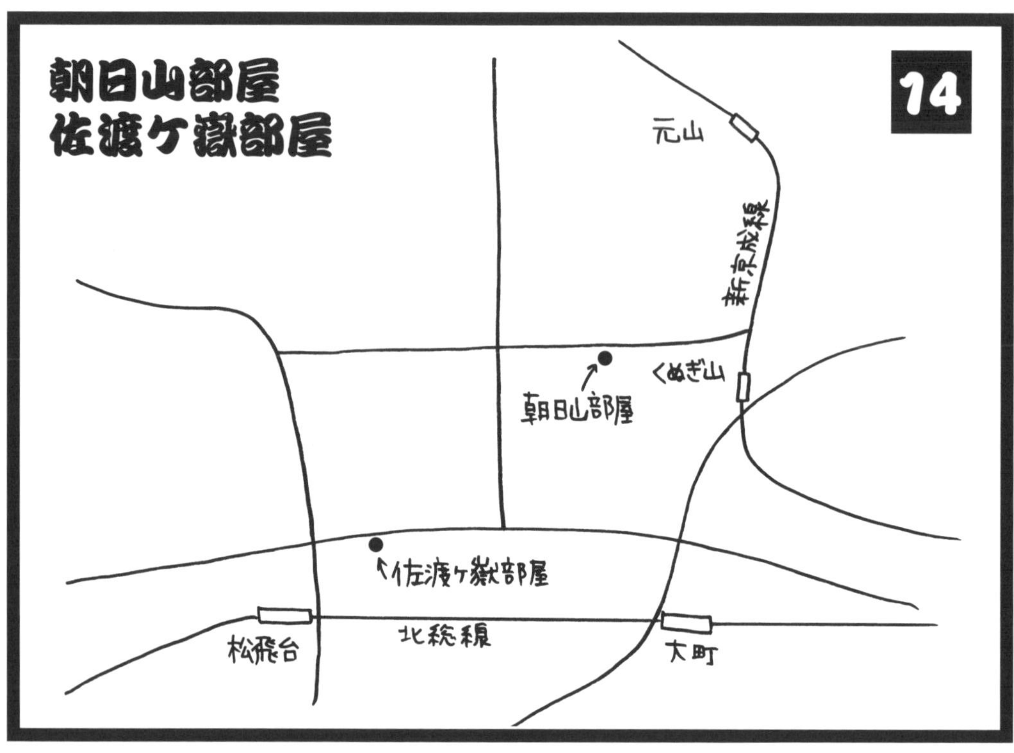

朝日山部屋◎〒273-0128千葉県鎌ヶ谷市くぬぎ山2丁目1番5号
佐渡ケ嶽部屋◎〒270-2215千葉県松戸市串崎南町39

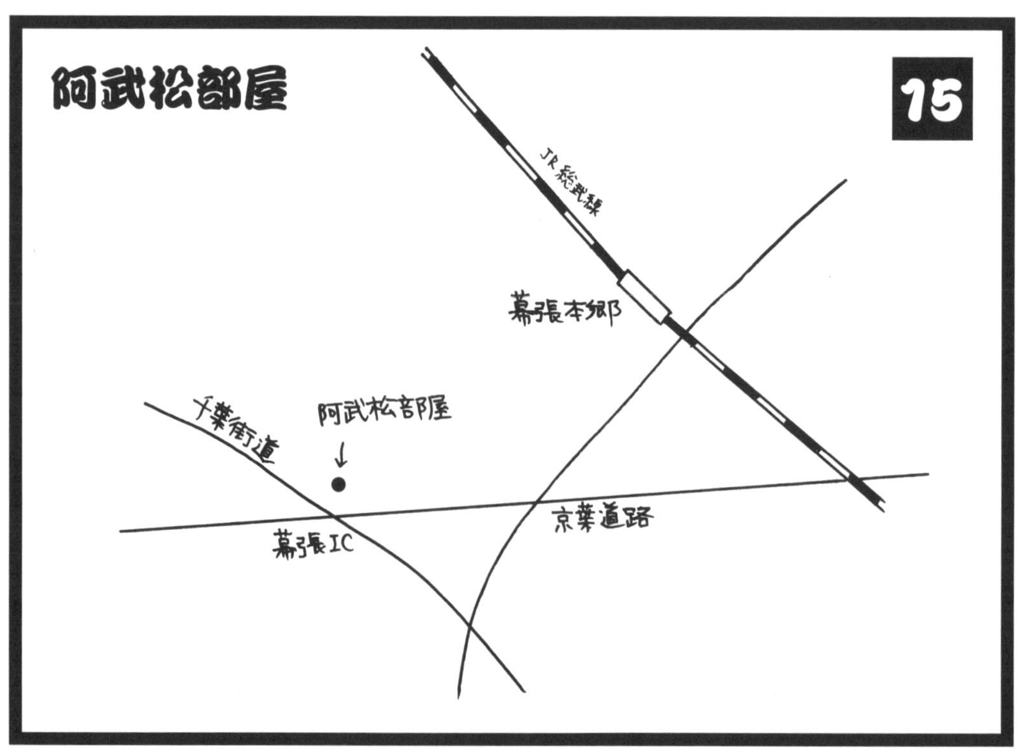

阿武松部屋◎〒275－0014千葉県習志野市鷺沼5丁目15番14号

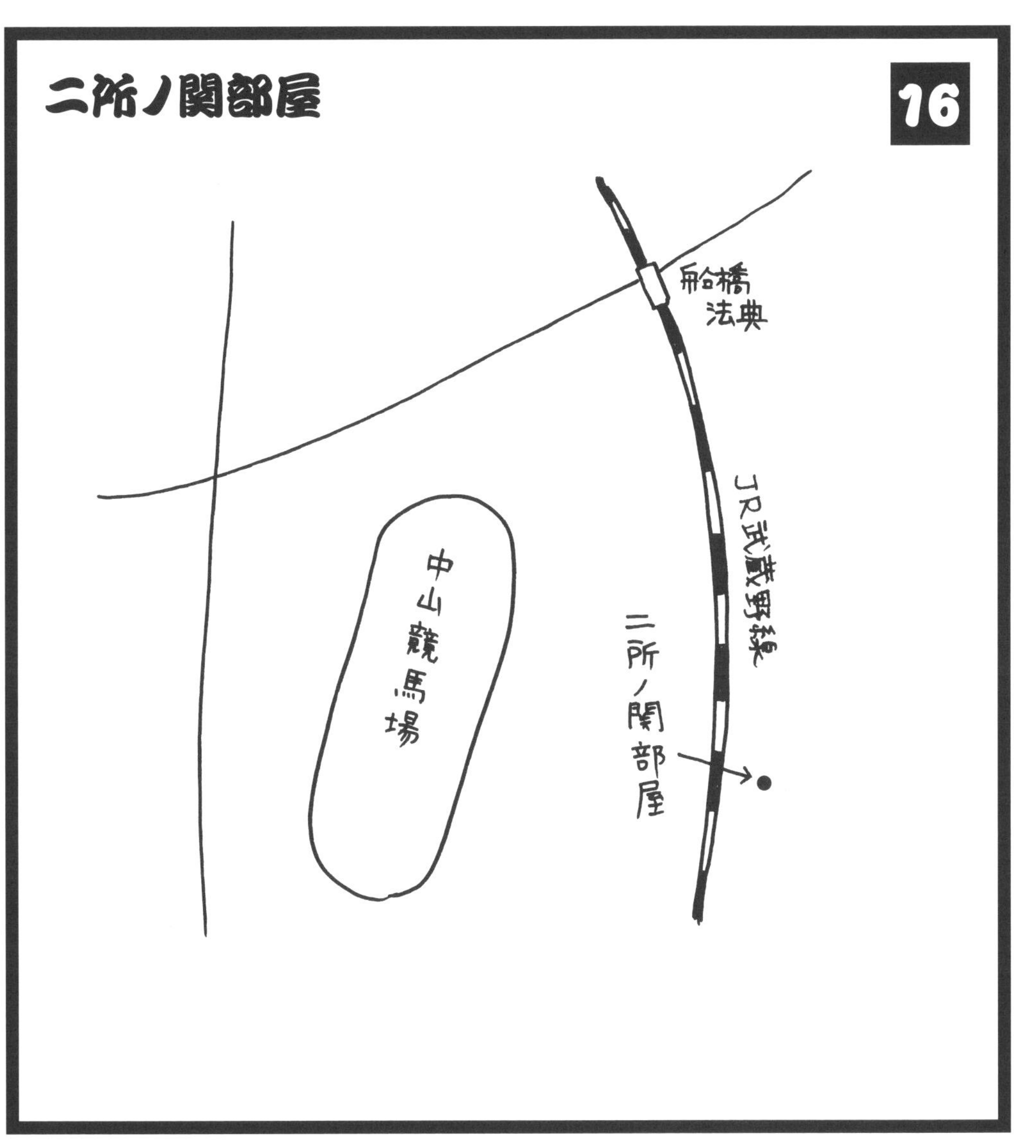

二所ノ関部屋◎〒273－0037千葉県船橋市古作4丁目13番1号

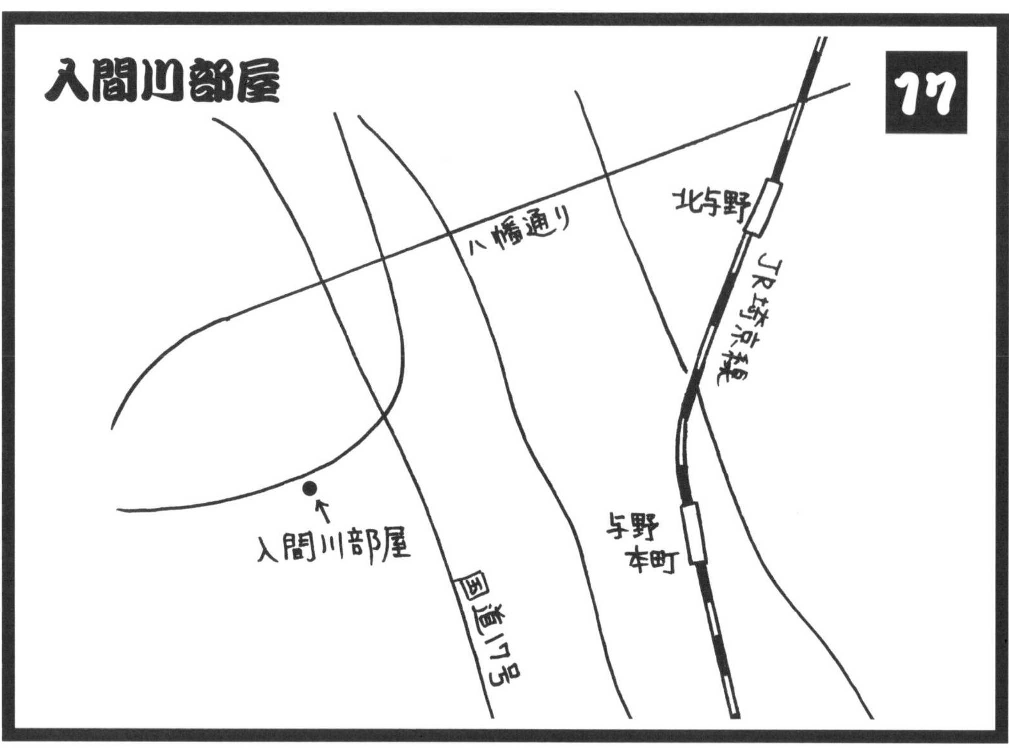

入間川部屋◎〒338-0006埼玉県さいたま市中央区八王子3丁目32番12号

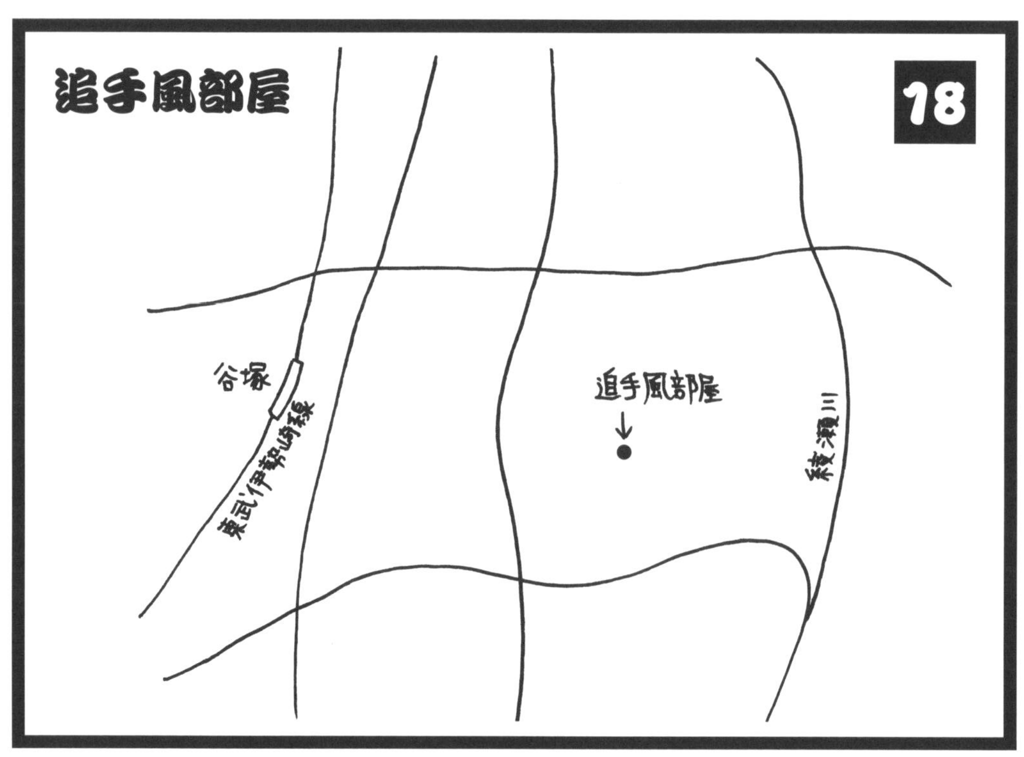

追手風部屋◎〒340-0022埼玉県草加市瀬崎5丁目32番22号

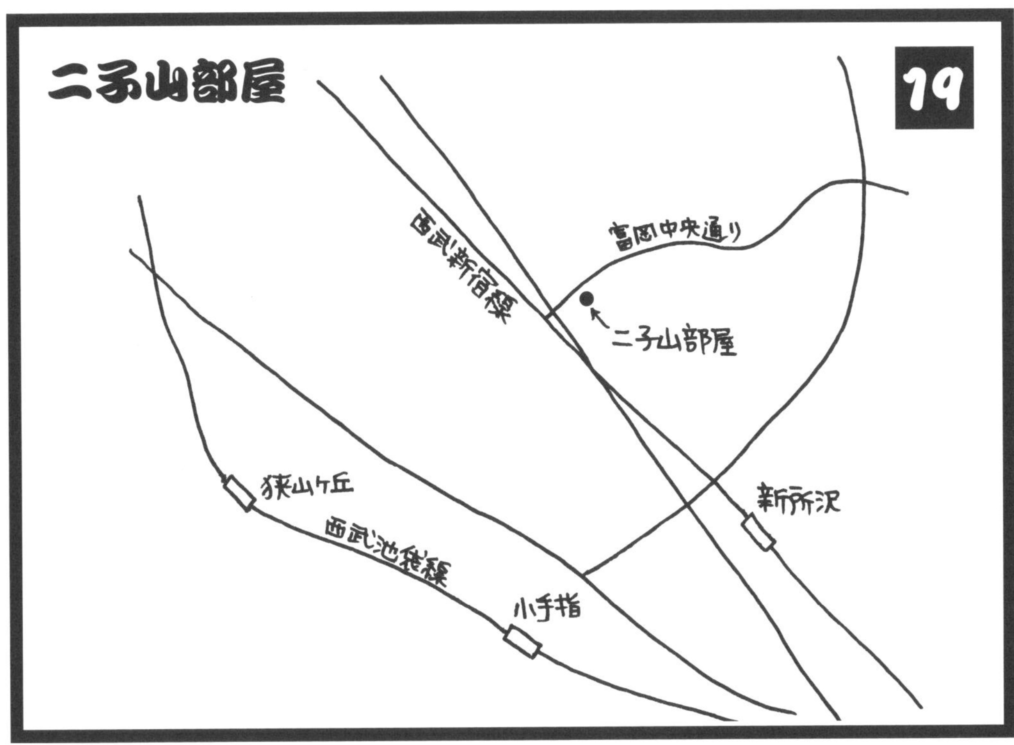

二子山部屋◎〒359-0007埼玉県所沢市北岩岡366

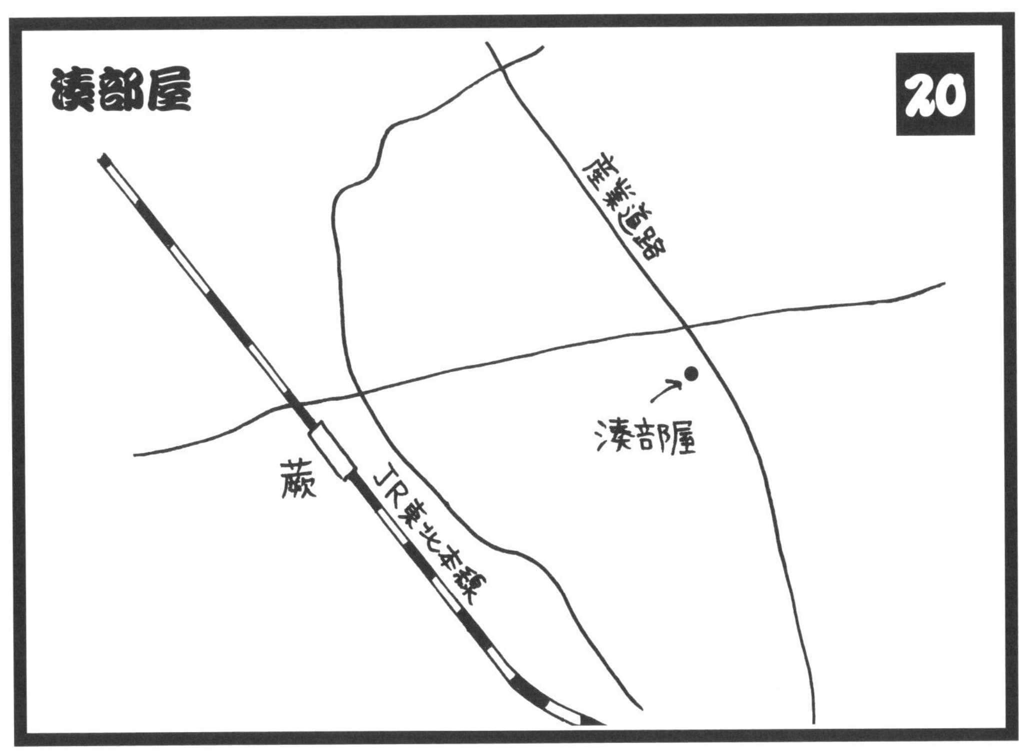

湊部屋◎〒333-0847埼玉県川口市芝中田2丁目20番10号

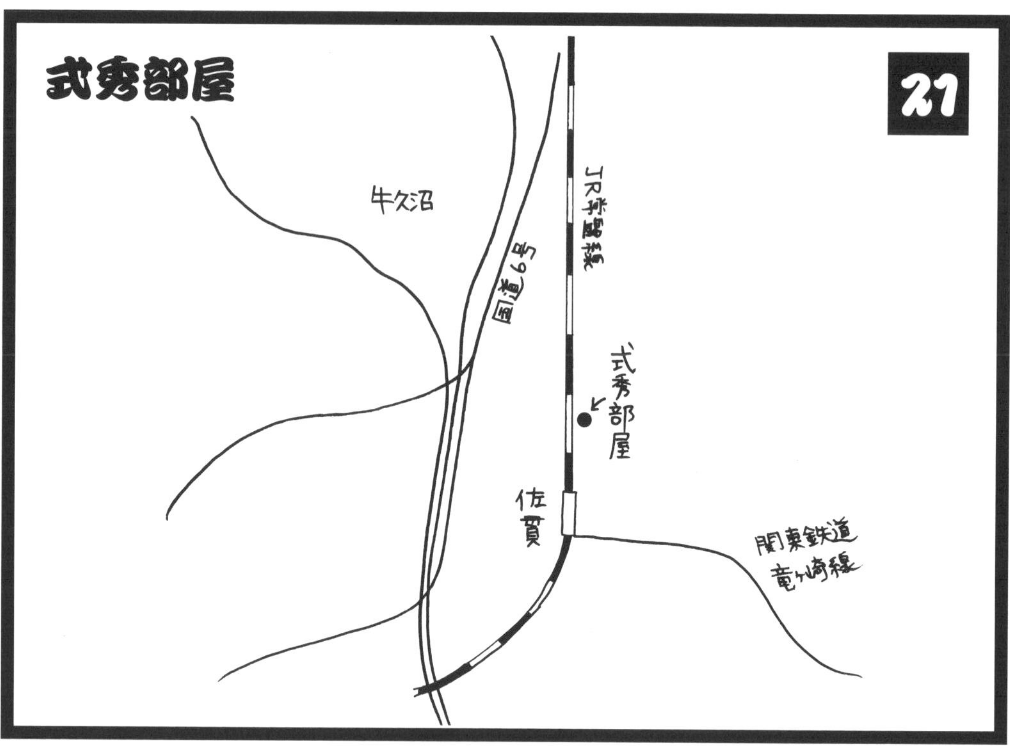

式秀部屋◎〒301-0032茨城県龍ケ崎市佐貫4丁目17番17号

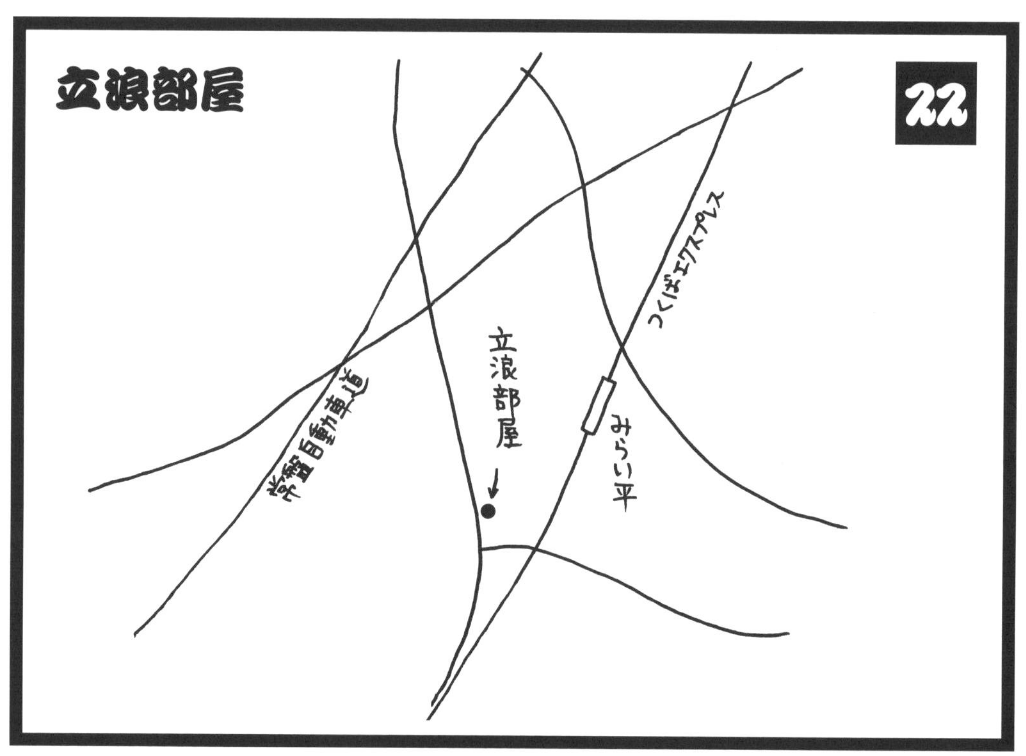

立浪部屋◎〒300-2358茨城県つくばみらい市陽光台4丁目3番4号

あとがき

本書制作中の令和元年9月に元関脇逆鉾の井筒親方が、同年12月に元幕内潮丸の東関親方が亡くなった。生前のお2人には取材に丁寧に応じていただき、貴重な話をうかがった。井筒親方は鶴竜との思い出話を懐かしそうにふり返ってくれた。東関親方は部屋移転に至る真っすぐな気持ちを聞かせてくれた。これらの話はぜひ紹介したいと思い、どちらの部屋のページも残させてもらった。

両親方に限らず、各部屋の親方、おかみさん、力士、行司、呼出し、床山、マネージャーの皆さんには、多大な協力をいただいた。残念ながら、すべての部屋のすべてのエピソードを掲載することはできなかったが、たくさんの話を聞かせてもらった。稽古場があるフロアはプライベート空間も含めて隅々まで見せてもらった。

力士が強くなるための秘策はない。環境の良し悪しもあまり関係ない。そんな中、親方衆は、いかにして弟子の番付を上げ、いかにして人間教育と両立させていくかについて頭を悩ませている。師匠は人生をかけて部屋を運営している。そんな思いに触れられたことは、相撲記者として大きな財産になった。

「稽古場物語」の雑誌連載中は、イラストの描き方をよく聞かれた。部屋の寸法は、主に歩測で行った。稽古場の縦は26歩、上がり座敷の幅は11・5歩という具合にメモを取り、資料用としてあちこちを撮影。それをもとに漫画原稿用紙に書き起こした。漫画原稿用紙は、縦横に目盛りが付いており、本書のイラストには最適だった。描けなかった部屋もある。大鵬が育った二所ノ関部屋、若貴の二子山部屋、元大関増位山の三保ケ関部屋、元大関旭國の大島部屋、元大関魁傑の放駒部屋、元横綱隆の里の鳴戸部屋などは、連載時期の関係もあり、記録に残すことができなかった。

相撲部屋の建物は、代替わりとともに消滅してしまうことがある。親方が独立して新築することもある。指導法は時代を反映するが、大相撲という文化継承の担い手として、古くから変えない面もある。大相撲に魅了された者として、今後も機会があれば、稽古場を描いていきたい。

著書を出版することは長年の夢だった。実現に至り、携わったすべての方々に感謝したい。

最後まで読んでいただき、ありがとうございました。

令和元年12月　佐々木一郎

佐々木一郎
ささき・いちろう
昭和47年8月3日、千葉市生まれ。
平成8年4月、日刊スポーツ新聞社に入社。
11年11月から編集局スポーツ部。
オリンピック、サッカーなどの担当をへて、
22年3月場所から大相撲の取材を担当。
27年1月号から約4年間にわたり、
月刊『相撲』（ベースボール・マガジン社刊）で
「稽古場物語」を連載した。
ツイッター @Ichiro_SUMOでも情報を発信中。

稽古場物語（けいこばものがたり）

2020年1月22日　第1版第1刷発行
2020年2月28日　第1版第2刷発行

著　者　佐々木一郎（ささきいちろう）
発行人　池田哲雄
発行所　株式会社ベースボール・マガジン社
〒103-8482
東京都中央区日本橋浜町2-61-9
TIE浜町ビル
電　話　03-5643-3930（販売部）
03-5643-3885（出版部）
振替口座　00180-6-46620

http://www.bbm-japan.com/
印刷・製本　大日本印刷株式会社

ISBN978-4-583-11263-3　C2075

本書は、ベースボール・マガジン社刊行の月刊誌『相撲』平成27年1月号から
平成30年11月号に毎月掲載された「稽古場物語」に
大幅な加筆と修正を加えてまとめたものです。
本書は、令和2年の大相撲1月場所までの情報をもとに執筆しています。